现代企业管理

主 编 刘会福 蒋 晶
副主编 黄敦高 石如璧 黄丽丽

中山大学出版社
·广州·

版权所有　翻印必究

图书在版编目（CIP）数据

现代企业管理/刘会福，蒋晶主编 . —广州：中山大学出版社，2013.1
ISBN 978 - 7 - 306 - 04381 - 8

Ⅰ. ①现… Ⅱ. ①刘… ②蒋… Ⅲ. ①企业管理 Ⅳ. ①F270

中国版本图书馆 CIP 数据核字（2012）第 286965 号

出版人：	祁　军
策划编辑：	徐诗荣
责任编辑：	徐诗荣
特约编辑：	何林立
封面设计：	曾　斌
责任校对：	曾一达
责任技编：	何雅涛
出版发行：	中山大学出版社
电　　话：	编辑部 020 - 84111996，84113349，84111997，84110779
	发行部 020 - 84111998，84111981，84111160
地　　址：	广州市新港西路 135 号
邮　　编：	510275　　　　传　真：020 - 84036565
网　　址：	http://www.zsup.com.cn　　E-mail：zdcbs@mail.sysu.edu.cn
印　刷　者：	广东省农垦总局印刷厂
规　　格：	787mm×960mm　1/16　16.75 印张　412 千字
版次印次：	2013 年 1 月第 1 版　2018 年 1 月第 4 次印刷
定　　价：	32.00 元

如发现本书因印装质量影响阅读，请与出版社发行部联系调换

序　言

"现代企业管理"是人们经常讨论的一个问题，也是个老生常谈的话题。在这方面的论述和著作早已不鲜见，这一领域的教材也是林林总总。尽管如此，人们对现代企业管理问题的探索依然孜孜不倦，新的著作、新的论述、新的教材仍然不断推出。这主要是因为现代企业管理是一个内涵十分广泛、内容十分丰富的领域，是一个需要随着社会实践的发展变化而不断创新、与时俱进并进行永无止境探索的课题。即便是教材，由于教学对象的不同、目标要求的差异，也都可能编写出各具特色的不同的教材。

读者手中的这本《现代企业管理》就是一本这样的应时之作，也可以说是现代企业管理理论和教材园地中一支透着清新气息的异色花朵。

我以为，本书最显著的特点是定位准确，目标明确。这本教材准确地定位于高职高专院校教材，而高职教育对课程教学和教材的最基本要求就是要概念清晰准确、理论够用、突出强化技能训练。这本教材的编写，包括编撰思路、篇章结构设计、内容撰写与取舍以及写作手法，都紧扣高职教育的定位和目标要求，将其贯注到全书的方方面面，充分体现了高职教育的特色。

首先，本书在篇章结构的设计上进行了大胆的创新。改变了传统的篇、章、节、目的编排模式，采用"项目"、"任务"安排，使教学过程和教学内容更加贴近职业岗位的目标要求；在每一个"项目"中，都有明确的"知识目标"和"技能目标"要求，让教学内容与高职人才培养方案紧密衔接，既使教学者明确教学目标，又使学生和读者明确这一部分的学习目标，从一开始就能注意把握要领、步步深入。

其次，书中对现代企业管理理论的阐述恰到好处。按照高职教育对理论要清晰准确、适度够用的原则要求，本书对现代企业管理理论的阐述，没有占用太多的篇幅，也少有长篇的空泛赘述，尽量采用平和朴实的语言作深入浅出的介绍，既对理论的历史演进有简明扼要的交代，又对理论的内涵有明确清晰的阐述，给人清新、简洁之感，其风格与高职教育培养目标以及对高职人才素质品格要求十分吻合。

再有，全书突出强化技能训练，注重培养学生分析问题、解决问题的能力。这一特点是与高职教育人才培养的目标要求完全一致的。强化技能训练是高职教育最基本和最核心的特色。而技能训练能否落到实处，除了技能训练必备的硬件条件外，还必须将理论、知识转化成可操作性的技能，否则技能训练仍会是一句空话。本书在将理论知识转化为操作技能方面也做了有益的尝试，不仅在篇章结构的编排以及"知识目标"、"技能目标"的设计上突出了技能的可操作性，还在每个"项目"、"任务"中充分运用案例分析的方法，或推荐一些案例让学生和读者自行分析，把理论的教化与掌握落实到对企业具体运作的考察或具体的操办中，实现理论向看得见、摸得着的操作技能的转化，从而使学生和读者掌握理论转化成实操技能的方法。书中在理论的阐述中还适时地设置了一些"想一想"的问题，既画龙点睛地提醒学生和读者注意把握教材内容的要领，又引导他们注意分析问题、解决问题能力的培养。

当然，本书还有其他一些特点，就不一一赘述了。尽管书中难免还有一些需要充实和完善之处，但是瑕不掩瑜，仅上述几个特点，就使本书不失为一部高职教育的优秀教材，值得向高职教育的同仁们推荐。

还值得高兴的是，这本著作的作者包括刘会福、蒋晶两位主编，都是在高职教育领域耕耘多年的青年教师，他们能编写出这样的教材是很可贵的和值得称颂的。主编刘会福是我的一位忘年交好朋友，嘱我为他们的这本教材写个序，让我有机会先睹为快，受益良多。

说了上面这些话，既是我读过这本教材的一点感悟，同时表达我对这本教材的出版和几位青年教师的祝贺，也权且当序。

谢谢作者和读者！

2012年11月28日

《序言》作者：彭文晋，教授，享受国务院政府特殊津贴专家，中国人才研究会常务理事，广东省人才研究会副理事长，广东科学技术职业学院（广东省科技干部学院）原院长。

前　言

美国著名管理学大师彼得·德鲁克指出，现在已经进入一个企业管理新时代。在这个时代，知识越来越比资本、土地等其他东西更值钱。所以，他认为企业善于学习是非常重要的，只有不断学习，才能跟上时代，获得持久旺盛的生命力。

一些企业经营者把自己企业陷入困境的原因怪罪于宏观经济紧缩、职工无积极性等。这种想法是片面和不公正的。在同样的经济和社会环境中，一批企业充满活力、卓有成效，它们成功的秘诀何在？关键在于企业经营者善于学习，不断根据变化了的现实环境更新经营理念，在把握顾客需求、竞争者状况、经营环境变化的基础上，制定与现实合拍的经营战略，建立科学的组织结构和管理体系，选择适当的管理方法和手段，明确自身的科技优势和发展方向，实施正确的经营行为，培育优秀的企业文化，不断提高自我发展的能力。在同样的环境中，也有很多企业处境艰难、债务缠身，其基本原因在于企业经营者不善于学习，知识老化，经营管理能力和决策能力较差；他们的经营理念陈旧，缺乏自我发展和自我制约的能力；企业生产经营机制尚未形成，不练内功，基础工作薄弱，管理不严，纪律松弛；企业经营者缺乏开拓进取、占领市场的竞争意识；他们缺少民主作风，听不得不同意见，未形成凝结全体职工完成经营目标的动力；等等。

不论是成功企业还是困境企业，都有个善于学习、形成持久学习的机制的问题。只有形成这样的机制，才能使企业真正切实地与现实环境和市场需求相适应，才可能有科学、合理的决策和行为，明确该生产什么、生产多少、如何营销去实现价值，从而不断取得成功。

同时，发展管理教育，大力培养高等管理人才，对企业发展具有重大的战略意义。只有不断为企业培养和输送掌握现代管理的理论、方法和工具且适应世界市场竞争要求的跨世纪高等管理人才，才能有效地迎接新时代的挑战，完成我国实现社会主义现代化的宏伟目标。

为适应新时代对企业管理的要求，我们编著了《现代企业管理》一书，由中山大学出版社出版。本教材力求做到汲取国内外最新管理实践经验和学术成果，包括编著者的创新成果；紧密结合我国国情，洋为中用，突出中国特色；理论联系实际，着力于科学性、知识性、系统性、可操作性的统一；定性分析与定量分析、理论分析与实证分析相结合。在内容和形式上都体现由浅入深、深入浅出的教学方法，注重训练和培养读者分析问题及解决问题的能力。因此，本书可作为高职高专院校的学生学习企业管理基本知识的教材，也可以作为应用型本科院校的学生学习企业管理基本知识的教材或经济管理部门和企业管理干部培训和自学用书，还可作为成人高校、本领域相关业务人员、管理人员的培训教材和参考教材。

本书内容完整，特色鲜明，理论充足，内容新颖，文、图、表有机结合，形式活泼，具有较强的可读性，便于理解和记忆。全书共设计了 10 个项目，即企业概述、企业管理基础、战略管理、营销管理、生产运作管理、企业质量管理、人力资源管理、财务管理、企业文化、企业管理信息化。每个项目均明确了"知识目标"、"技能目标"，同时以"开篇案例"导入，帮助读者确定学习目标和激发学习兴趣；正文穿插了"相关链接"和"阅读与分析"，以增加信息量和提高读者思维能力；结尾处还编写了"小结"和"课后习题"，帮助读者巩固所学知识。

本书由广东工贸职业技术学院刘会福和广东工贸职业技术学院蒋晶担任主编，广州涉外经济职业技术学院黄敦高、广东工贸职业技术学院石如璧和番禺职业技术学院黄丽丽担任副主编，参与本书编写工作的还有广东工贸职业技术学院杨海娜、广东工贸职业技术学院廖文芳、广东技术师范学院天河学院杨帆、广东技术师范学院天河学院胡高喜、广东技术师范学院天河学院林玮玮和广东白云学院李念良等老师，刘会福负责对全书进行总体设计和总撰定稿。

在本书的编写过程中，参考、引用了国内外前辈的专著及众多企业案例，同时得到了中山大学出版社的大力支持，在此一并致谢！

由于编者学识水平有限，加之时间较仓促，书中难免有疏漏之处，诚请广大读者批评指正，以利于今后的修订和完善工作。欢迎与我们进行邮件联系，邮箱地址为：419410073@qq.com。

刘会福
2012 年 11 月

目　录

项目一　企业概述 ... 1
　　任务一　企业的概念和特征 ... 2
　　　　一、企业的概念 ... 2
　　　　二、企业的特征 ... 3
　　任务二　企业类型的划分 ... 3
　　　　一、企业的分类 ... 3
　　　　二、现代企业制度 ... 5
　　任务三　企业的创建 ... 8
　　　　一、企业的注册登记 ... 8
　　　　二、企业的设立 ... 10
　　任务四　企业的组织结构 ... 15
　　　　一、组织结构及其设计 ... 15
　　　　二、部门划分与管理层次的确定 ... 16
　　　　三、组织结构的基本类型 ... 17

项目二　企业管理基础 ... 23
　　任务一　管理与管理者 ... 24
　　　　一、管理的概念及其性质 ... 24
　　　　二、管理者及其分类 ... 28
　　　　三、管理者的技能 ... 29
　　　　四、管理的职能 ... 31
　　任务三　现代企业管理的发展 ... 36
　　　　一、企业管理的产生与发展阶段 ... 36
　　　　二、现代企业管理的发展趋势 ... 38

项目三　战略管理 ... 45
　　任务一　战略管理概述 ... 46
　　　　一、战略的基本概念 ... 46
　　　　二、企业战略的构成要素 ... 47
　　　　三、企业战略的特征 ... 48
　　任务二　企业战略环境分析 ... 50
　　　　一、宏观环境分析 ... 50

二、行业环境分析 ……………………………………………………………… 52
　　　三、内部条件分析 ……………………………………………………………… 57
　任务三　企业战略制订与类型 ……………………………………………………… 60
　　　一、企业战略的制订过程 ……………………………………………………… 60
　　　二、企业总体战略 ……………………………………………………………… 64
　　　三、企业基本竞争战略 ………………………………………………………… 65
　任务四　企业战略实施与控制 ……………………………………………………… 69
　　　一、战略实施 …………………………………………………………………… 69
　　　二、企业战略控制 ……………………………………………………………… 71

项目四　营销管理 ………………………………………………………………… 76
　任务一　营销管理概述 ……………………………………………………………… 77
　　　一、市场营销管理的基本概念 ………………………………………………… 77
　　　二、营销观念 …………………………………………………………………… 78
　任务二　市场调查与预测 …………………………………………………………… 79
　　　一、市场调查 …………………………………………………………………… 79
　　　二、市场预测 …………………………………………………………………… 82
　任务三　营销策略 …………………………………………………………………… 87
　　　一、市场细分与目标市场 ……………………………………………………… 88
　　　二、市场营销组合 ……………………………………………………………… 90

项目五　生产运作管理 …………………………………………………………… 104
　任务一　生产运作管理概述 ……………………………………………………… 105
　　　一、生产运作的概念与过程 ………………………………………………… 105
　　　二、生产运作管理的概念、任务与内容 …………………………………… 107
　　　三、生产类型 ………………………………………………………………… 108
　任务二　生产过程组织 …………………………………………………………… 110
　　　一、生产过程组织的基本要求 ……………………………………………… 110
　　　二、生产过程组织的基本内容 ……………………………………………… 112
　　　三、生产过程的组织形式 …………………………………………………… 115
　任务三　生产计划与控制 ………………………………………………………… 118
　　　一、生产计划 ………………………………………………………………… 118
　　　二、生产作业计划 …………………………………………………………… 121
　　　三、生产作业控制 …………………………………………………………… 123
　任务四　生产现场管理 …………………………………………………………… 125
　　　一、目视管理 ………………………………………………………………… 125
　　　二、定置管理 ………………………………………………………………… 126
　　　三、5S管理 …………………………………………………………………… 126

项目六 企业质量管理 ... 132
任务一 质量管理概述 ... 133
一、质量与管理的基本概念 ... 133
二、质量管理的历程 ... 134
任务二 全面质量管理 ... 135
一、全面质量管理的概念和特点 ... 135
二、全面质量管理的指导思想 ... 137
任务三 质量体系与质量认证 ... 138
一、质量认证和国际标准化组织ISO ... 138
二、ISO 9000系列标准的制定与修订 ... 139
二、ISO 9000族标准产生的背景 ... 140
三、ISO 9000系列标准与全面质量管理（TQM）的比较 ... 142

项目七 人力资源管理 ... 144
任务一 人力资源管理概述 ... 146
任务二 工作分析与人力资源规划 ... 148
一、工作分析的概念及其来源 ... 148
二、人力资源规划的概念和方法 ... 149
任务三 人员招聘与培训 ... 151
一、人员招聘 ... 151
二、培训与开发 ... 155
任务四 绩效管理与薪酬管理 ... 158
一、绩效管理 ... 158
二、薪酬管理 ... 161

项目八 财务管理 ... 166
任务一 财务管理概述 ... 167
一、财务管理的内容 ... 167
二、财务管理的目标 ... 168
三、财务管理的原则 ... 169
四、财务管理的环节 ... 170
任务二 企业筹资管理 ... 172
一、企业筹资分类 ... 172
二、筹资的渠道与方式 ... 173
三、资金需求量预测 ... 174
任务三 企业投资与成本管理 ... 180
一、投资决策评价方法 ... 180
二、标准成本管理 ... 183
三、作业成本管理 ... 188

四、责任成本管理 ································· 191
　任务四　财务分析 ··································· 195
　　一、财务分析的意义 ································· 195
　　二、财务分析的方法 ································· 195
　　三、财务指标分析 ··································· 197

项目九　企业文化 ····································· 207
　任务一　企业文化概述 ······························· 209
　　一、文化的定义 ····································· 209
　　二、企业文化的界定 ································· 209
　　三、企业文化的内容 ································· 210
　　四、企业文化特征 ··································· 212
　　五、企业文化的功能 ································· 213
　任务二　企业文化建设 ······························· 215
　　一、企业文化建设的主旨 ····························· 215
　　二、企业文化建设的中心任务 ························· 216
　　三、企业楷模与企业文化建设 ························· 217
　　四、企业家与企业文化建设 ··························· 218
　　五、企业文化建设的基本原则 ························· 219
　　六、企业文化建设的基本程序 ························· 221
　　七、企业文化的完善与创新 ··························· 222
　任务三　企业形象建设 ······························· 223
　　一、企业形象的界定 ································· 223
　　二、企业形象层次划分 ······························· 223
　　三、企业形象的表达手段 ····························· 224
　　四、企业形象建设 ··································· 225
　　五、树立企业形象的原则 ····························· 227

项目十　企业管理信息化 ····························· 230
　任务一　企业管理信息化概述 ······················· 231
　　一、企业管理信息化 ································· 231
　　二、企业管理信息化的意义 ··························· 232
　　三、企业管理信息化的主要内容 ······················· 234
　　四、中小企业实施信息化注意事项 ····················· 235
　任务二　企业资源计划（ERP） ······················ 236
　　一、企业资源计划的定义 ····························· 236
　　二、ERP 管理思想 ··································· 237
　　三、ERP 的结构和特点 ······························· 238
　　四、近期 ERP 的发展 ································ 239

任务三 信息化绩效评价……………………………………………… 243
　一、信息化绩效评价概述…………………………………………… 243
　二、信息化绩效评价的基本方法…………………………………… 244
　三、信息化绩效评价的意义………………………………………… 246

参考文献……………………………………………………………… 253

项目一　企业概述

【学习目标】

【知识目标】
1. 理解企业的概念及其内涵。
2. 掌握企业的分类。
3. 了解现代企业制度的含义、特征和基本内容。
4. 了解各类型企业的创建与解散过程。
5. 掌握企业组织结构形式的基本类型。

【技能目标】
1. 能根据不同的标准正确地区分企业类型。
2. 具有创办企业和初步分析与设计企业组织结构的能力。

【开篇案例】

海尔集团

海尔集团是世界第四大白色家电制造商，"海尔"是中国最具价值品牌之一。海尔在全球17个国家建立本土化的设计中心、制造基地和贸易公司，全球员工总数超过8万人，海尔的用户遍布世界100多个国家和地区，已发展成为大规模的跨国企业集团，2011年海尔集团实现全球营业额1509亿元。

海尔集团在首席执行官张瑞敏确立的名牌战略指导下，先后实施名牌战略、多元化战略和国际化战略，2005年底，海尔进入第四个战略阶段——全球化品牌战略阶段。创业24年的拼搏努力，使海尔品牌在世界范围的美誉度大幅提升。2007年，海尔品牌价值高达786亿元，自2002年以来，海尔品牌价值连续6年蝉联中国最有价值品牌榜首。海尔品牌旗下冰箱、空调、洗衣机、电视机、热水器、电脑、手机、家居集成等

19个产品被评为中国名牌，其中海尔冰箱、洗衣机还被国家质检总局评为首批中国世界名牌。2005年8月，海尔被英国《金融时报》评为"中国十大世界级品牌"之首。2006年，在《亚洲华尔街日报》组织评选的"亚洲企业200强"中，海尔集团连续第四年荣登"中国内地企业综合领导力排行榜"榜首。海尔已跻身世界级品牌行列，其影响力正随着全球市场的扩张而快速上升。

据中国最权威市场咨询机构中怡康统计：2007年，海尔在中国家电市场的整体份额达到25%以上，依旧保持份额第一；尤其在高端产品领域，海尔市场份额高达30%以上，其中，海尔在白色家电市场上仍然遥遥领先。在智能家居集成、网络家电、数字化、大规模集成电路、新材料等技术领域也处于世界领先水平。"创新驱动"型的海尔集团致力于向全球消费者提供满足需求的解决方案，实现企业与用户之间的双赢。截至2011年6月份，海尔专利申请量累计达到11315项，其中发明专利3666项，稳居中国家电企业榜首。

在创新实践中，海尔探索实施的"OEC"管理模式、"市场链"管理及"人单合一"发展模式均引起国际管理界高度关注。目前，已有美国哈佛大学、美国南加州大学、瑞士IMD国际管理学院、法国的欧洲管理学院、日本神户大学等商学院专门对此进行案例研究，海尔"市场链"管理还被纳入欧盟案例库。海尔"人单合一"发展模式为解决全球商业的库存和逾期应收款提供创新思维，被国际管理界誉为"号准全球商业脉搏"的管理模式。面对新的全球化竞争条件，海尔确立全球化品牌战略，启动"创造资源、美誉全球"的企业精神和"人单合一、速决速胜"的工作作风，挑战自我、挑战明天，为创出中国人自己的世界名牌而持续创新！

【导入问题】
1. 试分析海尔取得了哪些成就？关于海尔的管理你还知道哪些？
2. 你认为海尔取得成功的主要原因有哪些？

【基本原理】

任务一 企业的概念和特征

一、企业的概念

企业是一个历史范畴概念，是社会经济发展到一定历史阶段的产物。它是指从事生产、流通、服务等经济活动，以产品或劳务满足社会需要并获取盈利，依法设立，实行自主经营、自负盈亏的经济组织。

企业具有两重性，它不仅是生产力的组织形式，同时又体现了一定的生产关系。

二、企业的特征

企业一般具有以下几个特征：

1. 经营性

企业的经营性，是指企业为了达到一定的目的，组织人、财、物等各种生产要素，从事生产、流通、服务等业务活动，从而为社会提供产品或服务，这是企业的基本属性。例如，学校不从事经营活动，不具有营利性，所以不是企业；宾馆、饭店为顾客提供服务，具有营利性，所以是企业。

【想一想】

企业具有营利性特征，是否就代表企业可以不择手段争取自身的经济利益？应怎样正确理解企业的营利性？

2. 组织性

企业要采取一定的组织形式，将人、财、物等生产要素有机地结合起来，从而进行生产、流通和服务等活动，也就是说企业是一个组织体。不管是公司，还是个人独资企业，都有一定的组织形式，都是一个组织体。

3. 稳定性

企业的经营活动一般相对固定在某个地点，具有长期性和连续性，而不是流动的、临时的。

4. 独立性

企业有明确的股东，要对自己的投入产出进行经济核算，并能够自主经营、自负盈亏。不实行独立核算、不能自主经营的单位，如企业内部的一个车间，就不是企业。

任务二 企业类型的划分

一、企业的分类

企业按照不同的分类标准可以有不同的分类。

（一）以企业的所有制性质为标准来分类

1. 全民所有制企业

全民所有制企业是指具有法人资格，企业的全部财产归全民所有（国有）的，依法自主经营、自负盈亏、独立核算的企业。

这里所谓的法人是指"法律上的人",即具有民事行为能力、依法独立享有民事权利和承担民事义务的组织。

2. 集体所有制企业

集体所有制企业是具有法人资格的、企业的财产归城乡劳动群众集体所有的企业。

3. 私有企业

私有企业是指由一个或多个自然人投资,投资者以其个人财产对企业债务承担责任的经营实体。私有企业符合法人条件的,可以取得法人资格。

4. 混合所有制企业

混合所有制企业是指由一个或多个自然人和法人联合投资(投资者既有可能是国家、集体,也有可能是企业和自然人等),投资者分别以其投资额对企业债务承担有限责任的经营实体。混合所有制企业一般具有法人资格。

5. 外商投资企业

外商投资企业是指在我国境内设立的,有外商参与投资或独资的企业。外商投资企业的设立要经过我国政府的批准。企业符合法人条件的,可以依法取得中国法人资格。具有中国法人资格的外商投资企业一般采取有限责任公司的形式。

外商投资企业具体有中外合资经营企业、中外合作经营企业和外商独资企业等形式。

(1) 中外合资经营企业。是由我国的企业或者其他经济组织与外国的企业、其他经济组织或者个人共同出资在我国境内设立的企业。

(2) 中外合作经营企业。是由我国的企业或其他经济组织与外国的企业、其他经济组织或者个人共同出资或提供合作条件,在我国境内设立的企业。

(3) 外商独资企业。是在我国境内设立的、全部资本由外国投资者投资的企业,但不包括外国企业和其他经济组织在中国境内设立的分支机构。

(二) 按股权形式分类

企业按其股权形式可分为股份合作制企业、有限责任公司和股份有限公司。

1. 股份合作制企业

股份合作制企业是指两个以上的劳动者或投资者按照章程或协议,以资金、实物、技术、劳动力和土地使用权等作为股本,自愿组织起来,依法从事各种生产经营服务,具有法人资格的集体经济组织。股份合作制企业可以在企业内部发行股票,筹集资金,实行股份合作制,但外部人员不能入股。股份合作制企业的主要优点是实现了按劳分配和按股份分配、所有者与劳动者的两个相结合,有利于调动劳动者的积极性,提高企业活力。

2. 有限责任公司

有限责任公司是指由两个以上的股东共同出资,每个股东以其所认缴的出资额对公司承担有限责任,公司以其全部资产对公司债务承担责任的股份制企业。它的基本特征是:不公开发行股票;全部资本不划分等额股份;对公司债务承担有限清偿责任。有限责任公司主要适用于中小型企业。

3. 股份有限公司

股份有限公司是指全部注册资本由等额股份所构成,并通过发行股票筹集资本的股份制企业。其基本特征是：全部资本划分为等额股份；向社会公众公开发行股票并自由交易；公司以其全部资产对债务承担有限清偿责任等。股份有限公司主要适用于大中型企业。

（三）以企业资产的构成形式为标准分类

1. 个人业主制企业

个人业主制企业是指由个人出资兴办，完全归个人所有和控制的企业。这种企业在法律上称为自然人企业，也称个人独资企业。个人业主制企业是最早产生也是一种最简单的企业形态，流行于小规模生产时期。但即使在现代的经济社会中，这种企业在数量上也是占多数的。

2. 合伙制企业

合伙制企业是指由两人以上共同出资，为了利润共同经营，并归企业主共同所有的企业。合伙人出资可以是以资金或其他财务形式，也可以是以权利、信用或劳务等形式。企业不具有法人资格，各合伙人对企业的债务承担无限连带责任。这种形式在广告事务所、商标事务所、会计事务所、零售商店和股票经纪行业中较为常见。

【想一想】
如果你准备和朋友合伙办企业、做生意，你要有怎样的心理准备，为什么？

3. 公司制企业

公司制企业是指由许多人集资创办的企业。公司是法人，在法律上具有独立人格，这是公司制企业与个人业主制企业、合伙制企业的主要区别。

公司适应了现代企业大规模筹集资金等需要，内部运作比较科学、规范、有序，对外资信度高。

【想一想】
公司相对于合伙企业而言，实质性的进步是什么，对企业经营管理有何实际意义？

二、现代企业制度

（一）现代企业制度的含义和特征

企业制度是指以产权制度为基础和核心的企业组织和管理制度，是关于企业组织、运营、管理等一系列行为的规范化和制度化。企业制度包括企业产权制度、组织制度（或组织形式）、财会制度、管理制度、运行规则，以及所有者、经营者、劳动者之间的关系，国家与企业的关系，企业和社会的关系等方面的内涵。其中企业产权制度是企业制度的基础。

现代企业制度是现代市场经济中企业的组建、管理、运营的规范的制度形式。它是市场经济发展的最佳选择，是适应现代化大生产要求的企业制度，是我国企业尽快成为市场经济主体，走向现代化、国际化的企业制度。对于我国社会主义市场经济体制来讲，现代企业制度是这一新的经济体制的重要构成部分，它将造就社会主义市场经济运行的微观基础，加速新体制的培育和发展。

现代企业制度的基本特征为产权清晰、权责明确、政企分开、管理科学。

（二）现代企业制度的主要内容

现代企业制度的主要内容包括三个方面：一是现代企业法人制度；二是现代企业组织制度；三是现代企业管理制度。其基本情况可以用表 1-1 表示。

表 1-1　现代企业制度基本情况一览表

组　成	目的和要求	主要内容
现代企业法人制度	明确产权关系，实行政企分开，使企业成为独立自主的市场主体	①确立企业独立的法人资格 ②理顺产权关系，使企业拥有独立的法人财产权 ③实行所有权和经营权分离，政企分开
现代企业组织制度	适应市场经济的客观要求，既要赋予经营者充分的自主权，又要保障所有者的权益，还要调动劳动者的积极性	①建立符合现代企业经营管理要求的权利机构、决策机构、执行机构和监督机构 ②通过法律和企业章程明确各机构的权责 ③通过法律和企业章程使各机构形成各自独立、权责分明、相互制约的关系
现代企业管理制度	使企业的机构设置和管理制度能适应现代企业管理的需要，能提高管理效率和经济效益	①建立科学合理的企业管理机构 ②建立现代企业的用工制度 ③建立现代企业的分配制度 ④建立现代企业的财务会计制度

1. 现代企业法人制度

现代企业法人制度中最重要的是公司制企业的产权制度，即公司法人所有权制度。它可分为两个层次：第一层次是股权，即股东的权利，它与出资额联系在一起，主要包括选举权、表决权和收益权等；第二层次是董事会拥有资产的占有、使用和依法处分等实际控制权。因此，通过企业产权两个层次的分解可以理顺企业的产权关系，实现出资者所有权和法人财产权的分离。出资者所有权主要表现为拥有股权，即以股东的身份依法享有资产收益、选择管理者、参与重大决策以及转让股份等权利，但不能直接干预企业的经营活动。法人财产权主要表现为企业依法享有法人财产的占有、使用、收益和处分权，以独立的财产对自己的经营活动负责。出资者所有权和法人财产权经过法律确认，均受法律保护，任何人不得侵犯。

由上述可见，现代企业法人制度能明晰企业的产权关系，拥有独立的法人地位和法人财产所有权，并据此享有民事权利和承担民事责任，使企业成为真正的市场主体。因此，现代企业法人制度是企业做到产权明晰、权责明确、政企分开和科学管理的根本前提，是现代企业制度最重要的组成部分。

【想一想】
最终所有权如何体现？法人财产权如何体现？试举例说明。

2. 现代企业组织制度

现代企业组织制度的主要特征是：所有者、经营决策者、监督者之间通过公司的权利机构、决策管理机构、监督机构形成各自独立、权责分明、相互制衡的机制，并通过法律和公司章程加以确立和实现。

在现代市场经济条件下，现代企业的组织形式主要是公司制。现代企业制度要求公司必须建立一套完整的"公司治理结构"。公司治理结构是指三个独立部分，即所有者（股东）、公司法定代表（董事会）、执行管理部门（总经理及其他管理人员）之间形成的一定关系。这种关系使公司机构权责分明，又相互制衡，形成企业发展的一种良好机制。这种组织制度既赋予经营者充分的自主权，又确实保障所有者的权益，同时又能够调动劳动者的积极性。

公司组织机构主要由股东大会、董事会、监事会及总经理四者构成。

3. 现代企业管理制度

现代企业管理制度具体包括财会制度、成本制度、利润分配制度、财务报告和财务监督制度、劳动制度、工资制度等。从我国现有企业管理制度的现状和提高企业经济效益的目标出发，建立现代企业管理制度可以从以下四个方面入手：建立合理的企业经营机构，建立现代企业用工制度，建立现代企业分配制度和建立现代企业财务制度。

（三）现代企业制度的主要组织形式及其特征

现代企业制度的主要组织形式是公司。按公司股东对公司债权人所负责任的不同，公司可划分为有限责任公司和股份有限公司两种形式，见表1-2。

表1-2 股份有限公司与有限责任公司基本情况比较表

比较项目＼公司类型	股份有限公司	有限责任公司
①股份特征	股份等额，责任有限，股票可上市	股份不等额，责任有限，出资证明书不上市
②设立方式	资合（认购，募集）	资合（认购），并具有人合性
③设立操作	要求严格，程序较复杂	要求宽松，程序较简单
④出资方式	发行股票或签发股权证	签发出资证明书
⑤股东人数	有下限、无上限（不少于5人）	有上、下限（2～50人）
⑥注册资本最低限额	1000万元及以上	3万元（一人有限责任公司10万元）以上

(续表1-2)

公司类型 比较项目	股份有限公司	有限责任公司
⑦筹资范围	社会	公司
⑧筹资规模	大	小
⑨出资转让	股票可以转让，没有严格限制	出资证明的转让须经公司同意，并向原登记机关办理变更登记和公告
⑩出资管理	复杂	简单
⑪股东的权利和义务	按所持股份类别或份额享受权利、承担义务，每一股都拥有同等权利和义务	按出资额享受权利、承担义务，并拥有表决权
⑫股东承担债务责任	仅以其所认购的股份为限对公司承担有限责任	仅以其所认缴的出资额为限对公司承担有限责任
⑬经营规模	大	小
⑭受外部影响和冲击	大	小
⑮机构设置	必须设股东大会，董事必须由股东选举	可不设股东会，董事可以由股东委派
⑯信息披露	公开	保密

任务三　企业的创建

一、企业的注册登记

（一）企业登记的原则

根据我国《公司法》的规定，对公司的设立登记，采取登记主义和审批主义两种原则。

我国《公司法》对有限责任公司的设立规定的是登记主义原则，即只要具备《公司法》规定的设立条件，除某些特殊行业在申请公司登记前须向政府有关部门履行必要的报批手续外，一般均可申请登记为公司。这一规定符合市场经济所要求的效率和减少行政干预的要求。

我国《公司法》对股份有限公司的设立规定的是审批主义原则，即设立股份有限公司，除具备《公司法》规定的设立条件外，在申请登记前必须报经国务院授权部门或省级人民政府批准。因为一般来说，股份有限公司在规模、股东人数方面比有限责任公司更大、更分散，证券交易的安全性要求也比有限责任公司高。如果把关不严，将会对广大股东、债权人和交易所股民造成重大损失。近年来，在"股份制热"中已有不少企业因滥发股票造成严重后果的教训。因此，在目前的公司登记原则中，采取二元主义的立法态度是切合实际的，等时机成熟后，再逐步过渡到单一的登记原则。

【想一想】

为什么要对有限责任公司和股份有限公司的设立登记规定不同的原则？

（二）企业注册登记的类型

企业注册登记，按是否取得法人资格可分为企业法人登记和营业登记；按登记的内容可分为开业登记、变更登记和注销登记。

1. 企业法人登记和营业登记

（1）企业法人登记。这是指具备法人条件的经济组织依法登记后取得企业法人资格的登记。企业依法成立时要有必要的财产或经费，有自己的名称、组织机构、组织章程和场所，能够独立承担民事责任。具备了这些条件后，经过登记方能取得企业法人资格。

（2）非法人登记（营业登记）。这是指不具备法人条件的经济组织依法登记后，只取得营业资格的登记。如由企业法人设立的不能独立承担民事责任的分支机构应进行的登记等。另外，事业单位和科技性社会团体设立的不能独立承担民事责任的机构，也要按一定的登记程序进行营业登记，这也属于非法人登记的范畴。

2. 开业登记、变更登记和注销登记

（1）开业登记。这是指设立企业时必须向工商行政管理部门申请办理的登记，其作用是确认企业享有企业法人资格或营业资格。

（2）变更登记。这是指经开业登记已取得合法资格的企业要改变原登记事项，如名称、住所、法定代表人、经营范围、注册资金以及增设或撤销分支机构时应办理的变更手续。

（3）注销登记。这是指经开业登记已取得合法资格的企业在歇业、被撤销、被宣告破产或因其他原因终止营业时应当办理的注销手续。企业经注销登记后，登记主管机构应收缴企业法人执照或营业执照（包括副本），收缴公章，并将注销登记情况告知被注销登记企业的开户银行。应办理注销登记而未办理或办理注销登记后仍从事生产经营活动的，均属于违法活动，应依法受到制裁。企业因违法经营，被工商行政管理部门吊销营业执照时，由工商行政管理部门直接注销其登记。

（三）企业注册登记的主要事项

1. 企业名称

企业名称是企业法人地位的标志。它由企业自行申请，报工商行政管理部门核定；企业名称在核准登记以后，在一定范围内享有专用权，任何人不得侵犯。

2. 住所和经营场所

住所是指企业主要办事机构的地址。如果某公司有一个总部和几个分部，就应把总部的所在地作为住所。经营场所主要是指企业生产经营的地址、面积和位置等。

3. 法定代表人

企业的法定代表人一般是指企业的董事长。企业与企业之间、企业与国家之间以及企业与企业之外发生的一切涉及法律的事项，均应由法定代表人出面解决，并承担责任。

4. 经营性质

企业的经营性质是由主管登记机关根据企业的财产所有权归属、资金来源、分配形式以及有关规定审定的。当前我国企业的经营性质有全民所有制、集体所有制、合营或联营、个体所有制以及中外合资等。

5. 经营范围和经营方式

经营范围是指企业生产经营活动的行业和项目，如房地产经营、食品销售等。经营方式是指企业采用什么样的方式从事生产经营活动，如来料加工、批发、零售、代销代购等。

6. 注册资金

注册资金是指企业在登记机关注册登记的实有资金数额。资金是企业从事生产经营活动的保证，企业能否获得核准登记开业、能否获得法人地位，与资金数量的大小以及资金来源有着密切关系。

7. 经营期限

经营期限是企业章程、协议或合同所确定的企业合法经营的时限。主管登记机关核定经营期限后，在核发的营业执照上注明有效期，有效期自核准登记之日起计算。经营期限可以依法延续。

8. 分支机构

分支机构是指企业法人附设的分厂、分店、直销门市部、加工厂等。这些附属单位一般都不独立核算，但可以直接从事生产经营活动。

二、企业的设立

（一）个人独资企业

个人独资企业是指依法在我国境内设立，由一个自然人投资，财产为投资人个人所有，投资人以其个人财产对企业债务承担无限责任的经营实体。

1. 个人独资企业的设立条件

（1）投资人为一个自然人，法律、行政法规禁止从事营利性活动的人不得作为投资人申请设立个人独资企业。

（2）有合法的企业名称。

（3）有投资人申报的出资。

（4）有固定的生产经营场所和必要的生产经营条件。

（5）有必要的从业人员。

2. 个人独资企业的登记

申请个人独资企业，应当由投资人或其委托的代理人向个人独资企业所在地的登记机关提交申请书、投资人身份证明、生产经营场所使用证明等文件。由委托代理人申请设立登记的，应当出具投资人的委托书和代理人的合法证明。

设立申请书应包括下列事项：

(1) 企业的名称和住所（个人独资企业以其主要办事机构所在地为住所）。
(2) 投资人的姓名和居所。
(3) 投资人的出资额和出资方式。
(4) 经营范围。

个人独资企业要设立分支机构的，应当由投资人或其委托的代理人向分支机构所在地的登记机关申请登记，领取营业执照。个人独资企业分支机构经核准登记后，应将登记情况报该分支机构隶属的个人独资企业的原登记机关备案。企业的分支机构是企业的一部分，其产生的民事责任理应由企业承担。

登记机关收到设立申请文件之日起15日内，对符合规定条件的，予以登记并发给营业执照，营业执照的签发日期为个人独资企业成立之日。

(二) 合伙企业

合伙企业，是指自然人、法人和其他组织依法在中国境内设立的，由两个或两个以上的合伙人订立合伙协议，为经营共同事业，共同出资、合伙经营、共享收益、共担风险，并对合伙企业债务承担无限连带责任的营利性组织。

1. 合伙企业的设立条件

根据法律规定，设立合伙企业应当具备五个条件：

(1) 有两个以上的合伙人，且都依法承担无限责任。
(2) 有书面的合伙协议。
(3) 有合伙人实际缴付的出资。
(4) 有合伙企业的名称。
(5) 有经营场所和从事合伙经营的必要条件。

法律、行政法规禁止从事营利性活动的人不得成为合伙企业的合伙人，如国家公务员、国家机关等机构的人员。

合伙人可以用货币、实物、土地使用权、知识产权或者其他财产权出资。对货币以外的出资需要评估作价的，可以由全体合伙人协商确定，也可以由全体合伙人委托法定评估机构进行评估。经全体合伙人协商一致，合伙人也可以用劳务出资，其评估办法由全体合伙人协商确定。

合伙协议是合伙成立的依据，也是合伙人权利和义务的依据，所以必须以书面形式订立，且经过全体合伙人签名、盖章方能生效。合伙协议应载明以下事项：合伙企业的名称、主要经营场所的地点；合伙的目的和合伙企业的经营范围；合伙人的姓名及其住所；合伙人的出资方式、数额和缴付出资的期限；利润分配和亏损分担方案；合伙企业事务的执行；入伙和退伙；合伙企业的解散和清算等事项；违约责任。除此之外，合伙协议还可以载明合伙企业的经营期限和合伙人产生争议的解决方案等。合伙协议的修改或补充需经全体合伙人协商一致方可执行。

2. 合伙企业的登记

设立合伙企业，应当由全体合伙人指定的代表或者共同委托的代理人向企业登记机关提交登记申请书、合伙协议书、合伙人身份证明等文件。

合伙企业的登记事项包括：

（1）合伙企业的名称和住所，其中名称中不得出现"有限"或"有限责任"的字样。

（2）经营范围。

（3）经营方式。

（4）合伙人的姓名、住所、出资额、出资方式。

合伙企业确定执行合伙企业事务的合伙人或者设立分支机构，登记事项还应当包括执行合伙企业事务的合伙人或者分支机构的情况。合伙企业设立分支机构，应当向分支机构所在地的企业登记机关申请，领取营业执照。

申请设立合伙企业，应当向企业登记机关提交下列文件：①全体合伙人签署的设立登记申请书；②全体合伙人的身份证明；③全体合伙人的指定代表或者共同委托的委托书；④合伙人的书面协议；⑤出资权属证明；⑥经营场所证明；⑦工商行政管理部门规定提交的其他有关批准文件。

合伙企业的营业执照签发之日为合伙企业的成立日期。合伙企业领取营业执照前，合伙人不得以合伙企业名义从事经营活动。

（三）公司制企业

按照我国《公司法》，公司是指在中国境内设立的，依法成立的以营利为目的的企业法人。

有限责任公司，由法定人数的股东组成，股东以其出资额为限对公司承担责任，公司以其注册资本为限对公司债务承担责任。

股份有限公司，全部资本分为等额股份，股东以其所持股份为限对公司承担责任，公司以其全部资产对公司债务承担责任。

公司股东作为出资者按投入公司的资本额享有所有者的资产受益、重大决策和选择管理者的权利。公司享有股东投资形成的全部法人财产权，依法享有民事权利，承担民事责任。

1. 有限责任公司

（1）设立条件。有限责任公司由 50 个以下的股东共同出资成立，设立时应当具备五个条件：一是股东符合法定人数；二是股东出资额达到法定资本最低额，一般的有限责任公司注册资本最低限额为 3 万元人民币，一人有限责任公司的注册资本最低限额为 10 万元人民币，股东应一次足额缴纳公司章程规定的出资额，并不得低于法定注册资本的最低限额；三是股东共同制定公司章程；四是有公司名称和符合有限责任公司要求的组织机构；五是有固定的生产经营场所和必要的生产经营条件。

（2）有限责任公司的登记。设立有限责任公司，应提交如下资料：

1）公司董事长签署的公司设立登记申请书。

2）全体股东指定代表或共同委托代理人的证明。

3）公司章程。公司章程应包括以下事项：①公司的名称和住所；②公司的经营范围；③公司注册资本；④股东的姓名或者名称，股东的权利和义务，股东的出资方式和出资额，股东转让出资的条件；⑤公司的机构及其产生办法、职权、议事规则；⑥公司的法定代表人；⑦监事成员；⑧公司的解散事由和清算办法；⑨股东认为需要规定的其他事项。公司章程应由全体股东或其委托的代表签字，法人股东要加盖公章，法定代表亲笔签名；出资人为自然人的，则由其本人亲笔签名。公司章程要提交一式两份。

4）具有法定资格的验资机构出具的验资证明。

5）股东的法人资格证明或自然人身份证明。

6）载明公司董事、监事、经理的姓名和住所的文件，以及有关委派、选举或聘用的证明。

7）公司法定代表人任职文件和身份证明。

8）企业名称预先核准通知书。

9）公司住所证明。

10）公司申请登记的经营范围中由法律、行政法规规定必须报经审批的项目，应当在申请登记前报国家有关部门审批，并向公司登记机关提交批准文件。

案例 1-1

2010年9月，华天公司、茵宝服装厂和红太阳服装厂准备出资成立一家有限责任公司，从事服装生产。三家投资企业共同订立了公司章程，并共同出资30万元。其中华天公司以注册商标专用权作为出资，价值9万元；茵宝服装厂以机器设备出资，价值11万元；红太阳服装厂出资10万元。其后，三个股东各指定一名代表向公司登记机关申请设立登记，但未予登记。

问题：

这家有限责任公司出资额是否符合法定资本最低限额？

股东是否可以以机器设备、注册商标专用权出资？

股东全部出资后能否由各方指定代表向公司登记机关申请设立登记？

2. 股份有限公司

（1）设立条件。股份有限公司可以分为发起设立和募集设立两种方式。设立股份有限公司应当具备六个条件：一是发起人符合法定人数。我国《公司法》规定，设立股份有限公司，应当由2人以上200人以下为发起人，其中须有半数以上的发起人在中国境内有住所。二是发起人认缴和社会公开募集的股份要达到法定的最低限额。三是股份发行、筹办事项符合法律规定。四是发起人制定公司章程并经创立大会通过。五是有公司名称和符合股份有限公司要求的组织机构。六是有固定生产经营场所和必要的生产经营条件。

（2）股份有限公司的登记。申请设立股份有限公司，应当提交下列文件：

1）公司董事长签署的公司设立登记申请书。

2）国务院授权或者省、自治区、直辖市人民政府的批准文件，募集设立的股份有限公司应当提交国务院证券管理部门的批准文件。

3）创立大会的会议记录。创立大会行使下列职权：①审议发起人关于筹办情况的报告；②通过公司的章程；③选举董事会成员；④选举监事会成员；⑤对公司的设立费用进行审核；⑥对发起人用于抵作股款的财务作价进行审核；⑦发生不可抵抗或者经营条件发生重大变化直接影响公司时，可以作出不设立公司的商议。会议记录对上述事项应如实予以记载。

4）公司章程。公司章程应包括以下事项：①公司的名称和住所；②公司的经营范围；③公司设立方式；④公司股份总数、每份金额和注册资本；⑤发起人的姓名或者名称、认购的股份数；⑥股东的权利和义务；⑦董事会的组成、职权、任期和议事规则；⑧公司利润分配办法；⑨公司的解散事由与清算方法；⑩公司的通知和公告办法；⑪股东大会认为需要规定的其他事项。

5）筹办公司的财务审计报告。

6）具有法定资格验资机构出具的验资证明。

7）发起人的法人资格证明或者自然人身份证明。

8）载明公司董事、监事、经理姓名和住所的文件，以及有关委派、选举或聘用的证明。

9）公司法定代理人任职文件和身份证明。

10）企业名称预先核准通知书。

11）公司住所证明。

另外，公司申请登记的经营范围中有法律、行政法规规定必须报经审批的项目，应当在申请登记前报经国家有关部门审批，并向公司登记机关提交批准文件。

3. 公司的优点和缺点

（1）公司有以下优点：①公司的股东只对公司承担有限责任，与个人的其他财产无关，因而股东的风险不大，并且股份有限公司的股东还可通过自由转让股票而转移风险。②通过公开发行股票，提高了公司的社会声望，因而公司的融资能力较强。③公司具有独立存续时间，除非因经营不善导致破产或停业，不会因个别股东或高层管理人员的意外或离职而消失。④对比个人独资企业和合伙企业，公司的所有权与经营管理权分离，可以聘任专职的经理人员管理公司，从而获得高水平的管理方式，使其能够适应激烈的市场竞争环境。

（2）公司有以下缺点：①公司设立的程序比较复杂，创办费用高。②按照相关法律要求，股份有限公司需要定期披露经营信息，公开财务数据，这样容易造成商业机密的外泄。③由于公司是从社会吸纳资金，为了保护相关者利益，政府对公司的限制较多，法律、法规的要求也较为严格。

任务四　企业的组织结构

一、组织结构及其设计

组织结构是指为实现组织目标，组织成员分工协作所组成的组织架构与相应的职、责、权关系。组织结构包括职能结构、层次结构、部门结构、职权结构等。

1. 组织结构设计的原则

（1）目标任务原则。建立组织是为了实现目标任务，因此，必须根据组织目标的需要，建立能最有效地保证组织目标实现的组织结构。

（2）专业分工与协作原则。要按照专业化的原则设计部门，进行科学的分工，并要有利于各个组织单元之间的有机协调。

（3）统一指挥原则。在处理组织中的各种职权关系时，必须保证指挥统一性，防止政出多门。

（4）有效管理幅度原则。每个管理者管理幅度的设计，必须确保能实现有效的控制。

（5）集权分权相结合原则。高层管理者要保有关键性权力，同时要尽可能地放权给基层。

（6）责、权、利相结合原则。要使每一个组织单元或职位所具有的责任、权力和利益相匹配。

（7）稳定性和适应性相结合原则。既要保持组织的相对稳定，又要根据目标、环境的变化适时地调整。

（8）制衡原则。决策、执行和监督机构应分设，保证三者形成公正与科学的制约关系。

（9）精简高效原则。机构必须精简，能实现目标的最简单机构就是最佳机构。

2. 组织结构设计的程序

（1）确定设计的方针和原则。

（2）进行职能分析和职能设计。根据企业目标设置各项经营、管理职能，明确关键职能；把公司总的管理职能分解为具体的管理业务与工作。

（3）设计组织结构框架。选择组织结构模式，设计管理层次、部门和岗位、权责。

（4）设计联系方式。设计纵向各管理层次之间、横向各部门之间的协调方式与控制手段。

（5）设计管理规范。制定各项业务的管理工作程序、工作标准、工作方法以及考核、激励等制度。

（6）反馈与修订。要进行跟踪控制，根据执行中的信息反馈，对组织结构进行必要的调整。

二、部门划分与管理层次的确定

建立企业的组织结构,从横向来看,是个部门划分与分工合作的问题;从纵向来看,是个管理层次划分的问题。下面先研究部门划分问题。

(一) 部门划分的原则与方法

部门划分,就是将企业总的管理职能进行科学分解,并相应组成各个管理部门,各负其责,形成部门分工体系的过程。

1. 部门划分的原则

(1) 有效性原则。按照能有效实现组织目标的要求划分部门。

(2) 专业化原则。按照专业化分工,将相近的职能或业务划分到一个部门进行管理。

(3) 满足社会心理需要原则。在贯彻专业化原则的同时,还要注意尽可能满足员工的社会心理需要,防止过分专业化带来的枯燥乏味问题。

2. 部门划分的方法

(1) 按人数划分部门。这是一种最简单的方法,大多限于一些技术含量较低的单位。

(2) 按时间划分部门。对于一些需要不间断工作或要充分利用设备的组织,应按时间分组。

(3) 按职能划分部门。按照专业化原则,将相近的管理与工作职能归类,组建专司这类职能的部门。这是管理机构划分部门常用的方法。

(4) 按产品划分部门。这是一种按照专业化原则,将生产或销售相同或相近产品的业务组合到一起,组成专门生产或销售这类产品的工作部门或单位的方法。它是生产经营单位常采用的划分部门方法。

(5) 按区域划分部门。这是一种按照生产经营业务或服务对象的地理区域分布划分部门的方法。该法适用于跨地区的企业。

(6) 按工艺过程划分部门。这是一种按照生产经营的工艺过程来划分部门的方法。该法主要适用于生产经营业务领域内部门的划分。

(二) 管理幅度与管理层次

管理幅度是指一名管理者直接管理下级的人数。管理层次是指组织内部从最高一级管理组织到最低一级管理组织的组织等级。两者之间存在反比关系。在组织规模既定的条件下,当管理者的管理幅度较小时,就会形成较多的管理层次;而管理者的管理幅度较大时,就会形成较少的管理层次。

管理层次与组织结构有两种形态:

(1) 高层结构。管理幅度较小而管理层次较多,则会形成高层结构的组织形态。这种组织形态的优点是有利于控制,有利于增强管理者权威;其缺点是增加管理费用,影响信息传输。

(2) 扁平结构。管理幅度较大而管理层次较少,则会形成扁平结构的组织形态。这种组织形态的优点是有利于发挥下级的积极性和自主性、培养下级管理能力,有利于信息传输、节省管理费用；其缺点是不利于控制，对管理者素质要求高，横向沟通与协调难度大。现代企业大都倾向于扁平形态的组织结构。

三、组织结构的基本类型

1. 直线制

直线制组织结构如图1-1所示。

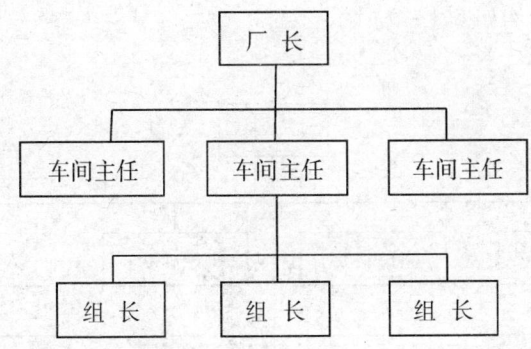

图1-1 直线制组织结构

含义：没有职能机构，从最高管理层到最基层，实行直线垂直领导。
优点：沟通迅速，指挥统一，责任明确，管理成本低。
缺点：管理者负担过重；难以胜任复杂职能。
适用：适用于技术较为简单、业务单纯、规模较小的组织。

2. 职能制

职能制组织结构如图1-2所示。

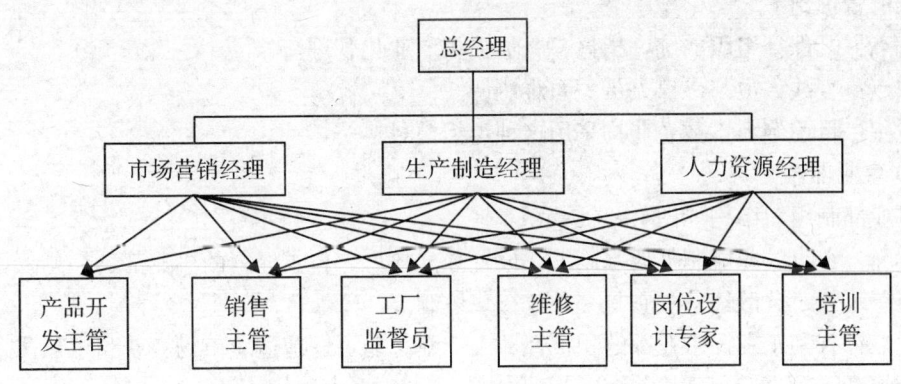

图1-2 职能制组织结构

含义：在组织内设置若干职能部门，并都有权在各自业务范围内向下级下达命令。也就是各个基层组织都接受各个职能部门的领导。

优点：能发挥职能机构的专业管理作用，对下级工作的指导更细，减轻了直线主管的负担，管理者实行职能分工，使对管理者的选用和培养变得更容易。

缺点：妨碍了组织必要的集中领导和统一指挥，形成多头领导，可能造成管理混乱，不利于明确划分直线人员与职能部门的职责权限，容易造成争夺权力、推卸责任的局面。

使用范围：现代企业一般都不采用职能制。

3. 直线职能制

直线职能制组织结构如图 1-3 所示。

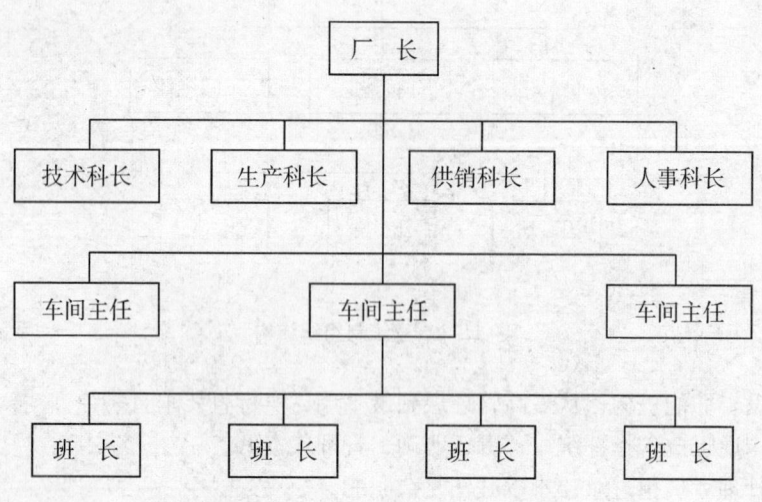

图 1-3 直线职能制组织结构

含义：既设置纵向的直线指挥系统，又设置横向的职能管理系统，以前者为主体建立的两维的管理组织。

优点：既保证组织的统一指挥，又加强了专业化管理。

缺点：直线人员与参谋人员关系难协调。

适用：目前绝大多数企业均采用这种组织模式。

4. 事业部制

事业部制组织结构如图 1-4 所示。

含义：在直线职能制框架基础上，设置独立核算、自主经营的事业部；在总公司领导下，统一政策，分散经营。它是一种分权化体制。

优点：有利于发挥事业部的积极性、主动性，能更好地适应市场；有利于公司高层集中思考战略问题；有利于培养综合管理人才。

缺点：存在分权带来的不足，即可能造成指挥不灵、机构重叠；对管理者要求高。

适用：适用于面对多个不同市场、规模较大的企业。

事业部制与直线职能制的本质差别在于：事业部制中的事业部具有相当大的经营自主

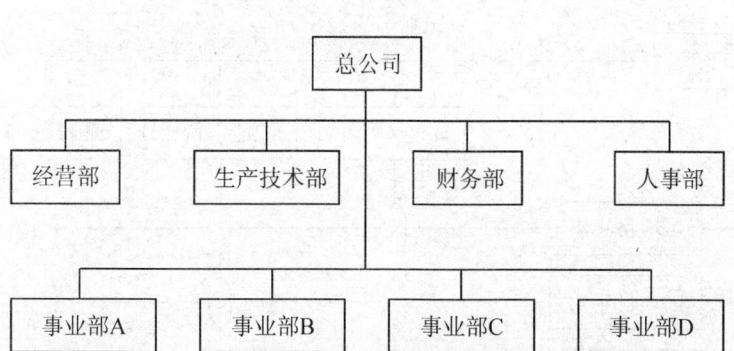

图1-4 事业部制组织结构

权,在总公司的领导下,独立面对市场进行自主经营。而直线职能制中的中层经营部门远没有这么大的经营自主权。

划分事业部的方式主要有两种,即按产品划分和按地域划分。

案例1-2

事业部制改革

随着各项经营业务的发展,某集团从1997年开始推行事业部制改革,按照产品类别将原有经营单位分为五个事业部,即空调、风扇、电饭煲、电机和小家电事业部。改革激发了各经营单位的积极性。与此同时,组织运行中也发现,风扇与电饭煲这两类产品的销售和服务网络具有很强的兼容性和互补性。为优化资源配置,该公司在1999年下半年又将风扇事业部和电饭煲事业部重组为小家电事业一部(原来的小家电事业部相应更名为小家电事业二部)。小家电事业一部由国内营销公司、国外营销公司和六个生产厂组成。营销公司与生产厂之间的关系由单纯的产销关系转变成买卖关系,营销公司是生产厂的顾客,营销环节的问题由两大营销公司全权负责,制造质量和设备质量造成的损失则由生产厂承担。该公司认为,新体制的推行将使该事业部全面进入"市场经营"和"顾客服务"状态中。

5. 矩阵制

矩阵制组织结构如图1-5所示。

含义:是由按职能划分的纵向系统与按产品、项目组成的横向系统结合而成的两维组织。

优点:纵横结合,有利于配合;人员组合富有弹性。

缺点:破坏命令统一原则,造成了一定程度的混乱,容易产生权力斗争。

适用:主要适用于突击性、临时性任务。

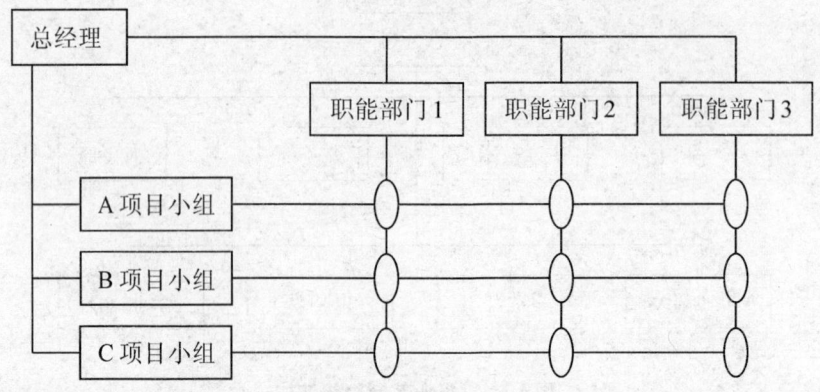

图1-5 矩阵制组织结构

【想一想】
直线职能制与事业部制的联系与区别。
(1) 两者的组织框架相似,本质差别是什么?
(2) 这种本质差别同两种形式各自的适用范围有何关系?

【小　　结】

在市场经济迅速发展的今天,企业早已司空见惯,表面看这些企业处在各行各业、规模有大有小、内部氛围和风格迥异,其实,在这些不同表面的背后,企业存在很多实质性的共性和规律,掌握这些背后的共性和规律对我们来说有很大的现实意义。

通过本章节的学习,同学们应初步领会企业的内涵和特征,了解企业根据不同的标准有不同的分类,了解我国现代企业制度,从而明确我国企业建立现代企业制度的必要性,同时,也对企业从创建、设立和破产、解散有一个完整的认识。

【课后习题】

一、选择题

1. 企业是指(　　)。
A. 以盈利为目的的经济组织
B. 专门从事商品生产和经营的经济组织

C. 获取盈利、自主经营、自负盈亏的法人实体
D. 自主经营、自负盈亏的社会经济单体

2. 管理幅度与管理层次之间的关系是（　　）。
   A. 正比例关系　　B. 无比例关系　　C. 结构比例关系　　D. 反比例关系
3. 合伙企业是属于（　　）
   A. 公司企业　　B. 法人企业　　C. 自然人企业　　D. 企业集团
4. 根据《公司法》规定，有限责任公司注册资本的最低限额为人民币（　　）。
   A. 3万元　　B. 10万元　　C. 500万元　　D. 30万元
5. 最基本的，又是比较简单的结构形式是（　　）。
   A. 直线职能制　　B. 直线制　　C. 事业部制　　D. 矩阵制
6. （　　）是公司最高权力机构。
   A. 股东大会　　B. 董事会　　C. 监事会　　D. 职代会
7. （　　）是公司的经营决策机构。
   A. 股东大会　　B. 董事会　　C. 监事会　　D. 职代会
8. 在我国许多公司制企业里，一种普遍现象是董事长兼任总经理，其主要弊端是（　　）。
   A. 产权不清　　　　　　　　　　B. 权责不对等
   C. 职责不清　　　　　　　　　　D. 滋生机会主义倾向

二、简答题

1. 什么是企业？企业具有哪些特征？
2. 试分析股份有限公司与有限责任公司的区别与联系。
3. 现代企业制度的内容主要包括哪几个方面？
4. 企业注册登记按登记的内容可分为哪些形式？企业注册登记有哪些主要事项？
5. 请说明部门划分的原则和方法。
6. 请分析事业部制与直线职能制的异同。

三、实训

组建学生模拟公司。

1. 实训目标
（1）培养简单的组织结构设计能力。
（2）培养对管理问题分析、归纳与表达的能力。
（3）为后续系列实训提供组织基础。
2. 实训内容与要求
（1）深入企业进行调查，根据企业调查访问所获得的信息资料组建模拟公司。
（2）以自愿为原则进行分组，6～8个人为一组，组建"XX公司"。
（3）竞聘与选举公司总经理，每个人都要起草竞聘演讲稿，以模拟公司为单位组织竞聘，并投票选举总经理。
（4）设计本公司的组织形式、组织机构，指定人员分工。

3. 成果检测

（1）提供每个成员的竞聘演讲稿和公司总经理选举结果。

（2）提供每个公司的组织系统图及人员分工一览表。

（3）班级组织一次交流，每个公司推荐2人做竞聘演讲。

（4）由教师与学生对各公司竞聘演讲与组建情况进行评估打分。

项目二　企业管理基础

【学习目标】

【知识目标】
1. 理解管理的概念与性质。
2. 知道谁是管理者。
3. 懂得管理者应具备什么样的技能。
4. 明确管理的基本职能。
5. 了解现代企业管理的发展趋势。

【技能目标】
1. 具备运用所学概念、原理等进行简单的企业管理案例分析的基本能力。
2. 具备运用所学知识分析管理职能及各职能之间关系的能力。

【开篇案例】

逃离高笼的袋鼠

有一天,动物园的管理员们发现袋鼠从笼子里跑出来了,于是开会讨论,一致认为是笼子的高度过低,从而导致袋鼠从笼子里跳了出来。所以,他们决定将笼子的高度由原来的十米加高到二十米。谁知第二天,他们发现袋鼠依旧能够跑到外面来,于是,他们又决定再将高度加高到三十米。

然而,没料到第三天居然又看到袋鼠全跑到外面,管理员们大为紧张,决定一不做二不休,索性将笼子的高度加高到一百米:"嘿嘿,这下子看你还能不能跳出如来佛的神掌。"

第四天,神了,袋鼠还是从笼子里跑了出来,而且,还在与它们的好朋友长颈鹿聊天呢。"你们看,这些人会不会再继续加高你们的笼子呢?"长颈鹿问。
"很难说,"袋鼠说,"如果他们再继续忘记关门的话。"

【导入问题】
这则寓言道出了怎样的管理哲学?

【基本原理】

任务一 管理与管理者

一、管理的概念及其性质

(一)管理的概念

管理活动由来已久,凡是有人类共同劳动的地方就有管理活动。但是管理上升为一门科学,却是近代的事情。"管理"一词,可以从不同的角度去理解。按照《世界百科全书》的解释,"管理就是对工商企业、政府机关、人民团体,以及其他各种组织的一切活动的指导。它的目的是要使每一行为或决策有助于实现既定的目标"。这就是说,管理的概念涉及广泛的领域,政府机关、企事业单位、科技机构、学校、军队等凡是人群共同活动的单位,都需要管理,以指导人们完成和达到共同的目的,这是从广义的角度去解释的。而从狭义上讲,管理主要是指经济领域的管理,包括对社会生产、交换、分配、消费诸过程的管理。本书侧重论述狭义的管理,并以企业管理为主。

什么是管理?关于这个基本概念,不论中国人还是外国人,从古到今都没有一个让人普遍认同的观点。

在中国,按照词典的解释,管理有两层含义:一是管,二是理。"管"有照看、保管、监护、过问、干预、统辖、领导、负责、料理、教育等意思,就是通过制定规章、制度、法律条文、规则等来管人、管物、管财、管信息、管时间等。"理"有计划、规划、谋划、沟通、协商等含义,目的是理出头绪、理清事情的轻重缓急、理顺各种关系。

管理的目的,简单地说,就是使管辖范围内人尽其才、物尽其用、利益最大、关系和谐、环境最美。如果只"管"不"理",就是"命令";"理"而不"管",就是"盲目"。为了明确管理的目的,就必须去"理";为了实现管理的目的,就必须去"管"。"管"只有与"理"有机结合,才是真正意义上的管理。

在中国，人们普遍认为管理还有经营、运作等含义，所谓经邦治国、打理生意、料理家庭等就含该义。

西方各个管理学派，按照其各自的管理理论，对管理的概念有不同的解释。古典管理学派的代表人物美国的泰罗给"管理"下过这样的定义：管理就是"确切地知道你要别人去干什么，并使他们用最好的方法去干"。法国的法约尔认为，管理就是实行计划、组织、指挥、协调和控制。行为科学学派，如原籍澳大利亚而后来移居美国的梅奥和美国的罗特利斯伯格等认为，管理就是做人的工作，它的主要内容是以研究人的心理、生理、社会环境影响为中心，激励职工的行为动机，调动人的积极性。决策理论学派的代表人物西蒙、马奇等认为，决策贯穿管理的全过程，"管理就是决策"。管理科学学派的代表人物美国的伯格等认为，管理就是用数学模式与程序来表示计划、组织、控制、决策等合乎逻辑的程序，求出最优的解答，以达到企业的目标。管理过程理论的代表人物美国的孔茨则认为，管理就是通过别人来使事情做成的一种职能，等等。

各管理学派代表人物对"管理"这一概念的认识和解释，都有其合理和可取之处，丰富和发展了管理理论，对管理实践发挥了积极的指导作用。但由于"管理"是在社会实践活动中产生和发展起来的，而人类社会总是在不断发展的，因而反映各个社会发展阶段不同水平的管理概念，当然也是发展变化的，它是一个动态的概念，而不是静止的概念。随着社会实践的发展，目前，比较公认的是美国人泰罗的说法，他首先将管理实践与经验总结提炼成为管理科学，不少管理学者主张从系统理论的观点来分析和解释"管理"的含义。

系统理论认为，各种组织都有一个从社会环境中输入一些基本的资源并利用这些资源的问题。这些资源主要有：①人力资源，即劳动力，包括劳动者的知识和劳动技能；②财力资源，包括组织长短期发展所需的资金；③物力资源，包括土地、机器设备、各种工具和原材料，以及能源等；④信息资源，包括各种数据、图纸、报表和信息情报等。管理者的工作就是组织和协调这些资源，以实现组织目标。

综合上述各种观点，可以给出管理的概念如下：

管理，就是在特定的环境下，一定组织中的管理者，通过计划、组织、领导和控制等职能，运用其拥有和能够支配的人力、物力、财力和信息等各种资源，对管理对象进行一系列有组织、有意识的实践活动，有效地实现预期目标的活动过程。

这个定义有三层含义：

（1）管理定义中的第一层含义说明了管理采用的措施是计划、组织、领导、控制等基本活动。这四项活动又被称之为管理的四大基本职能，每个管理者工作时都是在执行这些职能的一个或几个。

（2）管理定义中的第二层含义是第一层含义的目的，即利用上述措施来协调人力、物力、财力和信息方面的资源。

（3）管理定义中的第三层含义又是第二层含义的目的。协调人力、物力、财力和信息资源是为使整个组织活动更加富有成效，这也是管理活动的根本目的。

> **名人名言**
>
> 管理是由心智所驱使的唯一无处不在的人类活动。
>
> ——戴维·B. 赫尔茨
>
> 管理的基础在于经济地分配和利用人力及物力资源,以便实现组织目标。
>
> ——雷恩

(二) 管理的基本特征

为了更全面地理解管理的概念,理解管理学研究的特点、范围和内容,我们还可以从以下几方面来进一步把握管理的一些基本特征。

(1) 管理是一种社会现象或文化现象。只要有人类社会存在,就会有管理存在。从科学的定义上讲,存在管理必须具备两个必要条件,缺一不可:①必须是两个人以上的集体活动,包括生产的、行政的等活动;②有一致认可的、自觉的目标。

(2) 管理的"载体"——组织。管理活动在人类现实的社会生活中广泛存在,而管理总是存在于一定的组织之中。正因为我们这个现实世界中普遍存在着组织,管理也才存在和有必要。两个或两个以上的人组成的,为一定目标而进行协作活动的集体就形成了组织。"许多人在同一生产过程中,或在不同但互相联系的生产过程中,有计划地一起协同劳动,这种劳动形式叫做协作。"有效的协作需要有组织,需要在组织中实施管理。社会生活中各种组织的具体形式虽因其社会功能的不同而会有差异,但构成组织的基本要素是相同的。

在组织内部,一般包括五个要素,即人——包括管理的主体和客体;物和技术——管理的客体、手段和条件;机构——实质反映管理的分工关系和管理方式;信息——管理的媒介、依据,同时也是管理的客体;目的——宗旨,表明为什么要有这个组织,它的含义比目标更广泛。

(三) 管理的性质

1. 管理的二重性

管理的性质是二重的,这是马克思主义管理理论的主要内容,是我们研究资本主义管理科学、建立社会主义管理科学的理论基础和基本出发点。管理的二重性又称管理的一般性和特殊性。所谓管理的二重性是指管理同时具有合理组织生产力的自然属性和为一定生产关系服务的社会属性。

(1) 管理的自然属性。管理的自然属性也称管理的一般性。它是与生产力相联系的、通过"指挥劳动生产"表现出来的、适应社会化生产要求的管理的一般属性。任何管理过程都是对资源的科学配置和协调整合的过程。它包括了许多客观的、不因社会制度和社会文化的不同而变化的自身规律。而管理理论揭示了这些规律,并创造了与之相适应的管理手段和管理方法。因此,管理的这方面要求不因社会制度和社会文化的不同而变化,主要受生产力发展水平的影响,反映了生产力发展对管理的一般要求,所以也称一般属性。如要根据生产技术的变革,调整生产资料与劳动力的比例;如何有计划地培训员工来更新知识和技术以适应生产自动化、信息化的要求;等等。

(2) 管理的社会属性。管理的社会属性也称管理的特殊性。它是与生产关系、社会文化相联系的,通过"监督生产劳动"表现出来的,是指主要反映主导地位的所有者的意志和利益要求的管理的特殊职能。管理必须反映与之相关的生产关系和社会文化的要求。不同的生产关系和社会文化使管理思想、管理目标和管理方式表现出不同的特色,从而使管理带有与生产关系、社会文化相适应的特殊个性。当然,随着社会文明程度的提高,管理社会属性中的公益程度是在不断提高的。

学习和掌握管理的二重性,对于我们发展管理理论和指导管理实践都具有重要的意义。管理的自然属性为我们学习、借鉴发达国家先进的管理经验、管理方法提供了依据,我们可以通过学习引进先进的管理经验提高自身的管理水平。管理的社会属性又告诉我们,不能简单地、机械地照搬他人的理论与做法,必须结合本国国情,在引进的基础上消化吸收、不断创新,逐步建立有中国特色的管理理论和管理模式。

2. 管理的科学性和艺术性

(1) 管理的科学性。管理的科学性是指管理作为一个活动过程,其间存在着一系列基本客观规律。人们经过无数次的失败和成功,通过从实践中收集、归纳、检测数据,提出假设、验证假设,从中抽象总结出一系列反映管理活动过程中客观规律的管理理论和一般方法。人们利用这些理论和方法来指导自己的管理实践,又以管理活动的结果来衡量管理过程中所使用的理论和方法是否正确,是否行之有效,从而使管理的科学理论和方法在实践中得到不断的验证和丰富。因此说,管理是一门科学,它以反映管理客观规律的管理理论和方法为指导,有一套分析问题、解决问题的科学的方法论。

(2) 管理的艺术性。管理的艺术性就是强调其实践性,没有实践就无所谓艺术。即仅凭停留在书本上的管理理论,或背诵原理和公式来进行管理活动是不能保证其成功的。主管人员必须在管理实践中发挥积极性、主动性和创造性,因地制宜地将管理知识与具体管理活动相结合,才能有效管理。管理的艺术性,就是强调管理活动除了要掌握一定的理论和方法外,还要有灵活运用这些知识和技能的技巧。

从管理的科学性与艺术性可知,有效的管理艺术是以对它所依据的管理理论的理解为基础的。因此,两者之间不是相互排斥,而是相互补充的。管理既是一门科学,又是一门艺术,是科学与艺术的有机结合体。在当代,既注重管理基本理论的学习,又不忽视在实践中因地制宜地灵活运用,是每一个管理者走向卓越的重要保证。

3. 管理的技术性

现代意义上的管理,一开始是作为一种技术手段、技术现象出现的。当企业、组织面临着处理人与资源的关系、人与工具的关系,以及配置劳动力、缩减工作时间、提高组织效率、降低成本等一系列复杂的问题时,一方面,要求有足够的技术准备;另一方面,更需要一大批素质过硬、训练有素的技术干部和职工。这样,就需要合理招募、培训和利用管理人员和普通职工。自然,这些也就成就了管理的技术性。当然,管理也推动着技术的进步,以特有的作用促进技术创新活动,例如技术管理与创新管理。

二、管理者及其分类

(一) 管理者的概念

管理者是指从事管理活动的人,即在组织中行使管理职能,承担管理责任,指挥、协调他人完成具体任务的人员。管理者首要的是做好管理工作,如果只是做了一般性工作,而没有做好管理工作,那么他做的工作再多,也是一个辛辛苦苦的劳务工作者。

在任何组织,所有的工作都可以分成两类,一类是完成具体任务的工作。例如,工人制造零件,教师讲授课程,医生治疗疾病,秘书处理信件,会计核算成本等。这类工作被看成是具体的操作工作,它是非管理性的工作,是一种业务活动。另一类工作则以指挥他人完成具体任务为特征,如工厂中的车间主任、厂长的工作,学校中的系主任、校长的工作,机关里科长、处长、局长的工作,医院里主任医生、院长的工作。他们虽然有时也完成某些具体工作,但更多的时间则是在制订工作计划,设计组织结构,安排人力、物力、财力等,领导和协调他人去完成各项具体工作并检查工作效果。这些工作叫做管理工作,从事管理性工作的人就是管理者。管理者是组织和利用各种资源去实现组织目标的指挥者、组织者,管理者是管理主体范畴。

(二) 管理者的分类

一个组织内有各种各样的管理者,由于他们的责任和权限不同,因此,他们所处的层次、所起的作用也不同。

1. 按纵向管理层次分类

组织中的管理者按层次分为高层管理者、中层管理者和基层管理者三个层次。

(1) 高层管理者。高层管理者是指对整个组织负有全面责任的管理者,如公司的董事长或总经理、医院的院长、学校的校长、政府的最高行政长官等。高层管理者对组织的发展战略、组织的总体行动计划、各种资源的统筹安排拥有充分的管理权力。他们对整个组织的成功负主要责任,对外,他们代表组织并以"官方"身份出现在各种场合;对内,他们拥有组织中的最高职务和最高职权,并对组织的总体目标、整体利益、长远利益负责。

(2) 中层管理者。中层管理者处于管理层级中承上启下的中间位置,是指处于高层管理者和基层管理者之间的一个或若干中间层次的管理人员,如公司的部门经理、工厂的车间主任、大学里的系主任、机关里的处长等。他们的主要职责就是贯彻执行高层管理者所制定的重大决策,监督和协调基层管理者的工作。在一般组织中,中层管理者被进一步分为技术性管理者、支持性管理者和行政性管理者三种。

(3) 基层管理者。基层管理者是管理结构中最基层的管理者,又称一线管理者,是指现场管理、协调作业活动的管理者,所管辖的仅仅是作业者,而不涉及其他管理者,如生产车间的班组长、饭店中的领班等。其主要职责是给下属操作人员分派具体工作任务,制订本班组的作业计划、直接指挥和监督现场作业活动,确保各项具体工作任务的有效、顺利完成。基层管理者工作的好坏是整个组织能否成功的基础,在组织中有着不可忽视的作用。

2. 按横向管理领域分类

组织中的管理者按横向的管理领域可划分为综合管理者和职能管理者。

（1）综合管理者。综合管理者是指负责某一个组织的整体或组织中某个部门整体的全面活动的管理者。他们是这个组织或这个部门的主管，处于该组织或该部门管理活动、管理层次的最高位置。他们对其所管辖的组织或部门的目标的实现负有整体性的全部责任，因而拥有这个组织或这个部门所必需的最高权力，有权指挥和支配整个部门的全部职能活动和全部资源，而不是只对单一职能活动和单一资源储备负责的管理者。

（2）职能管理者。职能管理者也叫专业管理者，是指负责组织中某种特定职能、某些特定专业方面的管理活动的管理者。他们只对组织管理中的某一职能或某一专业领域的活动目标负责，只在本职能本专业中行使职权、指导工作。职能管理者大都具有某种专业或技术专长。就一般组织而言，职能管理者主要有行政管理者、财务管理者、人力资源管理者以及其他各种业务活动的管理者。

> **案例 2-1**
>
> 蒋金是某新华书店邮购部经理。该邮购部每天要处理大量的邮购业务，一般情况下，登记订单、按单备货、发货都是部门中的业务人员承担的。但在前一段时间里，接连发生了多起A要的书发给了B，B要的书发给了A之类的事，引起了顾客极大的不满。今天又有一批书要发送，蒋金不想让类似事件再次发生。
>
> **问题**：蒋金是应该亲自核对这批书，还是仍由业务员来处理？

三、管理者的技能

每位管理者都在自己的组织中从事某一方面的管理工作，并力争使自己主管的工作达到一定的标准和要求。管理是否有效，在很大程度上取决于管理者是否真正具备了作为一个管理者应该具备的管理技能。美国管理学学者罗伯特·L.孔茨在《哈佛商业评论》上发表的《能干的管理者应具有的技能》的论文中，提出了管理者必须具备的三种技能是：技术技能、人际技能和概念技能。

（一）技术技能

所谓技术技能，就是指从事自己管理范围内的工作所需的技术和方法。如果是生产车间主任，就要熟悉各种机械的性能、使用方法、操作程序，各种材料的用途、加工工序，各种成品或半成品的指标要求等。如果是办公室管理人员，就要熟悉组织中有关的规章制度及相关法规，公文收发程序、公文种类及写作要求等。如果是财务科长，就要熟悉相应的财务制度、记账方法、预算和决算的编制方法等。技术技能对基层管理者来说尤为重要，因为他们大部分时间都在训练下属人员或回答下属人员有关具体工作的问题，因而必须知道如何去做自己下属人员所做的各种工作。具备技术技能，方能更好地指导下属工作，更好地培养下属，由此才能成为受下级成员尊重的有效管理者。对中上层管理者来说，掌握技术技能的必要性可稍小些。

（二）人际技能

人际技能就是与组织中上下左右的人打交道的能力，包括联络、处理和协调组织内外人际关系的能力，激励和诱导组织内工作人员的积极性和创造性的能力，正确地指导和指挥组织成员开展工作的能力。人际技能首先要求管理者了解他人的信念、思考方式、感情、个性以及每个人对自己、对工作、对集体的态度，并且认识到他人的信念、态度、观点与自己的不一样是很正常的，承认和接受不同的观点和信念，这样才能与他人更好地交换意见。其次，要求管理者能够敏锐地察觉他人的需要和动机，并判断组织成员的可能行为及其可能后果，以便采取一定措施，使组织成员的个人目标与组织目标最大限度地一致起来。最后，要求管理者掌握评价和奖励员工的一些技术和方法，最大限度地调动员工的积极性和创造性。许多研究表明，人际技能是一种重要技能，对各层管理者都具有同等重要的意义。在同等条件下，人际技能可以极为有效地帮助管理者在管理工作中取得更大的成效。

（三）概念技能

概念技能是指对事物的洞察、分析、判断、抽象和概括的能力。管理者应看到组织的全貌和整体，了解组织与外部环境是怎样互动的，了解组织内部各部分是怎样相互作用的，能预见组织在社会中所起的社会的、政治的和经济的作用，知道自己所管部门或科室在组织中的地位和作用。分析和概括问题的能力是概念技能的重要表现之一。管理者能够快速、敏捷地从混乱而复杂的动态情况中辨别出各种因素的相互作用，抓住问题的起因和实质，预测问题发展下去会产生什么影响，需要采取什么措施解决问题，这种措施实施以后会出现什么后果。形势判断能力是概念技能的又一表现。管理者通过对外部和内部形势的分析判断，预见形势将朝什么方向发展，是对我有利，还是对我不利，以便充分利用好形势发展组织的事业，同时采取措施对付不利形势，使组织获利最多或损失最少。各种研究表明，出色的概念技能，可使管理者做出更佳的决策。概念技能对高层管理者来说尤为重要。

上述三种管理技能是各层次管理者都需要掌握的，区别仅在于各层次管理者所需掌握的三种管理技能的比例会有所不同，如图2-1所示。

概念技能对于高层管理者最重要，对于中层管理者较重要，对于基层管理者较不重要。概念技能在高层管理者的技能结构中是核心的、首要的能力要素，因为高层管理者所面对的管理问题是全局性的、长远性的，也是更具复杂性的，解决这些问题，对概念技能的要求更高。

人际技能对于各个层次的管理者来说都是同等重要的。人既是管理主体也是管理客体的第一构成要素，因此，人际技能这一重要因素在各个层次管理者的技能结构中都占有至关重要的位置。

技术技能对于基层管理者最为重要，对于中层管理者较为重要，对于高层管理者较不重要。组织活动的分工协助原则决定了技术技能在基层管理者技能结构中的重要地位,技术技能是基层管理者科学、有效地进行现场指挥和现场监督的根本保障。

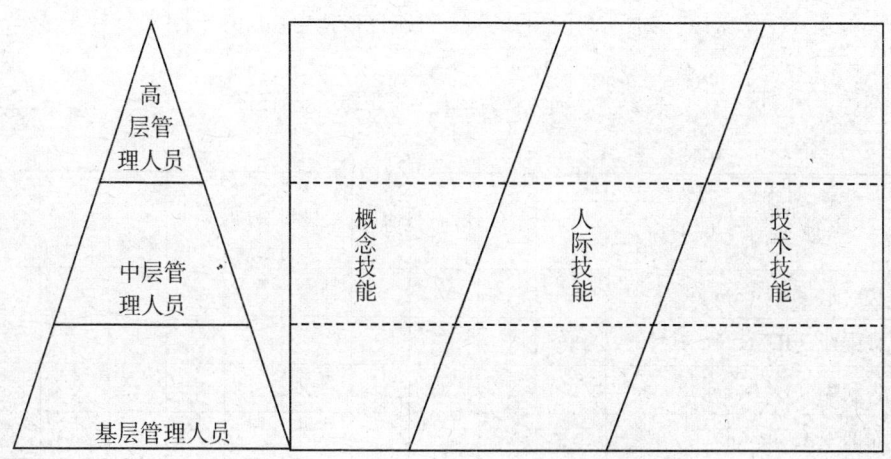

图 2-1　管理层次与管理者技能结构的关系

名人名言

　　卓越管理无止境,只有不断学习,不断留意世界的发展,管理者才有可能不断超越自己,为公司或组织开创美好的未来!

——汤姆·彼得斯

四、管理的职能

根据马克思主义关于管理二重性的学说,管理具有两种基本职能,即合理组织生产力和维护与完善一定的生产关系。前者是管理自然属性的表现,是由劳动社会化产生的管理的一般职能;后者是管理社会属性的表现,是由劳动过程的社会性质产生的管理的特殊职能。正是管理的这两种基本职能,使生产力得以发挥,生产关系得以维护,生产过程得以进行,生产经营的目的得以实现。管理的这两种基本职能结合在一起共同作用于生产过程时,又要表现为一系列具体的职能。

最早系统地提出管理的各种具体职能的是法国的法约尔。他在1916年发表的《工业管理与一般管理》一书中提出,企业的全部活动可以分为以下六组:①技术活动(生产、制造、加工);②商业活动(购买、销售、交换);③财务活动(筹集和最适当地利用资本);④安全活动(保护财产和人员);⑤会计活动(财产清点、资产负债表、成本、统计等);⑥管理活动(计划、组织、指挥、协调和控制)。他认为企业的管理活动就是由计划、组织、指挥、协调和控制这五种职能组成的。法约尔对管理职能的论述，形成了自己的学派，被称为"五功能学派"。后来许多管理学者对此进行了探讨，出现了不同的学派，对管理职能从不同的角度用不同的语义进行了阐述。但从总体上看，这些阐述只是繁简不同，表述不一，而并没有原则上的区别。他们对管理职能的不同划分详见表2-1。

表2-1　西方管理学者关于管理职能的划分

年份 / 管理学者 \ 对管理职能的划分	计划①	组织	指挥②	协调	控制③	激励	人事	调集资源	沟通④	决策	创新
1916	法约尔（H. Fayol）	√	√	√	√	√						
1934	戴维斯（R. C. Davis）	√	√			√						
1937	古利克（L. Gulick）	√	√	√	√	√		√		√		
1947	布朗（A. Brown）	√	√			√			√			
1949	厄威克（L. F. Urwick）	√	√			√						
1951	纽曼（W. Newman）	√	√			√			√			
1955	孔茨（H. Konntz）	√	√			√		√				
1956	特里（George Terry）	√	√		√	√	√					
1958	麦克法兰（D. Mcfarland）	√	√			√						
1964	艾伦（Allen）	√	√			√						
1964	梅西（J. L. Massie）	√	√			√		√			√	
1964	米（J. E. Mee）	√	√			√	√					√
1966	希克斯（H. G. Hicks）	√	√			√				√		√

注：① 计划包括预测。② 指挥包括命令、指导。③ 控制包括预算。④ 沟通包括报告。

西方管理学者对管理职能的不同划分，是随着科学技术的进步和管理理论的发展而不断演变的。法约尔提出管理的五种职能以后，许多管理学者对此进行了探讨。他们认为通过管理职能的划分和简述，可以说明企业管理的过程，因而出现了西方现代管理中流行的"管理职能过程"学派，以古利克的"七种职能"最有代表性，影响较大。随着行为科学的形成，逐步出现了"行为管理"学派，他们在管理中从重视物的因素转向重视人的因素，提出了正确处理人群关系的问题，从而提出了人事、沟通、激励等职能，把原来属于组织职能中的内容划分出来，加以丰富和发展。到20世纪40年代以后，由于系统论、控制论、信息论的产生及其在管理中的应用，特别是60年代后，"管理决策"学派形成，决策问题在管理中的作用更加突出，出现了许多科学的决策方法和手段，美国的梅西等人又从计划职能中把决策这一环节划分了出来，提出了决策、创新等职能。同时，由于组织职能和控制职能吸收了行为科学和控制论的内容，有的学派就把原有的指挥、协调两个职能的内容，分别纳入组织与控制的职能之中。从管理职能划分的演变过程来看，计划、组织、控制是各管理学派公认的职能，其他管理职能则分别归纳在有关职能之中。

目前，我国一些管理学者对管理职能的划分还有一些不同的看法，不少管理书籍对管理职能的表述也不尽一致。但大多仍以法约尔提出的计划、组织、指挥、协调和控制五个要素为基础，对其他职能作适当的归并和组合。鉴于随着经济体制改革的深入，决策在管理中的作用日益突出，内容更加丰富，决策已成为一个独立的职能，从而把管理的具体职能划分为决策、计划、组织、指挥、协调和控制。

（一）决策职能

决策是人类社会的一项重要活动，涉及人类生活的各个领域，诸如军事上的指挥、企业里的经营管理等。尽管决策对象在具体工作内容上有着明显的差别，但就其本质来说则是相同的，即都是一个从思维到做出决定的运筹过程。这个过程集中体现了人们在对客观事物全面、本质的认识基础上驾驭着事物发展的一种能力。

现代管理中的决策，是在占有大量信息和丰富经验的基础上，对未来的行为确定目标，并借助一定的手段、方法和技巧，对影响决策的诸因素进行分析研究，从两个以上可行方案中选取一个满意方案的分析判断过程。

决策在一定意义上讲，就是为了解决问题而采取的对策。管理就是将各种要素组织起来，通过一定的手段去实现既定的行为目标。任何组织、任何层次的管理活动都不可避免地要进行确定行为目标、选择行动方案的工作，管理的过程往往表现为不断处理和解决各种问题的过程。决策贯穿于管理工作的各个方面，是管理过程的核心，是执行其他各项管理职能的基础。从这个意义上讲，决策是管理的首要职能。

（二）计划职能

计划是把既定的目标进行具体安排，将其化为全体职工在一定时期内的行动纲领，并规定实现目标的途径、方法的管理活动。

正确发挥计划职能的作用，有利于企业主动适应市场需求，依据供求关系变化的竞争态势，对生产经营活动做出统筹安排；有利于正确地把握未来，弥补外部环境带来的不稳定性，使企业能在变动的环境中稳定地发展；有利于动员企业全体职工把注意力集中于企业的目标；有利于对有限的资源进行合理的分配和使用，以取得良好的经济效益。

制订科学的计划，必须对企业的内外条件进行严格的科学分析。要通过调查研究，全面分析，搞好综合平衡，并在长期实践过程所取得的经验中找出规律性，从而保证计划的科学性和预见性。计划形式要多样化，既要编制综合的经营计划，又要编制各项专业活动的具体计划，并把计划指标层层分解落实。只有这样，才能把企业各方面的工作有机地组织起来，充分发挥计划的指导作用，实现决策所规定的目标。

（三）组织职能

组织是为了实现企业的共同任务和目标，对人们的活动进行合理的分工和协作，合理配备和使用企业的资源，正确处理人们相互关系的管理活动。其目的是把企业生产经营的各个要素、各个环节和各个部门，从劳动的分工和协作上，在上下左右的相互关系及劳动者和劳动工具、劳动对象之间，在一定的环境下，形成最佳的结合，从而使企业的生产经营活动协调地、有秩序地进行，不断提高生产经营活动的效益。

组织职能的内容主要有：确立合理的管理体制，建立合理的组织结构，正确划分管理层次，设置职能机构；按照业务性质，确定各部门的职责范围，并按所负责任给予各部门、各管理人员相应的权力；明确上下级之间的领导关系和相互之间的协作关系，建立信息沟通渠道；正确挑选和配备各类人员；加强考核培训，实行合理的奖惩制度；等等。

组织职能的实施，必须贯彻民主集中制原则，既要加强集中领导，又要实行民主管理，把两者正确结合起来。

（四）指挥职能

指挥是对各级和各类人员的领导、沟通与督促。现代企业的生产经营活动十分复杂，分工协作精细严密，各项工作环环相扣、相互制约，必须有高度集中的指挥。否则，即使企业具备有较好的条件，生产经营活动也不可能达到预期的效果。所以，指挥是保证企业生产经营活动顺利进行必不可少的条件。正如恩格斯在《论权威》一书中指出的那样："一方面是一定的权威，不管它是怎样造成的；另一方面是一定的服从。这两者，不管社会组织怎样，在产品的生产流通赖以进行的物质条件下，都是我们所必需的。"

实现科学的指挥，必须从实际出发，建立统一的、强有力的、高效率的生产行政指挥系统，对企业的生产经营活动实行统一领导、统一指挥，及时解决生产经营过程中出现的问题。要充分发扬民主，经常听取广大职工对生产、经营、技术、经济等各方面的意见，使指挥建立在发挥群众智慧的基础上。指挥还要同加强思想政治教育相结合，不断提高职工的责任感和积极性，正确处理民主与集中、自由与纪律的关系，增强社会化大生产的组织性和纪律性。

（五）协调职能

协调亦称调节，就是围绕一个目标，对企业各个环节和各个部门的活动进行统一安排和调度，使它们相互配合、紧密衔接，消除和减少矛盾和脱节现象，以有效地实现企业目标。

协调分为纵向协调和横向协调、内部协调与外部协调。所谓纵向协调是指上下级领导人员和职能部门之间活动的协调；横向协调是指同级各单位、各部门之间活动的协调。内部协调是指企业内部所进行的协调，而外部协调则指企业与其他单位之间进行的协调。协调是企业管理的一项综合职能，在发挥决策、计划、组织、指挥和控制职能过程中，都存在着协调问题，只有做到综合内外协调，才能使各项管理职能充分发挥，才能保证经济效益不断提高。

（六）控制职能

控制亦称监督，就是按照既定的目标、计划和标准，对企业生产经营活动各方面的实际情况进行检查和考察，发现差距，分析原因，采取措施，予以纠正，使工作能按原定计划进行，或根据客观情况的变化，对计划作适当的调整，使其更符合实际。

控制职能与计划职能密不可分。计划是控制的前提，为控制提供目标和标准，没有计划就不存在控制；控制是实现计划的手段，没有控制，计划就不能顺利实现。控制的目的在于保证企业实际的生产经营活动及其成果同预定的目标相一致，通过控制职能，把计划规定的任务和目标转化为现实。

有效的控制，要提高预见性，要有长远观点。不仅要在偏差出现以后能够及时察觉，并采取有效措施加以纠正，而且要尽量在重大偏差出现之前，能预见到问题将会发生而及时采取预防措施，把问题消灭在萌芽之中。控制要有全面观点，要从整体利益出发来实施控制，各个局部的控制目标要协调一致。控制要迅速及时，要建立完善的信息管理系统，加强信息的收集、分析和反馈，等等。

管理的各项具体职能是一个有机整体：通过决策与计划职能，明确企业的目标与方向；通过组织职能，建立实现目标的手段；通过指挥职能，保证正常的生产工作；通过协调职能，及时解决内外矛盾，和谐一致地进行生产经营活动；通过控制职能，检查计划的实施情况，保证计划的实现。它们相互渗透，相互制约，缺一不可。

通过以上分析可见，管理的二重性、基本职能和具体职能是相互联系的有机整体，它们的相互关系如图2-2所示。

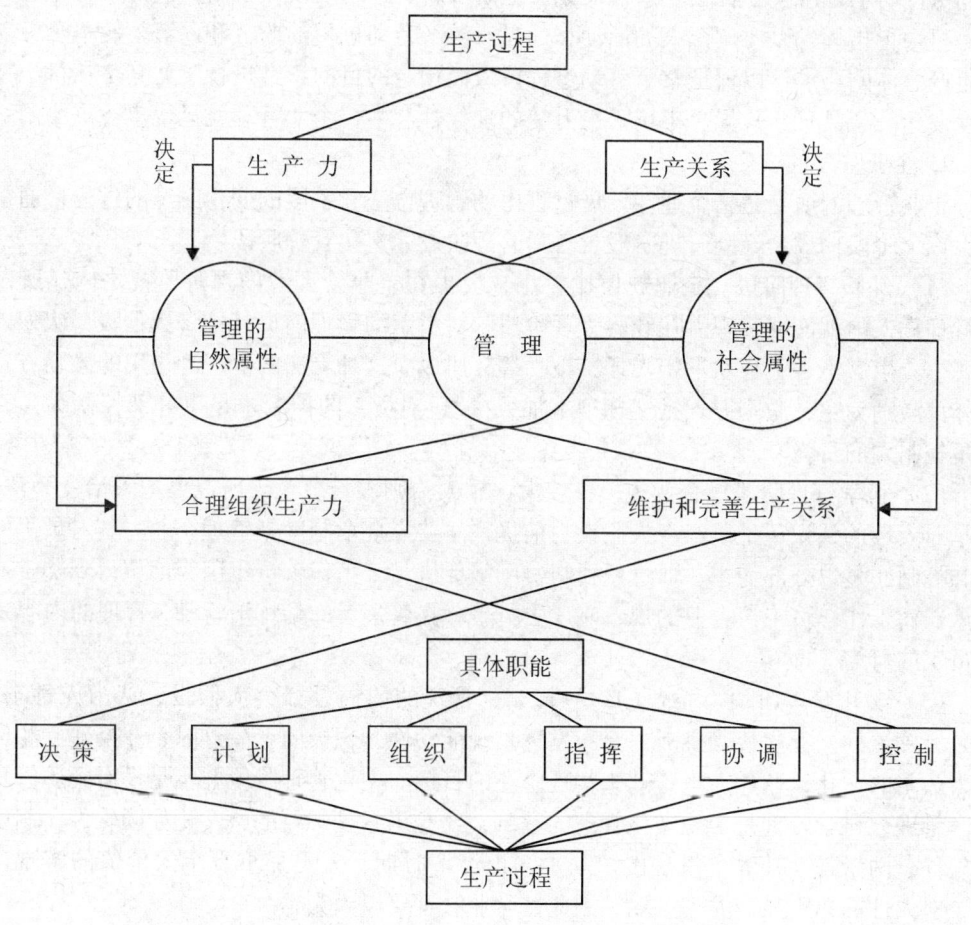

图2-2　管理的二重性、基本职能和具体职能之间的相互关系

任务三 现代企业管理的发展

一、企业管理的产生与发展阶段

(一) 企业管理的产生与演变

1. 企业管理的产生

企业管理是社会化大生产发展的客观要求和必然产物，是由人们在从事交换过程中的共同劳动所引起的。在社会生产发展到一定阶段时，一切规模较大的共同劳动都或多或少地需要进行指挥，以协调个人的活动；通过对整个劳动过程的监督和调节，使单个劳动服从生产总体的要求，以保证整个劳动过程按人们预定的目的正常进行。尤其是在科学技术高度发达、产品日新月异、市场瞬息万变的现代社会中，企业管理就显得愈益重要。

2. 企业管理的演变

企业管理的演变是指企业在发展过程中的管理方法和手段的变化必经的过程，通常演变由三个阶段构成：经验管理阶段、科学管理阶段、文化管理阶段。

(1) 经验管理阶段。企业规模比较小，员工在企业管理者的视野监视之内，所以企业管理靠人治就能够实现。在经验管理阶段，对员工的管理前提是经济人假设，认为人性本恶、天生懒惰、不喜欢承担责任、被动等，所以有这种看法的管理者采用的激励方式是以外部激励为主，激励方式是"胡萝卜加大棒"，对员工的控制也是以外部控制为主，主要是控制人的行为。

(2) 科学管理阶段。企业规模比较大，靠人治则鞭长莫及，所以要把人治变为法治，但是对人性的认识还是以经济人假设为前提，主要靠规章制度来管理企业。其对员工的激励和控制还是以外部为主，通过惩罚与奖励来促进员工工作，员工因为期望得到奖赏或害怕惩罚而工作，员工按企业的规章制度去行事，在管理者的指挥下行动，管理的内容是管理员工的行为。

(3) 文化管理阶段。企业的边界模糊，管理的前提是社会人假设，认为人性本善，人是有感情的，喜欢接受挑战，愿意发挥主观能动性，积极向上。这时企业要建立相应的以人为本的文化，通过人本管理来实现企业的目标。文化管理阶段并不是没有经验管理和科学管理，科学管理是实现文化管理的基础，经验仍然是必要的，文化如同软件，制度如同硬件，两者是互补的。只是由于到了知识经济时期，人更加重视个人价值的实现，所以，对人性的尊重显得尤为重要，因此，企业管理要以人为本。

(二) 企业管理的发展阶段

1. 企业管理发展的三个阶段

(1) 18世纪末至20世纪初的传统管理阶段。这一阶段出现了管理职能同体力劳动的分离，管理工作由资本家个人执行，其特点是一切凭个人经验办事。

（2）20世纪20年代至40年代的科学管理阶段。这一阶段出现了资本家同管理人员的分离，管理人员总结管理经验，使之系统化并加以发展，逐步形成了一套科学管理理论。

（3）20世纪50年代以后的现代管理阶段。这一阶段的特点是：从经济的定性概念发展为定量分析，采用数理决策方法，并在各项管理中广泛采用电子计算机进行控制。

2. 企业管理发展的具体阶段

企业管理发展的各具体阶段及时间、背景、特点、代表人物、代表理论等如下：

（1）传统管理阶段（又叫经验管理阶段）。

时间：18世纪末至20世纪初。

背景：由资本主义工厂制度开始至自由竞争阶段结束。

特点：经验管理，产生管理的第二次分离。管理的第一次分离为管理与劳动的分离；管理的第二次分离为管理与资本的分离。

（2）科学管理阶段。

时间：20世纪初至20世纪40年代。

背景：工厂规模扩大，劳资矛盾尖锐，技术复杂。

特点：将传统的经验理论化、系统化。

代表人物：泰罗、法约尔、福特。其中，泰罗被后人誉为"科学管理之父"，其主要理论包括劳动方法标准化、计时工资制、劳资关系处理等；法约尔被后人誉为"经营管理之父"，其主要理论包括管理的五大职能、管理的十二项原则、经营与管理的联系与区别；福特被后人誉为"流水线生产之父"，其主要贡献包括发明并完善汽车生产流水线等。

（3）行为科学阶段。

时间：20世纪40年代至60年代。

背景：劳资矛盾加剧，劳动生产率下降。

特点：注重对工人心理及行为的研究，力图提高工人的积极性。行为科学利用社会学、心理学、管理学等知识，对企业中工人的心理与行为加以研究，从根本上满足工人的需要，提高工人的积极性。

代表人物：梅奥、马斯洛、佛隆等。其中，梅奥被后人誉为"行为科学之父"，他曾主持过著名的"霍桑实验"，主要观点包括：工人是社会人而不是经济人；成功领导是能激发工人积极性的领导；企业中除了正式组织外，还存在非正式组织；等等。

（4）管理理论丛林阶段。

时间：20世纪60年代至80年代末。

背景：企业的内、外部环境发生巨大变化，表现为技术进步速度加快、竞争激烈、劳资矛盾加剧等。

特点：学派林立，无一学派占据主导地位。

代表理论：系统论、权变理论、决策理论等。

（5）企业文化管理阶段。

企业文化是一种以全体员工为中心，以培养具有管理功能的系统的、完善的、适应性的精神文化为内容，以形成企业具有高度凝聚力的经营理念为目标，使企业增强对外的竞争力和生存力，增强对内的向心力和活力的一种管理思想及实践方法。企业文化并不完全是一种企业制度，它是一个综合体，由多层次组成。常见的层次有核心层、制度层、外围层等。

文化管理与制度管理的区别：制度管理突出的是行为规范，行为规范与价值观体系的整合较差；文化管理既突出价值观的重要性，也突出价值观对行为规范的指导作用和整合作用。

企业文化产生的背景：日本经济在20世纪70年代后的迅速崛起，引起了世界特别是美国企业界和学术界的重视；资本主义社会的工人结构发生了巨大变化，白领工人的比例首次超过了蓝领工人，迫使管理方式也要发生相应的变化；以人为本的管理思想逐渐为多数企业所接受；企业的外部竞争日渐激烈。

特点：一是打破了传统的以单个人为激励对象的理论和做法，将激励对象扩展为群体和组织；二是打破传统的建立在对立基础上的管理理论，提倡劳资双方在共同利益基础上的合作关系。

(6) 企业再造。

时间：20世纪90年代至今。

背景：资本主义大型企业出现了效率低下的问题；企业之间的兼并、竞争日益加剧；资讯业的发展日益迅速。

特点：流程再造、组织再造。

代表人物：①在流程再造方面有迈克·哈默与詹姆斯·钱辟（共著《再造管理》、《再造公司》）；②在组织再造方面有彼得·圣吉（著《第五项修炼》）。

二、现代企业管理的发展趋势

企业管理是随着经济和社会的发展、企业的不断进步而不断发展的，已经经历了几个不同的历史阶段。在世界性新技术革命不断发展的今天，现代企业管理较之于传统管理，有了巨大发展，表现出许多新的特点，形成了一系列新的发展趋势。

（一）知识管理将成为企业管理思维的新的重心

知识经济是继农业经济、工业经济之后的一种新的经济形态。农业时代，土地是起决定作用的要素。在工业经济时代，经济学和企业管理学的基点就是以实物资产和金融资产作为经济发展的决定因素，或者说以劳动和资本作为经济要素。因此在工业时代，企业管理的重心是资产管理和劳动管理，企业资产负债表是反映企业经营状况的重要资料。而知识经济区别于工业经济的最本质特征就是：在知识经济时代，企业赖以生存和发展的是在物质资源背后起决定作用的知识资源。从20世纪80年代起，罗默和格斯曼等人提出了新经济增长理论来解释新古典经济增长理论无法解释的经济现象。其中，企业管理界限模糊化和虚拟运作的出现就是适应经济时代发展要求，奠定了企业管理现代化新模式的理论支点。知识经济时代，面对高科技的迅猛发展和竞争的日益加剧，企业的技术独占和知识独享变得越来越不可能。在这种情况下，如果仍然沿袭致力于"围墙"之内的资源整合来提高竞争力的传统思路,企业就难以生存和发展。因此,企业一方面要通过变借钱为"借脑",变集资为"集智",越来越多地借助外部的智力资源来弥补自身智力资源的不足;另一方面,企业要通过与其他的相关企业合作,实现优势互补,共同开发市场,这就使企业传统意义上的界限模糊化,出现了虚拟运作——企业经营管理的新的运作方式,这一模式的转化就是知识经济促使企业管理模式出现的新发展。

(二) 企业管理信息化和电子商务的应用日趋广泛

管理信息化是指企业在生产、研发、经营等各个环节,应用信息技术,通过开发和利用企业内部、外部资源,建立与其相应的管理模式,以提高企业生产、管理决策的效率水平,进而增强企业的竞争力。这是企业适应知识经济要求、实现企业现代化的基础,是当前企业管理变革的大趋势。现代信息技术的高度发展和不断进步与管理信息化形成相互促进、互为因果的关系。企业管理信息化对现代企业提高应变能力、创新能力和运行效率极为重要。随着电子数据交换(EDI)和互联网(Internet)的成熟、经济全球化的趋势,企业商务方式发生了巨大变革,电子商务(EC)应运而生。电子商务的发展需要网络支付系统、安全保障、相应法律环境、物流中介企业等社会条件支持。对企业而言,除了网络技术层面外,企业在客户关系管理、供应链管理及企业内部管理系统等方面的相应改造,都是为了适应当前网络经济的发展需要研究的企业管理新课题。

(三) 企业组织结构和生产系统的柔性与效率将成为企业竞争的重要因素

人们普遍认为20世纪80年代初开始的世界范围的新技术浪潮促进了世界经济有史以来前所未有的高速发展。与此同时,全球多数制造业生产过剩,竞争加剧,而生产力的提高又普遍提高了人们的购买力,消费者变得更加挑剔。发达的交通和信息技术,又使得市场交往在广度、深度和速度上大大提高。这都促使市场需求由低廉的价格、稳定的质量、标准化产品和服务转化为需求的多样化、个性化和服务化。所以,市场需求"求新、求变、求快"成为主流,企业生产系统必须从大批量的刚性生产方式向多品种、小批量的柔性生产方式转变,从而出现了敏捷生产、精益生产等现代企业生产组织的新方式和新方法。企业组织系统与生产系统的柔性与效率是企业实现快速应变的基础,是企业竞争能力的重要因素,这已是中国企业管理变革的重要课题之一。

(四) 立足全球化与以人为本的管理

环境的变化驱使企业的经营战略发生极大的转化,从多样化战略向发展核心竞争力转移,从满足需求向创造需求转化,从争夺市场占有的竞争链向开放的合作竞争转化。企业的发展壮大将更多依赖于把各种分散的技术优势和管理优势组合成一种新的更强大的协同优势。因此,现代企业必须重视协作精神,要有战略联盟意识,要善于借势。在知识经济成为经济增长重要方式的今天,人对知识的掌握以及在此基础上的创造性运用使得"人"在经济活动中的地位和作用比以往任何时代都显得更为重要。在创新能力已经成为企业主要竞争力的今天,人的因素显得更加重要。中国各地区经济发展水平和企业管理水平参差不齐,差异很大,这是中国企业管理的特殊性。中国的国情决定了经济发展阶段不可逾越,但凭借管理理念的更新和管理模式的转化可以缩短经济发展阶段的进程。如何将世界企业管理理论和实践的最新发展与中国的企业管理实际结合起来，使中国的企业管理水平尽快赶上世界先进水平，是目前最需要研究的课题。

（五）现代企业管理发展中的其他变化

1. 管理中心的转移

从传统管理发展到现代管理的一个重要标志，就是如何认识人在管理中的地位和作用。现代企业管理的重心已经从过去对物的管理转移到对人的管理。世界各国企业管理在新技术革命发展过程中，都在不同程度上发展。尽管方式和内容各有不同，但在注重对人的管理上有许多相同之处，并形成一种新的发展趋势。

2. 管理组织的变化

一个组织如果只保持今天的眼光、今天的优点和成就，必将丧失对未来的适应力。因为一切事物都在变化，维护现状，就不能在变化了的明天中生存。一个良好的企业必须有一个良好的结构组织。任何企业管理组织，总是要适应外界环境的要求、环境的变化，这就要求组织结构进行相应的变化；同时，企业管理组织结构也要适应企业经营战略的要求，为实现企业战略目标服务。

3. 企业战略管理将以强调创新为目标

在跨世纪的年代，满足于现状就意味着落后。企业要生存和发展，就要不断地创新。现代企业经营管理是一种实现企业预期经营目标的管理，主要是谋求企业发展目标、企业动态发展与外部环境的适应性。而战略管理是一种面向未来的、以强调创新为目标的管理，它谋求的是，既要适应外部环境变化，又要改造和创造外部经营环境，并努力用企业的创新目标来引导社会消费，促进企业不断的成长和发展。

4. 企业权变管理将更加灵活和精细

在现代管理中，X理论过分强调对人的行为的控制，结果形成家长式管理，严重束缚了职工的创造性和积极性；Y理论过分强调人的行为的自主性，结果形成放任式管理，缺乏统一的协调和组织。未来企业管理的发展将是实行一种宽严相济的权变管理，能因人、因时、因地随机采用各种各样的方式进行管理，使企业管理一方面控制得很严，一方面又允许甚至从最下级的普通职工起，都享有自主权，且富于企业家精神和创新精神。

5. 开放式、面对面的感情管理

面对面管理是以主动管理为主的直接亲近职工的一种开放式的有效管理。它是指管理人员深入基层，自由接触员工，在企业内部建立起广泛的、非正式的、公开的信息沟通网络，以便体察下情，沟通意见，共同为企业目标奋斗。实践证明，高技术企业竞争激烈，风险大，更需要这种"高感情"管理。它是医治企业官僚主义顽症的"良药"，也是降低内耗、理顺人际关系的"润滑剂"。

6. 企业"软件"管理将更加系统化

现代企业管理的系统模式是由战略、结构、制度、技巧、人员、作风及共同价值观七方面组成的。简称"7S"模式。在此模式中，战略、结构、制度是管理的"硬件"，它适用于一切企业的管理；而人员、作风、技巧、共同价值观则是管理的"软件"，不同的企业有不同的"软件"。未来企业管理的重点，就是要提高"软件"的水平。

7. 企业管理将更善于借用外脑

未来企业的经营管理，在外部环境剧烈变化的情况下，已不能完全依靠企业内的管理人员做出决策，而必须借助外部力量，特别是借助于对企业的生产、技术、经营、法律等方面有专长的专家和顾问，为企业提供经营管理方面的咨询服务。在企业界形成以咨询为主的企业智囊团。

8. 未来企业管理的"三中心"、"两方向"

虽然现在还很难描述将来的企业管理模式，但从发达国家现代经营管理的"三个中心"和"两个基本方向"，可以洞悉将来的管理模式。"三个中心"是：以市场为中心的明确的目标和策略，以人为中心的价值观和企业文化，以效率和效益为中心的一整套不断变化的制度和措施。"两个基本方向"是：开放与合作。

名人名言

> 在人类历史上，还很少有什么事比管理的出现和发展更为迅猛，对人类具有更为重大和更为激烈的影响。
>
> ——彼得·德鲁克

【小 结】

管理，就是在特定的环境下，一定组织中的管理者，通过计划、组织、领导和控制等职能，运用其拥有和能够支配的人力、物力、财力和信息等各种资源，对管理对象进行一系列有组织、有意识的实践活动，有效地实现预期目标的活动过程。管理具有二重性，即管理同时具有合理组织生产力的自然属性和为一定生产关系服务的社会属性。同时，管理既是一门科学，又是一门艺术。此外，管理还具有技术性。

管理者是指从事管理活动的人，即在组织中行使管理职能，承担管理责任，指挥、协调他人完成具体任务的人员。管理者必须具备技术技能、人际技能和概念技能三种技能。

管理学者对管理职能的划分和对管理职能的表述不尽一致，但大多仍以法约尔提出的计划、组织、指挥、协调和控制五个要素为基础，对其他职能作适当的归并和组合。鉴于决策已成为一个独立的职能，从而把管理的具体职能划分为决策、计划、组织、指挥、协调和控制。

企业管理是随着经济和社会的发展、企业的不断进步而不断发展的，已经经历了几个不同的历史阶段。现代企业管理的发展趋势主要包括：知识管理将成为企业管理思维的新的重心、企业管理信息化和电子商务、企业组织结构和生产系统的柔性与效率将成为企业竞争的重要因素、立足全球化与以人为本的管理等。

【课后习题】

一、选择题

1. 管理过程理论的代表人物是（　　）。
   A. 西蒙　　　　　　B. 泰罗　　　　　　C. 伯格　　　　　　D. 孔茨
2. 管理的二重性又称管理的一般性和特殊性。管理的二重性是指（　　）。
   A. 科学性与艺术性　　　　　　　　B. 自然属性与社会属性
   C. 主观性与客观性　　　　　　　　D. 技术性与创新性
3. 组织中的管理者按横向的管理领域可划分为（　　）。
   A. 综合管理者、职能管理者
   B. 高层管理者、中层管理者、基层管理者
   C. 行政管理者、财务管理者、人力资源管理者
   D. 技术性管理者、支持性管理者、行政性管理者
4. 管理的四大基本职能是（　　）。
   A. 计划、组织、指挥、协调
   B. 决策、计划、组织、控制
   C. 计划、组织、领导、控制
   D. 决策、协调、领导、创新
5. 美国管理学学者罗伯特·L．孔茨在《哈佛商业评论》上发表的《能干的管理者应具有的技能》的论文中，提出了管理者必须具备的三种技能是（　　）。
   A. 领导技能、人际技能、概念技能
   B. 技术技能、人际技能、概念技能
   C. 决策技能、诊断技能、分析技能
   D. 决策技能、领导技能、技术技能
6. 一个管理者所处的层次越高，面临的问题越复杂，越无先例可循，就越需要具备（　　）。
   A. 领导技能　　　　B. 技术技能　　　　C. 人际技能　　　　D. 概念技能
7. 组织职能的实施，必须贯彻（　　）原则，既要加强集中领导，又要实行民主管理，把两者正确结合起来。
   A. 集权制　　　　　B. 民主制　　　　　C. 民主集中制　　　D. 分权制
8. 企业管理的演变是指企业在发展过程中的管理方法和手段的变化必经的过程，通常演变由（　　）三个阶段构成。
   A. "硬件"管理阶段、"软件"管理阶段、信息管理阶段
   B. 决策管理阶段、员工充分参与管理、风险管理阶段
   C. 传统管理阶段、创新管理阶段、可持续发展管理阶段

D. 经验管理阶段、科学管理阶段、文化管理阶段

9. （　　）被誉为"经营管理之父"，其主要理论包括管理的五大职能、管理的十二项原则、经营与管理的联系与区别。
   A. 泰罗　　　　　　B. 法约尔　　　　　C. 福特　　　　　　D. 梅奥

10. 现代企业管理的"两个基本方向"是（　　）。
    A. 开放与合作　　　　　　　　　　　B. 协同与创新
    C. 效率与效益　　　　　　　　　　　D. 市场与人本

二、思考题

1. 什么是管理？怎样理解管理的概念？
2. 如何理解管理的二重性？为什么说管理既是科学又是艺术？
3. "管理就是服务"是一种理念，更应是一种实践。请谈谈你的理解。
4. 典故"南辕北辙"讲的是一个要到南方楚国去的人却驾着马车向北赶路的荒唐的故事。它对管理工作有什么启示？
5. 你认为给学生上"管理学"课程的大学老师是在从事管理工作吗？
6. 管理有哪些主要职能？各个层次的管理者在履行管理职能时有何异同？
7. 管理者分为哪几种类型？他们各自有什么特点？
8. 管理者有哪些技能要求，它与管理者所处层次有何关系？
9. 管理思想的发展可以分为几个阶段？各个阶段的代表管理思想是什么？
10. 现代企业管理的发展趋势有哪些？

三、案例分析

案例1　苹果计算机公司的成功之道

1977年，技术专家史蒂夫·渥兹尼克和销售天才史蒂夫·雅可布创立了苹果计算机公司。公司很快就取得了非凡的成功。但是，成功没能持续很久，部分原因是由于IBM个人计算机的问世。在20世纪90年代早期，一些观察家认为，苹果计算机公司需要更加严格的控制和更为专业化的管理方法。于是，百事可乐公司的约翰·斯科利被请到苹果公司来做指导。

问题：从以上案例分析计划和控制两者之间的关系如何。其他什么样的计划可用于组织的控制？

案例2　微软公司的问题

据统计，微软的利润以每年30%的速度递增，平均每个雇员的收入水平为25.7万美元（而普通公司员工的收入水平为1.7万美元），公司有220亿美元的可流动现金，股票价值总额有4140亿美元。可以说，微软是近30年最成功的企业。

随着微软公司规模的不断扩大，管理系统变得缓慢而官僚化。第一，一些高层管理人员因为决策层办事效率太低而辞去了他们的职务。第二，雇员们对公司的长远目标及战略方针并不了解，作为如此庞大的复杂系统和产品的生产者来说，这种现象并不奇怪。微软公司似乎要往50个不同的方向发展，就是微软公司的雇员也不确定到底微软要往何处走！

令人觉得讽刺的是，微软公司的广告标语是："今天你要往何处去？"很明显，连微软人自己都不知道。第三，微软公司几乎所有的决定，大到软件的基本特性，小到技术员在多长时间内回答客户的问题，都要通过批准。

问题：根据以上描述，你认为像微软这样成功的公司是否也存在领导问题？微软的问题说明其企业的领导层存在什么问题？你有什么改进方法？

案例3　哈勃太空望远镜

经过长达15年的精心准备，耗资超过15亿美元的哈勃太空望远镜最后终于在1990年4月发射升空。但是，美国国家航空航天管理局（NASA）仍然发现望远镜的主镜片存在缺陷。由于直径达94.5英寸的主镜片的中心过于平坦，导致成像模糊，因此望远镜对遥远的星体无法像预期那样清晰地聚焦，结果造成一半以上的实验和许多观察项目无法进行。

镜片的生产商珀金斯－埃尔默公司使用了一个有缺陷的光学模板来生产如此精密的镜片，具体原因是在镜片的生产过程中，进行检验的一种无反射校正装置没有设置好。校正装置上的1.3mm的误差导致镜片研磨、抛光成了错误的形状，但是没有人发现这个错误。具有讽刺意味的是，与其他许多NASA项目所不同的是，这一次并没有时间上的压力，而是有充分的时间发现望远镜上的错误。实际上，镜片的粗磨在1978年就开始了，直到1981年才抛光完毕。此后，由于"挑战者"号航天飞机的失事，完工后的望远镜又在地上呆了两年。

NASA中负责哈勃项目的官员对望远镜制造过程中的细节根本不关心。事后，一个由6人组成的调查委员会的负责人说："至少有3个明显的证据说明问题的存在，但这三次机会都失去了！"

问题：这个事例能够给你什么启示？

项目三　战略管理

【学习目标】

【知识目标】
1. 掌握战略管理、企业核心竞争力、企业战略类型的基本概念。
2. 熟悉企业战略环境的分析方法。
3. 掌握常见的企业总体战略和基本竞争战略的类型及特点。

【技能目标】
1. 具备运用所学原理进行企业战略环境分析的基本能力。
2. 具备运用所学知识对某一特定企业选择总体战略和基本竞争战略类型的能力。

【开篇案例】

"老牌"企业的竞争

海清啤酒成功地在中国西部一个拥有300万人口的C市收购了一家啤酒厂,不仅在该市取得了95%以上市场占有率的绝对垄断,而且在全省的市场占有率也达到了60%以上,成了该省啤酒业界名副其实的龙头老大。

C市100公里内有一家金杯啤酒公司,3年前是该省啤酒业的老大。然而,最近金杯啤酒却因经营不善而全资卖给了一家境外公司。

金杯啤酒在被收购后,立刻花近亿元的资金搞技改,还请了世界第四大啤酒厂的专家坐镇狠抓质量。但是新老板清楚得很,金杯啤酒公司最欠缺的就是营销。为一举获得C市的市场,金杯不惜代价从外企挖了3个营销精英,高薪招聘20多名大学生,花大力气进行培训。

省内啤酒市场的特点是季节性强,销售旺季主要为春末、夏季及初秋的半年多时间。一年的大战在4、5、6三个月基本决定胜负。作为快速消费品,啤酒的分销网络相对稳定,主要被大的一级批发商控制。金杯啤酒没有选择正面强攻,主要依靠直销作为市场导入的手段,由销售队伍去遍布 C 市的数以万计的零售终端虎口夺食。

金杯啤酒的攻势在春节前的 1 月份开始了,并且成功地推出了"1 月 18 日 C 市要下雪"的悬念广告,还有礼品附送。产品覆盖率和重复购买率都大大超出预期目标。但是,金杯在取得第一轮胜利的同时,也遇到了内部的管理问题。该公司过度强调销售,以致把结算流程、财务制度和监控机制都甩在一边。销售团队产生了骄傲轻敌的浮躁情绪,甚至有上行下效不捞白不捞的现象。公司让部分城区经理自任经销商,白用公司的运货车,赊公司的货,又做生意赚钱,又当经理拿工资。库房出现了无头账,查无所查,连资金去哪儿了都不知道。

面对竞争,海清啤酒在检讨失利的同时,依然对前景充满信心。他们认为对手在淡季争得的市场份额,如果没有充足的产量作保障,肯定要跌下来;而且海清的分销渠道并没有受到冲击,金杯公司强入零售网点不过是地面阵地的穿插。

如今,啤酒销售的旺季,也就是决胜的时候快到了,您认为海清啤酒应该怎样把对手击退,巩固自己的市场领导地位呢?

【导入问题】
1. 如何评价金杯啤酒的竞争战略?
2. 如何运用 SWOT 分析法,分析海清啤酒面临的环境?
3. 海清啤酒应采用什么样的战略?

【基本原理】

任务一 战略管理概述

一、战略的基本概念

(一)战略的含义

英文中,战略"strategy"一词来源于希腊语"strategos",其含义是"将军"。到了中世纪,这个词演变为军事术语,指对战争全局的筹划和谋略。战略对于战争的意义在于它可以帮助决策者掌握战争全局的动态,"运筹于帷幄之中,决胜于千里之外",能使自己在战争中处于主动,充分利用天时、地利、人和的条件,赢得战争的胜利。军事战争史中已经雄辩地证明了战争的胜负首先取决于战略的正确与否。

除军事领域之外，战略的价值同样适用于政治、经济等领域。后来演变为泛指重大的、全局性的、左右胜败的谋划。将战略思想运用于企业经营管理之中，便产生了"企业战略"这一概念。

（二）企业战略的含义

企业战略的概念来源于企业生产经营活动的实践。不同的管理学家或实际工作者由于自身的管理经历和对管理的不同认识，对企业战略给予了不同的定义。

1. 安索夫的观点

安索夫指出，战略管理与以往经营管理的不同之处在于战略管理是面向未来动态地、连续地完成从决策到实现的过程。因此，安索夫把企业战略定义为企业为了适应外部环境，对目前从事的和将来要从事的经营活动而进行的战略决策。企业战略的核心应该是弄清你所处的位置，界定你的目标，明确为实现这些目标而必须采取的行动。不论是以产品系列的性质还是按照构成产品系列的技术来确定企业的经营，企业目前的产品和市场与企业未来的产品和市场之间一定存在着一种内在的联系，安索夫将这种内在的联系称为"共同的经营主线"，通过分析这种共同的经营主线可以把握企业运行的方向，寻找企业发展的新天地。

2. 安得鲁斯的观点

安得鲁斯是美国哈佛大学商学院的教授。他认为企业总体战略是一个决策模式，决定和揭示企业的目的和目标，提出实现目的的重大方针与计划，确定企业应该从事的经营业务，明确企业的经济类型与人文企业类型，决定企业应当对员工、顾客和社会作出的经济的与非经济的贡献。

3. 明茨伯格的观点

明茨伯格是加拿大麦吉尔大学的管理学教授。他认为，在企业经营活动中经营者可以在不同的场合下以不同的方式给企业总体战略赋予不同的定义。他借鉴市场营销学中营销四要素（4P's）的提法，创立了企业战略的5P's模式，即通过计划、计策、模式、定位、观念来对企业战略进行描述。其中，"计划"强调战略作为一种有意识、有组织的行动方案；"计策"强调战略可以作为威慑和战胜竞争对手的一种手段；"模式"强调战略最终体现为一系列具体行动及其实际结果；"定位"强调战略应使企业根据环境的变化进行资源配置，从而获得有利的竞争地位和独特的竞争优势；"观念"强调战略作为经营哲学的范畴体现其对客观世界的价值取向。

归纳以上对企业战略的认识，结合理论与实际，对企业战略可做如下表述：企业战略是指企业面对激烈变化、严峻挑战的经营环境，为求得长期生存和不断发展而进行的总体性谋划。它是企业为实现其宗旨和目标而确定的组织行动方向和资源配置纲要，是制订各种计划的基础。

二、企业战略的构成要素

一般认为，企业战略主要包括以下四个要素：

1. 经营范围

经营范围是指企业从事生产经营活动的领域。它反映出企业与其外部环境相互作用的程度，也反映出企业计划与外部环境发生作用的要求。企业应该根据自己所处的行业、自己的产品和市场来确定自己的经营范围。

2. 资源配置

资源配置是指企业过去和目前对资源和技能进行配置、整合的能力与方式。资源配置的优劣差异极大地影响企业战略的实施能力。企业只有注重对异质战略资源的积累，形成不可模仿的自身特殊能力，才能很好地开展生产经营活动。如果企业的资源匮乏或缺乏有效配置，企业对外部机会的反应能力会大大削弱，企业的经营范围也会受到限制。因而，战略资源学派强调资源配置是企业战略最重要的构成要素。

3. 竞争优势

竞争优势是指企业通过其资源配置模式与经营范围的决策，在市场上所形成的优于其竞争对手的竞争地位。竞争优势既可以来自企业在产品和市场上的地位，也可以来自企业对特殊资源的正确运用。

4. 协同作用

协同作用是指企业从资源配置和经营范围的决策中所能寻求到的各种共同努力的效果。协同作用常常被描述为 $1+1>2$ 的效果，这意味着企业与各经营单位联合起来所产生的效益要大于各个经营单位各自努力所创造的效益之和。它可被看做资源配置与整合的规模优势。

三、企业战略的特征

企业战略是设立远景目标并对实现目标的轨迹进行的总体性、指导性谋划，属宏观管理范畴，具有指导性、全局性、长远性、竞争性、系统性、风险性六大主要特征。

1. **指导性**

企业战略界定了企业的经营方向、远景目标，明确了企业的经营方针和行动指南，并筹划了实现目标的发展轨迹及指导性的措施、对策，在企业经营管理活动中起着导向的作用。

2. **全局性**

企业战略是以企业全局为研究对象，根据企业的总体发展需要而制订的，它规定了企业的总体目标与行为。从全局实现对局部的指导，使局部达到最优的结果，使全局目标得以实现。

3. **长远性**

企业的战略立足于未来，对较长时期内企业的生存和发展问题进行通盘谋划，从而决定企业当前的行动。凡是为适应环境的变化所确定的、长期基本不变的目标和实现目标的行动方案，都是企业战略。而那种针对当前形式灵活适应短期变化、解决基本问题的方法都是企业战术。企业战略要实现战略与战术的有机统一。

4. **竞争性**

竞争是市场经济不可回避的现实，也正是因为有了竞争才确立了"战略"在经营管理中的主导地位。面对竞争，企业战略需要进行内外部环境分析，明确自身的资源优势，通过设计适当的经营模式，形成特色经营，增强企业的对抗性和战斗力，推动企业长远、健康的发展。

5. 系统性

立足长远发展，企业战略确立了远景目标，并需围绕远景目标设立阶段目标及各阶段目标实现的经营策略，以构成一个环环相扣的战略目标体系。同时，根据组织关系，企业战略需由决策层战略、事业单位战略、职能部门战略三个层级构成一体。决策层战略是企业总体的指导性战略，决定企业经营方针、投资规模、经营方向和远景目标等战略要素，是战略的核心，本书讲解的企业战略主要属于决策层战略。事业单位战略是企业独立核算经营单位或相对独立的经营单位，遵照决策层的战略指导思想，通过竞争环境分析，侧重市场与产品，对自身生存和发展轨迹进行的长远谋划。职能部门战略是企业各职能部门遵照决策层的战略指导思想，结合事业单位战略，侧重分工协作，对本部门的长远目标、资源调配等战略支持保障体系进行的总体性谋划，比如策划部战略、采购部战略等。

6. 风险性

企业做出任何一项决策都存在风险，战略决策也不例外。市场研究深入，行业发展趋势预测准确，设立的远景目标客观，各战略阶段人、财、物等资源调配得当，战略形态选择科学，制订的战略就能引导企业健康、快速地发展。反之，仅凭个人主观判断市场，设立目标过于理想或对行业的发展趋势预测存在偏差，制订的战略就会产生管理误导，甚至给企业带来破产的风险。

案例 3-1　　露得清香皂的独特战略定位

露得清公司的战略是基于产品品类的定位，建立在"对皮肤温和"、无残留皂剂、平衡PH值配方的香皂上。露得清有一支庞大的销售队伍去拜访皮肤科医生，因此，其营销策略看上去更像是医药公司采用的，而非制皂商所为。它在医学杂志上刊登广告，向医生寄送直邮广告，参加医学会议，并且在自己的皮肤护理研究中心开展研究工作。为了强化自己的定位，露得清公司最初把经销渠道集中在药店，而且避免采用降价促销的方式。它采用一种速度较慢而花费高的生产流程，以生产此种质地较为细腻的香皂。

选定这个定位后，露得清公司拒绝在香皂中添加许多消费者喜欢的除臭剂和皮肤柔润剂。它放弃了通过超市销售和降价促销所能带来的大量销售潜力。它牺牲制造效率以换取香皂的理想品质。在原始定位上，露得清虽然牺牲不少，但是这种取舍保护了公司免受模仿者的抄袭。

任务二 企业战略环境分析

创立什么样的企业，不是取决于企业自身的意愿，而是由企业所处的外部环境和内部条件决定的。通过外部环境分析，可以了解市场机会与威胁；通过内部条件分析，可以认清企业自身的优势和劣势。

一、宏观环境分析

宏观环境又称一般环境或社会环境，是指在国家或地区范围内对一切产业部门和企业都将产生影响的各种因素和力量。对企业而言，这些因素和力量都是不可控制的，而只能去适应。它一般包括政治法律、经济、社会文化和科学技术四个方面。

（一）政治法律环境

政治法律环境指同企业有关的政治制度和法律制度的总称。不同的国家有着不同的社会制度，不同的社会制度对企业生产经营活动有着不同的限制和要求，同时，政府在不同时期的基本路线、方针、政策也是在不断变化的。对于这些变化，企业必须进行分析研究。另外，随着社会法律体系的建立和完善，企业必须了解与其活动相关的法制系统及其运行状态。通过对政治法律环境的研究，组织可以明确其所在的国家和政府目前禁止企业干什么，允许企业干什么以及鼓励企业干什么，以便使企业活动符合社会利益并受到有关方面的保护和支持。

（二）经济环境

对于企业来说，经济环境是影响组织行业诸多因素中最关键、最基本的因素。经济环境主要指构成企业生存和发展的社会经济状况和国家的经济政策，包括社会经济结构、经济体制、宏观经济发展水平、宏观经济政策等要素。其中影响最大的是宏观经济的发展状况和政府所采取的宏观经济政策。

衡量宏观经济发展的指标有国民收入、国民生产总值及其变化情况，以及通过这些指标能够反映的国民经济发展水平和发展速度。宏观经济的发展和繁荣显然会为企业的生存和发展提供有利机会，而萧条、衰退的形势则可能给所有企业带来生存的困难。宏观经济的发展又会导致企业所在区域和所服务市场区域的消费者收入水平、消费偏好、储蓄情况和就业程度等因素的变化，这些因素直接决定着企业目前及未来的市场规模。

政府的宏观经济政策主要指国家经济发展战略、产业政策、国民收入分配政策、金融货币政策、财政政策、对外贸易政策等，往往从政府支出总额和投资结构、利率、汇率、税率、货币供应量等方面反映出来。例如，国家实施信贷紧缩会导致企业流动资金紧张、周转困难，投资难以实施；而政府支出的增加，则可能给许多企业创造良好的销售机会。

(三) 社会文化环境

社会文化环境包含的内容十分广泛，如人口数量、结构及地理分布、教育文化水平、信仰和价值观念、行为规范、生活方式、文化传统、风俗习惯等。其中，人口因素是一个极为重要的因素。人口数量制约着个人或家庭消费品的市场规模，如我国的移动电话起步较晚，但现在移动电话的用户数量为世界第一位。人口的地理分布决定消费者的地区分布，消费者的地区分布范围越广，消费者的嗜好也越多样化，这就意味着会出现多种多样的市场机会。年龄分布决定以某年龄层为对象的产品的市场规模，如我国有大量的独生子女和老年人，这些都分别形成了独特的消费市场。中国乳制品业在近年来发展十分迅速，生产规模不断扩大。这有多方面的原因，人们的可支配收入增多、人口结构的变化、消费观念和习惯的改变等都在起着作用。

社会文化环境中还包括一个重要的因素，那就是企业所处地理位置的自然资源与生态环境，包括土地、森林、河流、海洋、生物、矿产、能源、水源等自然资源以及环境保护、生态平衡等方面的发展变化对企业的影响。

(四) 技术环境

技术环境是指与企业生产经营活动相关的科学技术要素的总和。它既包括导致社会巨大发展的、革命性的产业技术进步，也包括与企业生产直接相关的新技术、新工艺、新材料的发明情况、应用程度和发展趋势，还包括国家和社会的科技体制、科技政策和科技水平。当前，一场以电子技术和信息处理技术为中心的新技术革命正在迅猛发展，它既促使了一些新兴产业的高速发展，也推动了老产业的革新，同时也对企业管理产生了重要影响。科学技术是第一生产力，它可以创造新的产品、新的市场，降低成本，缩短生产周期，改变企业的竞争地位和盈利能力。世界上成功的企业无一不对新技术的采用予以极大的重视。

案例 3-2　　　　　　　　　　**"非典"带来的机遇**

修正药业针对儿童的体弱多病现状推出了一个新药品，为了与强大的竞争对手进行竞争，在设计这个产品时多加了一倍的含量，在输出产品时，包装上直接标出了含量，把这个产品的胶囊形象放大，放在货架上，广告宣传较为突出。正准备上市时，"非典"出现了，面对突如其来的环境变化，公司陷入困境：是沿着以往的思路继续走下去，还是要改变思路？在这种情况下，修正药业果敢地出击，在很多保健品没有做好"非典"这张牌时，暂停原有的计划，借力"非典"为该产品确定以传播健康知识为主题的公益广告。在广东公布全国第一例"非典"后，公司就推出了系列广告。主题是：聪明的妈妈，请谨慎用药。企业站在教育民众的角度，把科学的观念输送给民众，广告着重于宣传增强免疫能力，用老百姓熟悉的方式教育老百姓，给他们输送观念，并结合一系列的营销活动进行营销，这是针对"非典"

不惜重金打造的一个应急方法。事实证明，在"非典"结束后，修正药业打了一个大胜仗。

可见，"非典"这一意外环境，对企业的经营活动既造成了威胁又带来了机遇。一方面，浪费了为实施原计划而发生的大量费用，影响原计划的执行；另一方面，又要花费资金重新设计广告等项目，确实增加了企业负担。但是企业若能充分利用环境变化所带来的市场机会，激活消费者，同样也能转危为安，甚至创造奇迹。这就要求企业强化领导力，在多变的、不确定的营销环境中有力地出击。

二、行业环境分析

行业是影响企业生产经营活动最直接的外部因素，是企业赖以生存和发展的空间。行业是由一些企业构成的群体，它们的产品有着众多相同的属性，以至于它们为了争取同样的一个买方群体而展开激烈的竞争。一个行业的经济特性和竞争环境以及它们的变化趋势往往决定了该行业未来的利润和发展前景。因此，深入分析行业的竞争过程，从而挖掘出竞争压力的源泉和确定各个竞争力量的强大程度，这是行业及竞争分析的一个重要组成部分。

哈佛大学商学院迈克尔·波特教授指出，在一个行业中，存在着五种基本的竞争力量，即行业中现有的竞争者、替代品、潜在的加入者、购买者和供应者之间的抗衡。如图 3-1 所示，一个行业中的竞争状态是各个竞争力量共同作用的结果。

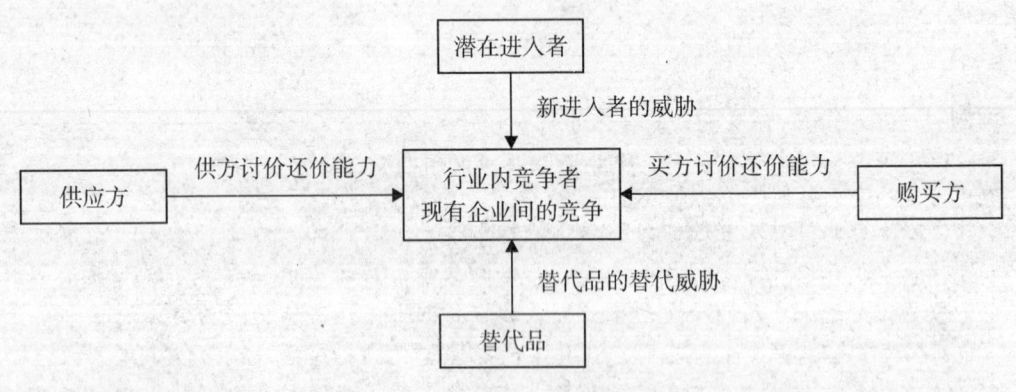

图 3-1 驱动产业竞争的力量

（一）新进入者的威胁

行业外有可能并准备进入该行业的企业称为潜在进入者。事实上，当一个行业和企业获利丰厚时,都会有潜在进入者。这些潜在进入者一旦加入,既可能给行业经营注入新的活力,促进市场的竞争和发展,也势必给现有厂家造成压力。因为潜在进入者在加入到某一新领域时,会向该行业注入新的生产能力和物质资源,以获取一定的市场份额,其结果可能导致原有企业因与其竞争而出现价格下跌、成本上升、利润下降的局面。但是,它们能否真正进入行业并不完全取决于它们的主观愿望,而是取决于该行业进入壁垒的高低。

进入壁垒也称进入障碍,是指那些能阻止行业外企业进入的因素。进入障碍的存在使新进入者的进入成本提高,加大了一个企业进入某行业的难度。进入障碍越大,对欲进入行业的企业来说就会越困难,这时即使该行业的收益较高,也会将许多企业挡在门外,对行业内现有的企业来说,进入威胁就小一些;反之,进入威胁就会增大,这时该行业内企业的好日子就会很快过去。决定进入障碍的因素主要有以下几点:

(1) 规模经济。在一个规模经济明显的行业中,新进入者不得不面临两难选择:或者以很大的规模进入该行业,承担巨大的初始投资,更为严重的是致使市场供给大幅度增大,压低了产品价格,招致该行业现有企业的激烈报复;或者以小的生产规模进入该行业,结果是产品成本过高,在竞争中处于劣势。

(2) 品牌偏好与客户忠诚。产品的购买者往往忠于一定的既有品牌。品牌忠诚度很高就意味着:一个潜在进入者必须建立一个分销及特约经销网,然后愿意并有能力花足够的资金用于产品广告和产品促销来克服客户的品牌忠诚,建立自己的客户群。建立客户对品牌的认知和忠诚可能是一个缓慢的、代价高昂的过程。而且,如果一个客户转换品牌的难度较大或成本较大,那么新进入者就必须说服购买者相信它的品牌值得他付出这个成本。要超越克服转换成本壁垒,新进入者必须给予购买者一定的价格折让或者给予额外的质量和服务。所有这一切都意味着,新进入者的利润率比较低,这就提高了新进入的企业在早期利润方面所承受的风险。

(3) 资源供应。成功进入某一市场所需的总资本投入额和其他资源条件越高,符合条件的进入者就越有限,最明显的资本要求体现在:制造工厂及设备、分销设施、为存货及用户信用提供资金的营运资本、为新产品建立客户群的支出(新产品推出的广告和促销费用)、为弥补业务起步时产生的亏损而设置的现金储备。其他资源壁垒还有技术、专业技能和诀窍、科研要求、劳动力要求、客户服务要求等。

(4) 分销渠道。企业在进入一个新的行业时,如果没有自己的产品分销渠道,也会面临着进入障碍。原有的分销渠道一般都是为已有的企业服务,他们往往不愿意接受尚未被顾客认知的产品。新加入者必须通过让利、合作、广告津贴等方式让原有的分销渠道接受其产品。这样必然减少新加入企业的利润,并且这种状况一直要到其产品赢得分销商和零售商足够的接受度之后才会有所改善。

(5) 与规模无关的成本劣势。现有厂家可能拥有潜在进入者不可企及的成本优势。这些优势可能是:可以获取最好的最便宜的原材料,可以获得专利和专有技术,拥有学习及经验曲线效应所带来的利益,现有厂家的生产工厂和设备在几年前就以低成本建立,选址有利,购买成本低,等等。

(二) 供应商的讨价还价能力

企业生产经营所需的生产要素通常需要从外部获取,提供这些生产要素的供应商就对企业具有两方面的影响：一是这些供应商能否根据企业要求按时、按质、按量地提供所需的生产要素，这影响着企业生产经营规模的维持和扩大；二是这些供应商提供供应品时要求的价格在相当程度上决定着企业生产成本的高低，从而影响企业的获利水平。一旦供应商能够确定它所提供商品的价格、质量、性能、交货的可靠度，那么这些供应商就会成为一种强大的力量。来自供应者的压力主要取决于以下几个因素：

（1）供应者的集中程度和本行业的集中程度。如果是集中的少数供应者供给本行业中分散而众多的企业，那么将对本行业构成较大的竞争压力；反之，则竞争压力就小。

（2）供应品的可替代程度。如果供应品的可替代程度高，即使供应者再强大，对行业也不会构成较大的竞争压力；反之，则会形成较大的竞争压力。

（3）本行业对供应者的重要程度。如果本行业是供应者的重要用户，供应者对本行业有很大的依赖性，则来自供应者的压力会较小；反之，则会形成较大的压力。

（4）供应者对本行业的重要程度。如果供应品对本行业的产品起关键作用，则来自供应者的压力大；反之，则小。

（5）供应品的差异性和转变费用。如果供应品具有特色并且转变费用很大时，供应者讨价还价的能力就会增强，会对本行业施加较大压力；反之，如果供应品是标准商品，或容易得到替代品时，来自供应者的压力就较小。

（6）供应者前向一体化的可能性。如果供应者有可能向前发展，进入本行业，就会增强它们对本行业的压力。

（7）行业内企业后向一体化的可能性。如果行业内的企业有可能向后发展，自己生产供应品，就会降低它们对供应者的依赖程度，从而减弱了供应者对本行业的压力。

（三）买方讨价还价能力

对行业中的企业来讲，购买者也是一个不可忽视的竞争力量。购买者所采取的手段主要有：要求压低价格，要求较高的产品质量或更多的服务，甚至迫使行业中的企业互相竞争等。所有这些都会降低企业的获利能力。来自购买者的压力主要取决于以下因素：

（1）购买者的集中程度。供应商行业有大量的小企业，而购买者只有少数大企业，这时购买者比供应商强大。

（2）购买者购买产品的数量。购买者购买产品的数量很大时，他可以把他们的购买力当作要挟的手段，为降低价格讨价还价。这种情况在购买者的订单占供应商订单总数的较大比例时更为突出。

（3）购买者购买的产品对其产品的重要程度。如果企业的产品对购买者的产品质量影响很大时，购买者一般在价格上不太敏感。

（4）购买者从本行业购买的产品的标准化程度。如果产品标准化程度高、差别小，购买者常常确信自己能找到可以挑选的供应者，并使供应企业互相竞争而从中获利。

（5）购买者的转换费用。购买者转向购买其他行业产品的选择余地越大，则对本行业形成的压力越大。

（6）购买者的盈利能力。如果购买者的盈利能力很低，则他们对价格就会很敏感，这一点在购买者所购产品占其成本的比重较大时更为突出。

（7）购买者采取后向一体化的威胁。如果买方已部分一体化或形成可信的后向一体化的威胁，那么他们会在讨价还价中处于有利的迫使对方让步的地位，增加对本行业的竞争压力。

（四）替代品的威胁

其他行业的产品可以与该行业的产品一样满足消费者的相同需求，即替代品的威胁。例如，我国铁路运输业虽然近乎独家经营，但仍要面对公路运输、航空业的竞争；电视、报纸、因特网之间互相展开竞争。来自替代品的竞争压力的强度取决于三个方面的因素：

（1）是否可以获得价格上有吸引力的替代品？容易获得并且价格上有吸引力的替代品往往会产生竞争压力，替代品会给行业中的企业定出一个最高限价，超过这一限价，就会产生已有顾客转向替代品的风险。

（2）在质量、性能和其他一些重要属性方面的满意程度如何？替代品的易得性会不可避免地刺激顾客去比较彼此的质量、性能和价格。例如，人们在购买热水器时，往往对电热水器、太阳能热水器和燃气热水器进行全面的比较。

（3）购买者转向替代品的难度和成本。来自替代品的竞争强度的另一个决定因素是本行业中的客户转向替代品的难度和成本。最常见的转换成本有：可能的额外价格、可能的设备成本、测试替代品质量和可靠性的时间和成本、断绝老供应关系建立新供应关系的成本、转换时获得技术帮助的成本、职员培训成本。如果转换成本不高，那么替代品的生产商说服购买者转向它们的产品就容易得多。

因此，一般来说，替代品的价格越低，替代品的质量和性能越高，用户的转换成本越低，替代品所带来的竞争压力就越大。测评替代产品竞争优势的指标有销售额及利润的增长速度、所渗透进入的市场以及其产品生产能力的扩大计划等。

（五）行业内现有竞争者的竞争程度

行业内的竞争者往往是五种竞争力量中最强大的竞争力量，为了赢得市场地位和购买者的青睐，它们通常不惜代价，"无计不施"。在有些行业中，竞争的核心是价格，如在某些情况下会爆发全面的价格战，致使产品的价格低于单位成本，从而导致绝大多数竞争者亏损。

但是不论在什么行业之中，影响行业内现有企业之间的竞争强度的因素主要有以下几点。

1. **竞争结构**

竞争结构是指一个行业中企业的数量和规模的状况。不同的竞争结构决定了不同的竞争强度。在行业市场容量一定的情况下，行业中同一价值环节上竞争对手的数量较多，而且对手的力量对比差距很小时，在共同的行业活动规律性的支配下，各企业在获利的能力、为了争夺市场所能支配的资源量、可能采取的竞争方式、能够利用的行业协作体系，甚至企业对市场的影响力和影响方式等方面都是相近的，此时的行业竞争强度一定较高。特别在行业处于其相对成熟阶段后，市场容量扩大的可能性逐渐消失，在行业中，如果企业较多，常常会有一些表现特殊的企业引发竞争。如果行业中的各企业在规模与资源上比较均衡，也会产生不稳定的现象。

2. 需求条件

决定现有企业的竞争强度的另一个因素是行业的需求条件。在一个迅速扩张的市场上，每个企业的销售都可以增长。这时企业无需从其他企业夺取市场份额，竞争自然趋缓。相反，需求下降的结果是企业间更加激烈的竞争。因为当市场增长缓慢或市场需求下降时，急需扩张的企业或生产能力过剩的企业常常会降低价格，采用其他提高销售的策略，从而点燃一场争夺市场份额之战，其结果可能会将那些比较弱小和效率低下的企业淘汰出局。

3. 成本结构

当一个行业固定成本较高时，企业为降低单位产品的固定成本，势必采用增加产销量的措施。企业的这种发展趋势，会使生产能力急剧膨胀，直至过剩，而且还会导致产品价格竞争，从而使现有竞争者的竞争激化。这种情况在民用航空、高档宾馆、纸张、铝等行业都会发生。产品一旦生产出来，要加以储存是十分困难的，或者要花费很大资金。在这种情况下，为了确保销售，诸厂商还容易受到削减价格的引诱。在某些行业中，如捕虾业、危险化学品制造业和有些服务性行业中，这种压力会使利润保持很低的水平。

4. 产品差异和用户转变费用

若用户从购买一个企业的产品转到购买另一个企业的产品的转变费用较低时，则竞争激烈；相反，如果转变费用高，行业内不同企业的产品各具特色，各企业有各自不同的用户，则竞争不剧烈。

5. 规模经济的要求

在规模经济要求大量增加企业生产能力的行业，新的生产能力不断增加，就必然会经常打破行业的供需平衡，使行业产品供过于求，降价竞争在所难免。这类情况在我国的农用车、玻璃等行业都发生过。

6. 退出障碍

退出障碍是指迫使投资收益低，甚至亏损的企业仍然留在行业中从事生产经营活动的各种因素。主要包括：

（1）固定资产高度专业化。在特定的经营业务或地理位置上，企业拥有高度专业化的资产，但其清算价值低或转让费用高。

（2）退出成本过高。这类成本包括劳动合同、重新安置费、已售出产品的维修等。

（3）战略上的相互关系。企业内的经营单位之间的协同关系是企业战略的重要因素。如果其中某一经营单位退出现有行业，就会使原有的协同关系遭到破坏。

（4）感情障碍。企业在制订经济合理的退出决策时，常常遭到管理者和员工情绪上的抵制，如对多年所从事业务的感情、对自己个人职业生涯的担心、对员工的忠诚心理等。

（5）政府和社会的限制。政府考虑到就业问题或对地区经济的影响，有时会出面反对或劝阻企业合理的退出决策。

五种竞争力量模型深入透彻地阐述了某一给定市场的竞争模式。最无情的竞争情形是：进入障碍很低，从而每一个新进入者都可以获得一个市场立足点；替代品的竞争很强烈；供应商和顾客都有相当的谈判优势；行业内竞争白热化，但退出障碍又很高。那么从利润的角度来看，该行业是没有吸引力的。

最理想的情况是：供应商和顾客都处于谈判劣势，没有很好的替代品，进入壁垒相对较高，现有企业间的竞争也比较温和。那么从利润的角度来看，该行业就是有吸引力的。但是，即使其中几类竞争力量很强大，对于那些市场地位和战略可以防御竞争压力的企业来说，该行业仍旧可能是有吸引力的。

要想成功地与竞争力量展开竞争，管理者所制定的战略必须做到：①尽可能地摆脱这五种竞争力量的影响；②调整竞争压力，使其向着有利于本企业的方向改变；③建立强大的安全的优势。

三、内部条件分析

"知己知彼，百战不殆"，通过外部环境分析，可以明确企业的发展机会，但要做到扬长避短，充分发挥自身优势，还必须分析企业具体的内部条件和经营要素。

（一）企业资源

每个企业都拥有或可以拥有一定的资源，以及有效地协调这些资源以满足特定市场需求的能力，企业资源的差异性和企业利用这些资源的独特方式就成为企业竞争优势的最重要的来源。

通常，可以把资源分为以下四类：

(1) 实物资源。对企业的实物资源进行评估，不仅要列出设备的数量和生产能力，而且还应该对这些资源的自然状况，如寿命、状态、能力和位置等进行了解。

(2) 人力资源。对人力资源进行分析需要调查和研究许多相关的问题。既要了解企业中不同技能的人员的数目和人员类型，还要分析人力资源的适应性等其他方面。

(3) 财务资源。包括货币的来源和使用，如资金的获得，现金管理，对债权人和债务人的控制，处理与货币供应者（如股东、银行等）的关系。

(4) 无形资产。无形资产是企业重要资产的组成部分，包括专利、专有技术和"商誉"等。商誉主要来源于商标、品牌、公司形象及其他。应该重视无形资产的价值，因为企业出售的商品和服务中的有一部分价值就是"商誉"，尤其是一些服务行业的企业。

（二）企业能力

企业能力来源于资源的有效整合，通常采用价值链作为分析企业能力的有效工具。价值链分析是从企业内部条件出发，把企业经营活动的价值创造、成本构成同企业自身竞争能力相结合，与竞争对手经营活动相比较，从而发现企业目前及潜在优势与劣势的分析方法，是指导企业战略制订与实施活动的有力分析工具。

企业生产经营活动可以分成主体活动和支持活动两大类。

1. 主体活动

主体活动是指生产经营的实质性活动，一般分成原料供应、生产加工、成品储运、市场营销和售后服务五种活动。这些活动与商品实体的加工流转直接相关，是企业基本的价值增值活动，又称基本活动。每一种活动又可以根据具体的行业和企业的战略再进一步细分为若干项活动。

(1) 原料供应是指与产品投入有关的进货、仓储和分配等活动,如原材料的装卸、入库、盘存、运输以及退货等。

(2) 生产加工是指将投入转换成最终产品的活动,如机加工、装配、包装、设备维修、检测等。

(3) 成品储运是指与产品的集中、存储、转移给客户有关的活动,包括产成品的收集、入库、保管、客户定单处理、送货等活动。

(4) 市场营销是指与促进和引导购买者购买企业产品有关的活动,如广告、定价、促销、市场调查、分销商支持和管理等。

(5) 售后服务是指与为保持或提高产品价值有关的活动,如安装、调试、修理、使用人员培训、零部件供应等。

2. 支持活动

支持活动是指用以支持主体活动而且内部之间又相互支持的活动,包括企业投入的采购管理、技术开发、人力资源管理和企业基础结构。企业的基本职能活动支持整个价值链的运行,而不分别与每项主体活动发生直接的关系。

(1) 采购管理是指获取各种资源输入主要活动的过程,而不是输入资源本身。在企业的许多部门都会发生采购活动管理。改进采购管理活动,对提高采购物的质量和降低费用有着重要意义。

(2) 技术开发是指可以改进价值活动的一系列技术活动,既包括生产技术,也包括非生产技术。企业的每项生产经营活动都包含着不同性质、开发程度和应用范围的技术,因此,技术开发活动不仅与最终产品直接相关,而且支持着企业的全部活动,成为反映企业竞争实力的重要标志。

(3) 人力资源管理是指企业的员工招聘、雇佣、培训、考核、激励等各项管理活动。这些活动支持着企业中每项主体活动和支持活动,以及整个价值链。在任何一个企业中,都可以通过人力资源管理在员工的素质、技能和动力方面以及聘用和培训成本方面的作用来影响竞争优势。

(4) 企业的基础结构是指与企业总体管理相关的活动,包括企业计划、财务、质量管理、组织结构、控制系统、文化建设等活动。

从图 3-2 中可以看出,企业价值链不是独立价值活动的集合,而是由相互依存的活动构成的一个系统。在这个系统中,主体活动之间、主体活动与支持活动之间以及支持活动之间相互关联,共同成为企业竞争优势的潜在源泉。

> **小知识**
>
> 2011 年 1 月,宝钢集团公司与美的集团和格兰仕集团签订了战略合作协议,共同致力于完善和发展钢铁、家电企业上下游供应链体系,进一步巩固和发展长期稳定的供货关系,并在钢材采购、产品开发和技术合作等方面开展更加深入广泛的合作。此次宝钢与美的、格兰仕签订战略合作协议,主要是为了进一步拓宽在产品采购、开发和技术合作以及加工增值服务等方面的合作广度和深度,实现互利共赢,共同应对当前的市场变化。

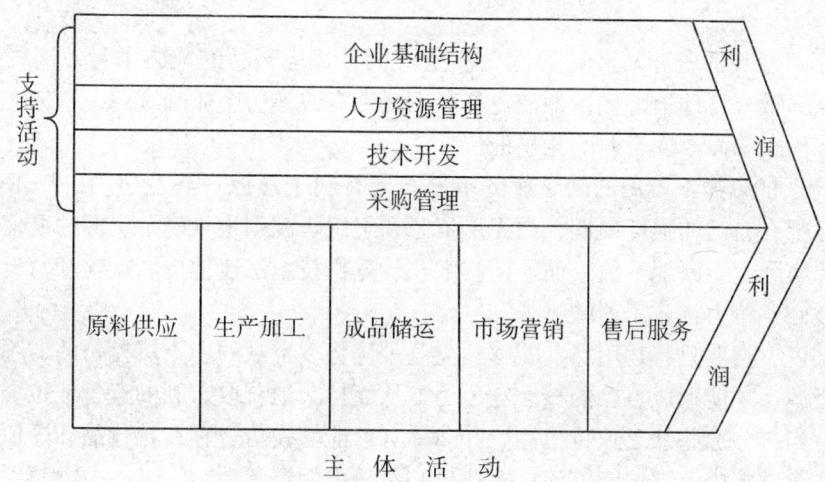

图 3-2 价值链

(三) 核心竞争力

核心竞争能力（core competences）的英文原意是核心能力或核心技能，由于这一概念往往是一个企业与其竞争对手相比较而言的，因此，用核心竞争能力更为贴切。根据普拉哈拉德和汉默的定义，核心竞争能力是"组织中的积累性学识，特别是关于如何协调不同的生产技能和有机结合多种技术流的学识"。所以，核心竞争能力是某一企业内部一系列互补的技能和知识的组合，这种组合可以使企业的业务具有独特的竞争优势。说它是组合，是指它既包括科学技术，又包括管理、组织和营销方面的技能。这些技术和知识的结合方式决定着核心竞争能力的强弱，决定着企业开发新产品、服务市场、挖掘新的市场机会的潜力，体现着竞争优势。

企业具备多种资源，但是，并不是所有的资源都能形成核心竞争力，相反，有的可能会削弱企业的竞争能力。因此，每一种核心竞争力都是能力，但并非每一种能力都是核心竞争力。

一般来说，能够建立企业核心竞争力的资源主要包括如下五种：

（1）建立竞争优势的资源。这是指只能帮助企业利用外部环境中的机会、降低潜在威胁并建立竞争优势的资源。例如两家提供类似食物的饭店，地理位置成为决定竞争优势的重要资源；而其他（如饭店菜单等）资源则属于正常经营所必需的资源，对于建立竞争优势的贡献比较小。

（2）稀缺资源。企业占有的资源越稀缺，越能满足顾客的独特需求，从而越有可能变成企业的核心竞争力。

（3）不可模仿的资源。如果企业的某种资源能够很容易地被竞争对手模仿，那么这种资源所能创造的价值将是有限的，企业难以据此获得持久的竞争优势。不可模仿的资源主要包括独特的实物资源（如旅游景点、矿山等）、企业文化、商标、专利、公众的品牌忠诚度等。

（4）不可替代的资源。波特的五力模型指出了替代产品的威胁力量，同样，企业的资源如果能够很容易地被替代，即使竞争者不能拥有或模仿企业的资源，它们也仍然可以通过获取替代资源而改变企业的竞争地位。

（5）持久的资源。资源的缺乏速度越慢，越有利于形成核心竞争力。一般来说，有形资源往往都有自己的损耗周期，而无形资源和组织资源则很难确定资源的贬值速度。一些品牌资源实际上不断地升值，而通信技术和计算机技术迅速地更新换代却对建立在这些技术上的核心竞争力构成了严峻挑战。

总的来说，企业只有运用那些能够建立竞争优势、稀缺的、不可模仿的、不可替代的和持久的资源，才能形成自己的核心竞争力，从而持久地获取有利的竞争地位。企业在战略分析时应当排除那些缺乏独特机制、并非稀有、能够模仿、存在替代品和贬值较快的资源，而将注意力集中在那些能够建立企业核心竞争力的资源上。

任务三　企业战略制订与类型

一、企业战略的制订过程

制订企业战略是战略管理过程中的核心部分，也是一个复杂的系统分析过程。因此，一个战略的制订过程实际上就是战略的决策过程。加拿大著名的管理学者亨利·明茨伯格认为，战略决策是解决战略问题的过程，战略是由管理、组织和环境三者之间的相互作用而形成的。战略的形成过程如图3-3所示。

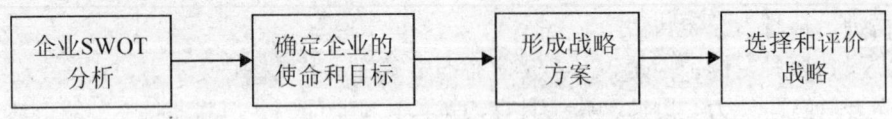

图3-3　战略形成过程图

（一）SWOT分析法

SWOT分析法是一种对企业外部环境中存在的机会、威胁和企业内部条件的优势、劣势进行综合分析，据此对备选的战略方案做出系统的评价，最终选择出最佳的竞争战略的方法。SWOT中的S是指企业内部的优势（strengths），W是指企业内部的劣势（weaknesses），O是指企业外部环境中的机会（opportunities），T是指企业外部环境的威胁（threats）。

企业内部的优势和劣势是相对于竞争对手而言的，一般表现在企业的资金、技术设备、职工素质、产品、市场成就、管理技能等方面。判断企业内部的优势和劣势一般有两项标准：一是单项的优势和劣势。例如企业资金雄厚，则在资金上占优势；市场占有率低，则在市场上占劣势。二是综合的优势和劣势。为了评估企业的综合优势和劣势，应选定一些重要因素，加以评价打分，然后根据其重要程度按权重确定。

企业外部的机会是指外部环境中对企业有利的因素，如政府支持、有吸引力的市场上进入障碍正在降低、市场需求增长势头强劲等。企业外部的威胁是指外部环境中对企业不利的因素，如新竞争对手的出现、市场增长率缓慢、购买者和供应者讨价还价能力增强、不利的人口特征的变动等。这是影响企业当前竞争地位或影响企业未来竞争地位的主要障碍。

SWOT 分析法为企业提供了四种可供选择的战略，如图 3-4 所示。

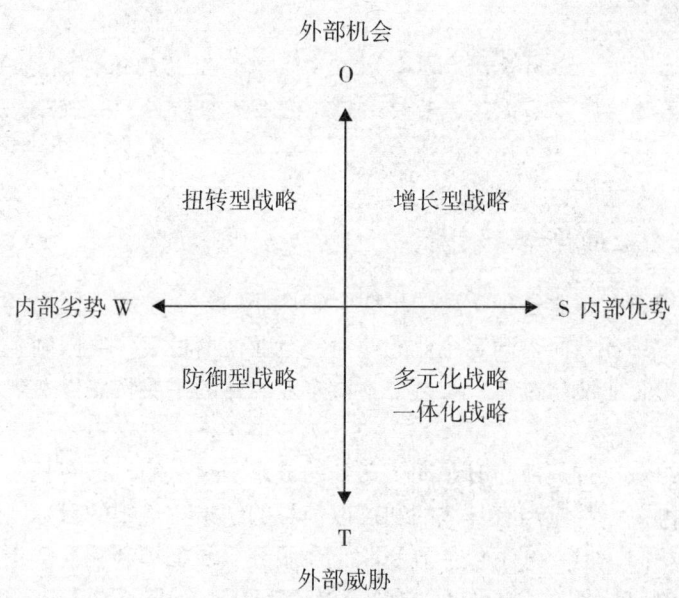

图 3-4　SWOT 战略选择图

SO 象限内的区域是企业机会和优势最理想的结合。这时的企业拥有强大的内部优势和众多的环境机会，可以采取增长型战略。WO 象限内的业务有外部市场机会但缺少内部条件，可以采取扭转型战略，尽快改变企业内部的不利条件，从而有效地利用市场机会。WT 象限是最不理想的内外部因素的结合状况。处于该区域中的经营单位或业务在其相对弱势处恰恰面临大量的环境威胁。在这种情况下，企业可以采取减少产品或市场的紧缩型或防御型战略，也可改变产品或采取市场的放弃战略。ST 象限内的业务尽管在当前具备优势，但正面对不利环境的威胁。面对这种情况，企业可以考虑采取多元化经营战略，利用现有的优势在其他产品或市场上寻求和建立长期机会。另外，在企业实力非常强大、优势十分明显的情况下，企业也可以采用一体化战略，利用企业的优势正面克服存在的外部环境上的障碍。

> **案例 3-3　内部优势和外部环境机会的有效配合**
>
> 青岛海尔集团针对夏季洗衣量少的特点,开发出"小小神童洗衣机";针对川渝地区农村居民用洗衣机洗地瓜常常发生堵塞的现象,开发出可洗2公斤地瓜的"大地瓜洗衣机";全国第一家推出星级服务体系;等等。海尔集团将内部优势与外部环境机会进行了有效的配合,从而占据了适当的市场位置。试分析在海尔的经营战略中,体现出哪些与其家电行业相关的成功因素?
>
> 提示:①创新。根据洗涤对象的不同(衣服或地瓜),洗涤数量的不同(多或少),开发不同类型的洗衣机。②良好的服务。星级服务体系的推出正是该因素的体现。
>
> 由于以上两个主要因素,海尔集团在中国市场上始终保持领先地位,并通过市场竞争建立了独特的产品优势、营销优势、管理优势等。

(二) 确定企业的使命和目标

企业使命是贯穿于企业各种活动的主线,是企业的统一主题。国内经济界一般根据产品、顾客需求和市场等方面来确定企业的使命。企业使命过窄,会限制企业的发展,忽视相关的市场机会;企业使命过宽,又会分不清企业经营的主要特点以及现在与未来的经营范围。

组织目标是组织执行其使命时预期要达到的成果。组织的目标有长期目标和短期目标两类,但不论是哪一类都应当有具体的和可以衡量的结果。组织的目标因组织的类型与使命的不同会各不相同,但不外乎包括盈利能力、服务、员工福利和社会责任四类目标是企业前进的路标。制订组织的目标,需要注意几个问题:①目标应当起领导和激励作用;②目标应当是积极的、可以实现的;③目标之间应彼此相关并互相支持;④目标应符合社会道德标准。

总之,组织战略目标的设定,原则上应以适应环境变化的需要和企业的能力为依据。在具体确定目标值时,应根据企业的需要和考虑企业的努力程度,而不是只依据可能性来确定目标。此外,在确定组织的使命和目标的同时,还必须确立组织的战略方针,战略方针应根据组织的经营哲学来形成。在制订方针时,要考虑到环境状况、组织目标的调整、竞争对手的方针和政府的政策。一个良好的战略方针有助于组织中各单位按相同的基本准则来行动,有助于组织内部各单位之间的协调和信息沟通。

(三) 战略方案的形成

战略规划的基本任务是根据企业内外所有有关方面的情况分析,制订出实现长期和短期战略目标的详细的行动计划,也就是描绘出实现战略目标、巩固组织地位的行动蓝图。

一个战略规划通常由下面几方面的内容组成：

（1）如何对变化的条件（如新的市场机会、顾客需求、竞争压力、企业经营组合等）做出反应？

（2）如何配置企业的资源（资本、人力资源开发等）？

（3）如何在现有的行业开展竞争？

（4）在企业的每一个经营单位内，在主要的经营部门和职能领域内采取什么行动方法，可以使整个经营单位形成一致有力的战略力量？

根据企业的战略目标，战略规划可以是多样化的，也可以是立体型的。例如，企业的总体战略（公司战略）可以依据不同的条件制订为成长战略、稳定战略、紧缩战略和混合战略。同时，相应地形成公司战略、事业部战略（经营战略）和职能战略。需要注意的是，企业各个层次的战略计划应该是相互衔接、协调一致的，防止相互冲突而导致经营的混乱。

（四）战略方案的评价与选择

战略方案评价是在对战略分析的基础上，论证战略方案可行性的过程。当企业选定了未来的经营领域及具体的战略目标后，就可以有多重途径和方法，依靠各种资源组合的支持来达到战略目标，由此形成多个可能的战略方案，必须对这些方案进行论证，选择其中的最优方案作为决策。战略选择是选择备选方案中最适合企业外部环境与内部条件的战略方案。这就决定了战略评价要把重点放在评价企业经营战略目标同企业的总体目标是否一致，企业的战略同企业的环境是否一致，战略方案本身所包含的目标和方针是否一致，预期取得的经营成果与战略假设的基础是否一致等方面。

约翰逊和斯卡勒曾在著作中提出了要从适宜性、可行性和可接受性等三个角度来评价战略方案的准则。在这三个准则之下，对所选择的战略来说，其评定分数都要大于零，并且要限制在公司可以接受的风险范围之内。

1. 适宜性

判断所考评的战略是否符合适宜性，首先要求这个战略具有实现公司既定的财务和其他目标的良好的前景。因此，适宜的战略应处于公司希望经营的领域，必须具有与公司的经营哲学相协调的文化，如果可能的话，必须建立在公司优势的基础上，或者以某种人们可能确认的方式弥补公司现有的缺陷。

2. 可行性

可行性是指公司一旦选定了战略，就必须认真考虑企业能否成功地实施。公司是否有足够的财力、人力或者其他资源、技能、技术、诀窍和组织优势，换言之，企业是否有有效实施战略的核心能力。如果在可行性上存在疑问，就需要将战略研究的范围扩大，并将能够提供所缺乏的资源或能力的其他公司或者金融机构合并等方式包括在内，通过联合发展达到可行的目的。特别是管理层必须确定实施战略要采取的初始的实际步骤。

3. 可接受性

可接受性强调的问题是：与公司利害攸关的人员是否对推荐的战略非常满意，并且给与支持。一般来说，公司越大，与公司有利害关系的人员就越多。要保证得到所有的利害相关者的支持是不可能的，但是，所推荐的战略必须经过最主要的利害相关者的同意，而在战略被采纳之前,也必须充分考虑其他利害相关者的反对意见。

以适宜性、可行性、可接受性三个标准评价备选方案,其前提应是对一个备选方案的风险程度有所把握。一般而言,方案偏离公司已经在其中建立了良好信誉的经营领域越远,方案的风险越大。如果风险战略能够实现预定目标,就不必选择更具有风险的战略。

二、企业总体战略

企业总体战略是通过企业的内外部环境分析,根据企业宗旨和战略目标,依据企业在行业内所处的地位和水平,确定其在战略规划期限内的资源分配方向及业务领域发展战略。企业总体战略是涉及企业经营发展全局的战略,一般有以下几种类型:

(一) 单一经营战略

单一经营战略是指企业把自己的经营范围限定在某一种产品或服务上的经营战略。这种战略使企业经营方向明确,力量集中,能强化竞争能力和优势。比如,我国四川的长虹电器股份有限公司,其生产领域就主要以电视机为主,成为我国最大的电视机生产基地。单一经营战略把企业有限的资源集中在同一经营方向上,形成较强的核心竞争力;有助于企业通过专业化的知识和技能提供满意和有效的产品和服务,在产品技术、客户服务、产品创新和整个业务活动的其他领域开辟新的途径;有利于各部门制订简明、精确的发展目标;可以使企业的高层管理人员减少管理工作量,集中精力,掌握该领域的经营知识和有效经验,提高企业的经营能力。世界上许多企业都是通过单一经营而成为某一领域的主导者。但是,单一经营战略的风险也是显而易见的。它把所有的鸡蛋都放进一个篮子里。当单一经营所在的行业发生衰退、停滞或者缺乏吸引力时,实行单一经营战略的企业将难于维持企业的成长。

(二) 多元化战略

多元化战略是企业最高层为企业制订多项业务的组合,是为公司涉足不同产业环境中的各业务制订的发展规划,包括进入何种领域、如何进入等。当企业拥有额外的资源、能力及核心竞争力并能在多处投入时,就应该实施多元化战略。同时,采用该种战略的企业的经理层应具备独特的管理能力,能同时管理多项业务,并且能增强企业战略竞争能力。

多元化公司各项事业的关联程度不同,造成多元化类型不同,表3-1列示了随着多元化层次的不同产生的五种类型的业务关系。

表 3-1 多元化的类型

多元化程度	多元化类型	各项事业的关联程度
低层次多元化	单一事业型	超过 95% 的收入来自某一项业务
	主导事业型	70%～95% 的收入来自某一项业务
中高层次多元化	相关约束型	不到 70% 的收入来自主导业务，所有业务共享产品、技术、分销渠道
	相关型（相关和不相关的混合型）	不到 70% 的收入来自主导业务，事业部之间联系是有限的
极高层次多元化	不相关型	不到 70% 的收入来自主导业务，事业部之间通常无联系

多元化战略有相关多元化和非相关多元化两种形式。相关多元化是指企业的各种业务活动之间存在着技术的或生产的关联性的一体化。这里的关联性可以是相关的技术、共同的劳动技能和要求、共同的分散渠道、共同的供应商和原材料来源、互补的市场营销渠道和为共同的客户服务等。实施这一战略不仅能使企业挖掘现有资源，利用潜力，而且能把企业原有的经验运用到新的领域，通过资源共享和经营匹配，迅速建立起比单一经营企业更强的竞争优势，获得更多利润。

非相关多元化是没有资源共享和经营关联的多元化。实行非相关多元化的企业，各业务活动之间没有一定的关系性，经营风险和管理控制的难度都比实施相关多元化企业要多，因此，只有实力非常雄厚的企业才会采用这一战略。

（三）纵向一体化战略

纵向一体化战略是指企业在同一行业内扩大企业经营范围，后向扩大到供给资源和前向扩大到最终产品的直接使用者。如一个制造公司投资自己生产某些零配件而不是从外部购买，该公司在本行业的价值链体系中就向前跨越了一个阶段，涉足两个业务单元。纵向一体化可以是全线一体化，即参与行业价值链的所有阶段；也可以是部分一体化，即进入行业价值链的某一个阶段。纵向一体化战略的优势是以其成本节约保证额外的投资，或产生以差别化为基础的竞争优势，增强公司的竞争地位。前向一体化的好处是保证企业分销渠道的畅通，维护生产的正常秩序。纵向一体化战略的不足是需要的投资资本较大。

三、企业基本竞争战略

在激烈的市场竞争中，企业能够长时间维持高于平均水平的经营业绩的根本基础是持久性竞争优势。美国哈佛商学院教授迈克尔·波特从企业一般竞争的角度，提供了三种使企业获得成功机会的基本战略方法，即成本领先战略、差异化战略和集中化战略。当企业对基本战略做出选择后，这个战略应适用于企业的所有活动。

（一）成本领先战略

成本领先战略是指企业在提供相同的产品或服务时，其成本或费用明显低于行业平均水平或主要竞争对手水平的竞争战略。或者说，企业在一定时期内为用户创造价值的全部活动的累计总成本低于行业平均水平或主要竞争对手的水平。

1. 成本领先战略的优势

（1）设置进入的障碍。企业在成本领先的基础上，可以实施较低的价格，这就为潜在进入者的进入设置了较高的进入障碍。

（2）降低替代品的威胁。企业具有成本领先的优势，在与替代品进行竞争时仍旧可以凭借其低成本的产品或服务稳定和吸引原有的顾客群体，降低或缓解替代品的威胁。

（3）增强讨价还价的能力。企业具有成本领先的优势可以增强对顾客讨价还价的能力。因为顾客的讨价还价能力只能使价格下降到效率居于其次的竞争对手的水平，即使如此，成本领先的企业仍可收回成本或者还可能获利。

（4）保持领先的地位。由于企业成本领先优势主要体现在与行业内的竞争对手的比较上，这样的优势确保企业在行业发展前景看好时能获得较大的利润，在行情一般时亦能获利，在行情低迷时仍有较强的生存能力。

2. 实现成本领先战略的途径

实现成本领先战略的途径包括：①扩大生产规模，实现规模经济。②采用简单的产品设计，通过减少产品的功能但同时又能充分满足消费者需要来降低成本。③采用最新的技术（或）改进生产力，或在可行的情况下采用廉价的劳动力。④专注于生产力的提高。

3. 成本领先战略的风险

成本领先战略给公司带来要保持这一地位的沉重负担，意味着要为设备现代化投资，坚决放弃陈旧的资产，避免产品系列扩展以及对技术上的进步保持敏感。成本领先战略的风险包括：①成本领导者的生产设备可能因竞争对手的技术创新而过时。②过于强调削减成本可能会导致公司忽视顾客需求或对有关问题的担心。③仿效可能成为成本领先战略的风险。

4. 成本领先战略的适用情况

成本领先战略主要适用于以下情况：①市场中有很多对价格敏感的客户。②实现产品差异化的途径很少，使购买者对价格的差异特别敏感。③购买者不太在意品牌间的差别。④卖方竞争厂商之间的价格竞争非常激烈。⑤存在大量讨价还价的购买者。

（二）差异化战略

差异化战略是通过设计一整套行动，生产并提供一种顾客认为很重要的与众不同的产品或服务，并不断地使产品或服务升级以具有顾客认为有价值的差异化特征。差异化战略的重点不是成本，而是不断地投资和开发顾客认为重要的产品或服务的差异化特征。差异化战略的企业可以在很多方面使自己的产品不同于竞争对手。而且企业的产品或服务与竞争对手之间的相似性越少，企业受竞争对手行动的影响也就越小。

1. 差异化战略的优势

（1）由于差异化的产品和服务能够满足某些消费群体的特定需要，而这种差异化是其他竞争对手所不能提供的,因而顾客将对这些差异化产品产生品牌忠诚并降低对价格的敏感性,他们不大可能转而购买其他的产品或服务。

(2) 差异化可以给企业产品带来较高的溢价,这种溢价不仅足以补偿因差异化所增加的成本,而且可以给企业带来较高的利润,从而使企业不必去追求成本领先地位。产品的差异化程度越高,所具有的特性或功能越难以替代和模仿,顾客越愿意为这种差异化支付较高的费用,企业获得的差异化优势也就越大。

(3) 由于差异化产品和服务是其他竞争对手不能以同样的价格提供的,因而明显地削弱了顾客的讨价还价能力。

(4) 采用差异化战略的企业在对付替代品竞争时比其竞争对手处于更有利的地位。这是因为购买差异化产品的顾客对价格的敏感性较低,更注重品牌和形象,一般情况下不愿意接受替代品。

2. 实现差异化战略的原因

实现差异化战略的原因包括:①产品充分实现差异化,容易为消费者所认可。②消费者的需求是多样化的。③企业所在产业技术变革较快,创新成为竞争的焦点。

3. 差异化战略的风险

执行差异化战略有时会与扩大市场份额相矛盾。差异化战略具有一定程度的排他性,与提高市场份额两者不可兼得。因为差异化战略不可避免地以高成本为代价,有些客户不一定愿意或根本没有能力支付高价格,公司将不得不损失一部分市场份额。具体有:①顾客可能认为差异者与成本领导者的价格之差过于悬殊,此时企业所提供的差异化特征就可能不再是顾客所需要的了。②企业差异化的方式已不能为顾客创造价值,顾客不愿为此多付钱。③不断学习可能降低顾客对一家公司差异化特征的价值的评价。

4. 差异化战略的适用情况

差异化战略主要适用于以下情况:①可以有很多的途径创造公司的产品与竞争对手的产品之间的差异,而且购买者认为这些差异有价值。②购买者对产品的需求和使用多种多样。③采用类似差异化战略的竞争对手很少。④技术创新很快,竞争主要集中在不断推出新的产品。

(三) 集中化战略

集中化战略是通过设计一整套行动来生产并提供产品或服务,以满足某一特定竞争性细分市场的需求,包括某一特定的购买群体、某一特定的产品细分市场或某一特定的地理市场需求。与采用成本领先战略和差异化战略的企业不同,执行集中化战略的企业通过利用其核心竞争力以满足某一特定行业细分市场的需求。所有集中化战略的精髓在于比竞争对手更好地服务于目标细分市场的购买者,成为小市场中的巨人。

1. 集中化战略的优势

企业可以采用两种集中化战略:以低成本为基础的集中成本领先战略和以差异化为基础的集中差异化战略。集中成本领先战略是从某些细分市场上成本行为的差异中获取利润,企业要做到服务于某一细分市场的成本比竞争对手低。因此,此战略的成败取决于是否存在这样一个购买者细分市场,满足他们的要求所付出的代价是否要比满足整体市场其他部分的要求所付出的代价要小。集中差异化战略是从特定细分市场中客户的特殊需求中获得利润，此战略的成败取决于是否存在这样一个购买者细分市场以及他们想要得到或需要特殊的产品属性如何。

2. 实现集中化战略的原因

集中化战略的基础在于一家企业可以比业内的其他竞争对手更好、更有效率地服务某一特定细分市场，且服务于小市场的成本比竞争对手的成本低，或者能够更好地满足用户的需求。此战略的成功需要企业去发现需求非常独特并且专业化，以至于业内一般竞争对手根本未去服务的细分市场，或者找到业内竞争者做得很差的细分市场。

3. 集中化战略的风险

采用任何一种集中化战略，企业都面临着与在整个行业范围内采用成本领先战略或差异化战略的公司同样的一般性风险。同时还有以下风险：①竞争对手可能会集中在一个更加狭窄的细分市场上而使本来的集中不再集中。②在整个行业内竞争的企业可能会认为由执行集中化战略的公司所服务的细分市场很有吸引力，值得展开竞争，并实施竞争战略，使原来采取集中战略的企业失去了优势。③由于技术进步、替代品的出现、价值观念更新、消费偏好变化等多方面原因而导致失去战略优势。

4. 集中化战略的适用情况

实际上，绝大多数小企业都是从集中化战略起步的，企业实施集中化战略的关键是选好战略目标小市场。一般的原则是，企业要尽可能选择那些竞争对手最薄弱的和最不易受替代产品冲击的目标小市场。在选择之前，企业必须确认：①目标小市场足够大，可以盈利。②小市场具有很好的成长潜力。③小市场不是行业主要竞争厂商成功的关键，也没有其他竞争对手试图采取集中化战略。④公司有相应的资源和能力，能够比竞争对手更好地满足目标市场的需求。⑤技术创新很快，竞争主要集中在不断推出新的产品。

案例 3-3　　　　　　　格兰仕的总成本领先战略

格兰仕前身为桂洲羽绒制品厂，1991 年，格兰仕发现微波炉在中国是一个朝阳产业，微波炉市场将是一个潜力巨大、增长速度快的大市场，于是决定战略转移，进入微波炉市场。格兰仕之所以能够在微波炉领域成功，是因为其从一开始就注重培养和提升自身的竞争力，选择了适合自己的总成本领先的发展的正确战略，并为之努力奋斗。成本领先要真正转化为竞争优势的一个基本前提是在差异化方面创造的价值必须与竞争厂商相等或相近。格兰仕人清醒地认识到，格兰仕的规模经济不是仅仅局限于生产规模，而是基于质量的全方位的实践。其举措包括：

1. 产品细分化

从微波炉产品生命周期来看，现在单一品种、单一款式、单一功能者已很难在市场上立足，市场已经开始进入产品细分阶段。于是，格兰仕针对不同消费层面的消费需求开发适销对路的新产品。

2. 成本促销

为降低促销费用，格兰仕动了大脑筋，主要利用新闻和报纸等软性广告来提升自己的形象，保持一种与消费者的亲和力。格兰仕善于创造性地制造新闻，使自己的知名度在短期内迅速提高。格兰仕一年总有两三次成为媒体爆炒的热点,而且每年在报刊上进行专题报道的次数都在1000次以上。相对于那些不惜血本大做广告的企业来说,格兰仕的策略可谓另辟蹊径,谨慎明智,并且成本极低。

3. 国际采购

格兰仕非常重视企业间尤其是国际间的分工与合作。有些辅件,若自己生产成本更高,就从国内采购;有些关键部件,为确保高质量,降低相应成本,格兰仕就自己不生产而依赖进口或合作生产。格兰仕通过与相关企业建立采购上长期的合作关系,既降低了相互间的交易成本,又形成了整合经济。

4. 多层次管理

为降低内部的交易成本,提高劳动效率,格兰仕采取增强与其他企业的合作、引入竞争机制、塑造企业文化、减少管理层次等措施。平均来说,其工人的劳动生产率要比同类企业高50%以上,而其管理费用却只有同类企业的一半左右。格兰仕通过严格的内部管理措施,即使企业规模同样,也能使其产品成本比同类企业低5%~10%。

格兰仕集团始终贯彻总成本领先战略,不断扩大规模、降低平均成本、实现规模经济。格兰仕集团从1993年产销1万台微波炉开始,以令人几乎难以置信的发展速度迅速达到了规模经济水平,到2000年产销1200万台,将主要竞争对手远远甩在身后。

任务四 企业战略实施与控制

一、战略实施

当一个企业战略形成之后,战略管理的工作重点就开始转移到战略的实施上来。有效的战略实施可以使适当的战略走向成功,弥补不太恰当的、展露的不足;反之,如果实施不好,也会使一个适当的战略面临困境。企业战略的实施包括建立相应的组织,发挥领导在战略实施中的关键作用,合理地配置企业的战略资源,形成有效的战略预算和规划等内容。

(一) 根据战略实施的要求建立和调整企业的组织机构

战略实施在很大程度上依赖于一个健全的企业内部组织和高素质的管理人员。设计组织结构的原则是围绕固有的战略成功因素和关键的活动来进行。美国著名的战略专家钱德勒通过对美国一些大公司的研究,提出了"结构服从战略"的论点。他指出:公司战略的改变会导致公司组织机构的改变。企业结构之所以会发生变化,是由于旧机构的效率变得明显低下，已经到了使企业不能继续经营下去的地步。

企业采用和实施的战略影响着企业的组织形式。随着企业规模、市场覆盖率和产品范围的不断扩大，其客户、技术和业务量的战略组合变得复杂，组织形式也会变得越来越复杂。企业在成长壮大过程中，一般要经历四个阶段：数量发展阶段、地区开拓阶段、纵向深入阶段、产品多种经营阶段。每一发展阶段，企业所实施的战略是各不相同的。与各种战略相适应的企业组织结构有：职能制组织结构、地区制组织结构、事业部制组织结构、战略经营单位和矩阵式组织结构。

（二）发挥领导在战略实施中的关键作用

合理的组织形式为企业实施战略提供了整体的结构。然而要使战略真正落实在行动上，还必须发挥领导在实施战略中的关键作用。在实施战略过程中，公司高层领导要解决两方面的问题：

1. 任命关键岗位的经理人员

一个企业实施新的战略和政策需要改变人员的任用。如果实施成长战略，需要聘用和培训新的管理人员，或者将富有经验的具有必要技能的人员晋升到新设置的管理岗位上。为了选拔更多的适于制订和执行企业战略的管理人才，可以采取建立业绩评价系统的方法，以发现具备管理潜力的优秀人才。

2. 领导下属人员正确地执行战略

企业高层管理者要选拔合适的经理人员，赋予他们相应的权力和责任的同时，还应采用适当的方式和方法领导他们去实现组织的目标。

（1）实施目标管理。

（2）采取相应的激励措施。

（3）采用文化调适，建立支持战略的企业文化。

小知识

IBM 的三条基本理念

IBM 为适应不断变化的世界环境，面对成功道路上的各种挑战，在各个方面都曾不断地进行调整和改变。但是从创业之初就确立的三条基本信念却始终不渝：第一，尊重个人，重视机构内每一成员的尊严和权利；第二，注重顾客服务，提供冠绝全球企业的服务；第三，精益求精，无论做哪一项业务都力争完美无瑕。

（三）合理地配置资源，做好预算和规划

在战略实施过程中，预算和规划是必不可少的两项工作。科学的预算有利于保证战略资源的合理配置。战略资源的配置是否合理会直接影响到战略实施的过程是否顺畅。资金和人力的短缺会使各种战略经营单位无法完成其战略任务，同样的，过多的资金和人力会造成资源的浪费，降低战略实施的成果。同时，战略资源的配置必须考虑到战略的变动，

要使预算有一定的弹性。

二、企业战略控制

(一) 战略控制的特征

战略控制是衡量和纠正组织成员所进行的各项活动,以保证实际进程与战略目标和方案动态相适应的管理活动。具体地说,就是将每一阶段、每一层次、每一方面的战略实施结果与预期目标进行比较,以便及时发现偏差,适时采取措施进行调整,以确保战略方案的顺利实施。如果在战略实施过程中,企业外部环境或内部条件发生了重大变化,则控制系统会要求对原战略目标或方案做出相应的调整。

企业的战略控制是一个动态的过程。这个过程有如下特征:

1. 渐进性

企业面对复杂多变的环境做出了一系列决策,这些决策在和外部事件的交互作用下产生的结果,使最高管理班子中的主要成员有了对行动的新的共同看法,管理人员积极有效地把这一系列行动和事件逐渐概括成思想中的战略。认识到这一点后,高级经理们常有意识地用渐进的方式来进行战略控制。他们制订的很多战略方案带有试验性质,随时准备在适当的时候进行复审和修正。对一些前景不太明朗的战略方案,大家希望对其先进行一定的检验,并希望借此了解外界的反应。

实践证明,为了改善战略控制过程,最好谨慎地、有意识地以渐进法加以处理,以便决策能够与新出现的和必要的信息相吻合。

2. 交互性

现代企业面临的环境控制因素的多样性和相互依赖,决定了企业必须与外界信息来源进行高度适应性的互相交流,以及去利用所获得信息的有力刺激。对企业战略来说,最起码的先决条件是要有一些明确的目标,以便确定主要行动的范围,在这一问题上做到统一指挥,留有足够的时限使战略有效,并积极地、源源不断地投入智力和资源。

战略控制要求保持高质量的工作效果、态度、服务和形象等有助于提高战略可靠性的因素。由于许多复杂因素的影响,必须进行适当的检验、反馈和动态发展,注重信息收集、分析、检验,以唤起人们的意识,扩大集体意见,形成联合和其他一些与权力和行为有关的行动。

3. 系统性

有效的战略一般是从一系列制订战略的子系统中产生的。子系统指的是主要为实现某一重要的战略目标而相互作用的一组活动或决策。每一子系统均有自己的、与其他子系统相关的时间和信息要求,但它又在某些重要方面信赖于其他子系统。

子系统各自有组织地针对全公司性的某个问题(如产品系列的布局、重大改组或国际化经营等)是企业总战略的关键组成部分,必须采取有目的的、有效率的、有效果的管理技巧把各个子系统整合起来。

(二) 战略控制的原则

1. 面向未来原则

战略实施控制的重点是企业的目标和方向，管理者不能被眼前的局部得失所纠缠，只要一些小得失被控制在允许范围内，就应坚定不移地实施既定战略，面向未来。

2. 保持弹性原则

企业战略首先是一个方向，战略的实施方法应允许多种多样，战略实施的控制也因此具有多样性，并在时间进度、数量要求等方面保持一定的回旋余地，因此，战略实施控制系统具有弹性。只要能保持方向的正确性，具有弹性的控制，往往比没有弹性的刚性控制的效果更好。

3. 战略重点原则

在战略实施控制中面对的事件非常多，战略实施控制应优先控制对战略实施有重要意义的事件，及超出预先确定的允许范围的例外事件，即抓住战略实施的重点，不能事无巨细、面面俱到。

4. 经济合理原则

战略实施的控制不同于技术、工艺质量的控制，不能要求准确无误，而只求经济合理。过度追求完美会导致控制费用的急剧增长，得不偿失。

(三) 战略控制的方法

为了实施有效的控制，人们在战略控制系统中使用了许多控制方法。下面介绍几种常用的控制方法。

1. 事前控制

事前控制又称前馈控制，其原理是在战略实施中，通过对那些作用于实施系统的输入量和主要影响因素进行观察分析，对战略行动将产生的实际绩效进行预测，并将预测值与既定的标准进行比较分析，发现可能出现的偏差，从而提前采取纠正措施，使战略推进行动始终保持在正确的轨道上，最终保证战略目标的实现。

事先控制所要监控的因素主要有三类：①投入的资源。各种资源数量和质量将影响产出成果。常用方法有预算（包括投资预算、经营预算和财务预算）、重要人员的选聘和培养、重大合同的审批等。②工作过程。为了使重要工作的过程不失控，预先制定各种政策、规程等，使过程标准化和技能标准化。③早期成果。依据战略活动的早期成果，可以对未来的结果进行预测。④外部环境和内部条件。外部环境和内部条件的变化制约着战略的实施。

2. 随时控制

企业高层领导者要控制企业战略实施中关键性的过程或环节，随时掌握实施情况，纠正实施中产生的偏差，引导企业沿着战略的方向进行经营。

3. 事后控制

事后控制又称反馈控制，其原理是在战略实施过程中，将行动的结果与期望的标准进行比较，然后根据差异大小及发生的原因采取措施，对今后的活动进行纠正。审计是战略控制中的事后控制最常用的方法。

> **案例 3-4**
>
> ### 耐克的生产政策和程序
>
> 当耐克公司决定实施由独立的制造商（出于成本考虑，所有制造商位于中国台湾省、泰国、印度尼西亚和中国内地）在国外生产其所有的运动鞋类产品的战略时，公司制定了一系列的政策和生产规定以监督与其"生产伙伴"的工作关系。耐克的人员被安置于所有关键制造机构的现场，每一个耐克公司的代表一般要在同一个工厂呆几年的时间以详细了解合作方的人员和其生产过程。他们的作用相当于与总部之间的联络官，努力使耐克的研究开发活动和新产品的设计与工厂的生产能力相配合，并根据最新的销售预测每月进行新产品的订购。
>
> 耐克公司在每个工厂实施一项质量保证计划，以不断加强其现时的有效的质量管理活动。耐克公司在制造其享有溢价的一流模型工厂，努力使每月生产订购量的起伏量最小化（每日产量一般为20000到25000双）；其政策是保持月度之间的订购数量变动不超过20%。这些工厂独家生产耐克的鞋类产品，并有望共同开发新的模型和合作投资新的技术。
>
> 那些大量制造从中等到低等的耐克产品的工厂（通常每天生产70000到85000双）被称为"批量生产者"，它们自己来处理每月订购数量的变动。这些工厂通常同时生产5～8家其他购买者的鞋子，这使它们能灵活地处理订货，使生产保持稳定性。按时向生产伙伴支付购买款项，使其获得可以预测的现金流量是耐克的一项严格执行的政策。

【小　　结】

企业战略是指企业面对激烈变化、严峻挑战的经营环境，为求得长期生存和不断发展而进行的总体性谋划。首先，企业必须通过外部环境分析，了解市场机会与威胁；通过内部条件分析，认清企业自身的优势和劣势。其次，在战略环境分析的基础上，采用SWOT分析法，制订和设计企业的总体战略。最后，在战略实施过程中，做好企业战略的评价与控制。

【课后习题】

一、选择题

1. 迪斯尼公司在美国本土、日本和英国所开的迪斯尼乐园都比较成功,赚取了大量的利润。可是在法国的迪斯尼乐园自开业以来年年亏损,其原因是忽视了（　　）。
   A. 政治法律因素　　B. 经济因素　　C. 社会文化因素　　D. 技术因素
2. 你认为手机行业最主要的特征是（　　）。
   A. 产品高度标准化　　　　　　　　B. 规模经济不太明显
   C. 产品技术更新比较缓慢　　　　　D. 行业的进入/退出壁垒都高
3. 一家经营婴儿奶粉的公司正准备进行多元化经营,你认为最优先考虑的业务领域是（　　）。
   A. 婴儿服装　　B. 青少年奶粉　　C. 孕妇装　　D. 鲜奶
4. 奇瑞汽车在汽车行业中实行的竞争战略类型的是（　　）。
   A. 成本领先战略　　　　　　　　　B. 差异化战略
   C. 多元化战略　　　　　　　　　　D. 以上答案均不正确
5. 在企业的价值活动中,属于主体活动的是（　　）。
   A. 技术开发　　B. 采购　　C. 售后服务　　D. 人力资源管理
6. SWOT 分析法是（　　）。
   A. 宏观环境分析技术　　　　　　　B. 微观环境分析技术
   C. 内外部环境分析技术　　　　　　D. 内部因素分析技术
7. 如果企业处于 SWOT 矩阵的 SO 象限,那么宜采取的战略是（　　）。
   A. 增长型战略　　B. 防御型战略　　C. 一体化战略　　D. 扭转型战略
8. （　　）是某一企业内部一系列互补的技能和知识的组合,这种组合可以使企业的业务具有独特的竞争优势。
   A. 优势　　B. 核心竞争力　　C. 机会　　D. 弱势

二、简答题

1. 如何理解战略管理的含义?
2. 企业战略有什么特征?
3. 企业外部环境有哪些构成要素?
4. 举例说明企业所在行业面临的五种力量。
5. 什么是 SWOT 分析法?它有何作用?
6. 什么是企业核心竞争力?它有哪些作用?
7. 举例说明企业总体战略的类型。

8. 简述战略控制的原则和方法。

三、案例分析

在牛排包装行业中,传统的成本链包括:在分布很稀疏的各个农庄和农场饲养牛群,将这些活牛运到劳动密集型的屠宰场,然后将整块牛排送到零售商处,它们的屠宰部再把牛排砍得小一些,包装起来卖给购物者。俄亥俄州牛排包装公司采用了一个完全不同的战略改造了传统的价值链,建立大型的自动化屠宰场,并将屠宰场建在便于经济运输牛群的地方,在加工厂将部分牛肉砍成更小一点从而数量会随之增多的牛肉块,之后装盒,然后再装运到零售商那里。该公司的牛群运输费用在传统价值链下是一个主要的成本项目,但现在可以因减少了长途运输而大大降低;同时,不再整块运送牛肉,因而也减少了高额的牛肉废弃和出厂成本。该公司采取的战略非常成功,从而取得了美国最大的牛肉包装公司的地位,一举超越了先前的行业领先者。

问题讨论:
1. 该公司是如何实施低成本战略的?
2. 该企业的成功之处在哪里?

项目四　营销管理

【学习目标】

【知识目标】
1. 掌握市场营销、市场调查与预测、营销组合的基本概念。
2. 熟悉市场预测方法中的定量预测法和定性预测法。
3. 掌握常用的市场营销策略。

【技能目标】
1. 具备运用所学原理进行特定市场预测的基本能力。
2. 具备运用所学知识对某一小型企业撰写一份营销计划书的能力。

【开篇案例】

宝洁公司和一次性尿布

1956年，宝洁公司开发部主任维克·米尔斯在照看其出生不久的孙子时，深切感受到一篮篮脏尿布给家庭主妇带来的烦恼。洗尿布的责任给了他灵感。于是，米尔斯就让手下几个最有才华的人研究开发一次性尿布。

一次性尿布的想法并不新鲜。事实上，当时美国市场上已经有好几种牌子了。但市场调研显示：多年来这种尿布只占美国市场的1%，原因首先是价格太高；其次是父母们认为这种尿布不好用，只适合在旅行或不便于正常换尿布时使用。调研结果：一次性尿布的市场潜力巨大。美国和世界许多国家正处于战后婴儿出生高峰期。将婴儿数量乘以每日平均需换尿布次数，可以得出一个大得惊人的潜在销量。

宝洁公司产品开发人员用了一年的时间进行研究，最初样品是在塑料裤衩里装上一块打了褶的吸水垫子。但在1958年夏天现场试验的结果，除了父母们的否定意见和婴儿身上的痱子以外，一无所获。

> 1959年3月,宝洁公司重新设计了它的一次性尿布,并在实验室生产了37000个样品,拿到纽约州去做现场试验。这一次,有2/3的试用者认为该产品胜过布尿布。然而降低成本和提高新产品质量,比产品本身的开发难度更大。到1961年12月,这个项目进入了能通过验收的生产工序和产品试销阶段。
>
> 公司选择地处美国最中部的城市皮奥里亚试销这个后来被定名为"娇娃"(Pampers)的产品。发现皮奥里亚的妈妈们喜欢用"娇娃",但不喜欢10美分一片尿布的价格。在6个地方进行的试销进一步表明,定价为6美分一片,就能使这类新产品畅销。宝洁公司把生产能力提高到使公司能以该价格在全国销售娇娃尿布的水平。
>
> 娇娃尿布终于成功推出,直至今天仍然是宝洁公司的拳头产品之一。

【导入问题】
1. 宝洁公司开发一次性尿布的决策是在什么基础上进行的?
2. 宝洁公司是否把握了现代市场营销的基本精神?

【基本原理】

任务一　营销管理概述

一、市场营销管理的基本概念

(一)市场营销的概念

市场营销是通过市场交换满足现实或潜在需要,从而实现企业目标的综合性经营销售活动过程。这一概念告诉我们:①市场营销的目的是满足顾客现实的和潜在的需要;②市场营销的核心是交换;③市场营销的手段是开展综合性的经营销售活动,包括市场研究、产品研制、产品定价、分销和销售促进等,这些活动互相联系,构成了一个完整的营销活动过程,如图4-1所示。由此可见,市场营销是以交换为中心的一系列活动,但交换并不是市场营销的全部内容,而只是营销过程的一个步骤,而且还不是最重要的一步。正如美国管理学家彼得·德鲁克所比喻的,销售是"冰山上的顶点","营销的真正内涵使销售成为多余"。只要能认清消费者的需要,开发出适当的产品,做好有效的定价、分销和推广及服务活动,销售就应该是一件轻而易举的事。

市场营销管理是为了实现市场营销目标,对旨在创造、建立和保持与目标顾客之间有

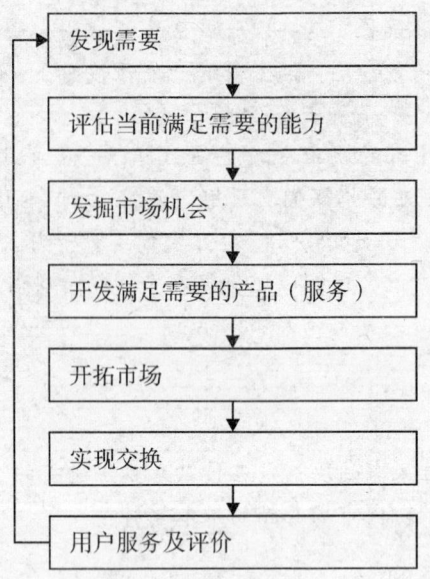

图 4-1 市场营销过程

益的交换方案进行分析、计划、实施和控制的过程。市场营销管理不同于市场营销，它是为了保证市场营销取得更好的效果，对市场营销各项活动进行管理的过程。本章内容就是围绕市场营销管理展开的。

（二）市场营销工作的内容

（1）市场研究。进行市场调查和预测，掌握市场需求状况及其变化趋势；了解市场供给情况，掌握竞争状况及竞争变化趋势；搞好销售统计，积累基础资料。

（2）发现市场机会，选择目标市场。在市场研究的基础上进行企业优势与市场态势的综合分析；细分市场，发现市场机会，将自己的力量集中到最有利的、最可能实现交换的市场部分；制订开辟、占领和扩大市场的战略与策略。

（3）产品开发。及时向技术开发部门和生产制造部门提出开发和生产适销对路的产品的建议；参与品牌（商标）、包装的设计工作，制订有关战略与策略。

（4）产品定价。提出定价目标、定价方法和定价策略。

（5）开拓市场，实现交换。包括销售渠道的选择，产品广告与宣传、人员推销与营业推广、售后服务的策划与组织，产品的储存和运输等。

二、营销观念

营销观念是指企业对市场及其经营活动的基本看法和指导思想。有不同的营销观念，就会对市场产生不同的看法，并将其贯穿于营销活动的始终。

1. 生产观念

生产观念是资本主义工业革命完成以前流行的观念。它以生产为中心，卖方主导市场，企业生产什么就卖什么。在这种观念指导下，企业的中心任务就是集中一切力量提高产量、降低成本，向市场提供廉价产品，而很少考虑消费者需要，忽视企业外的市场因素。

2. 推销观念

推销观念是在买方市场开始形成时的一种以推销为中心的营销观念，它以推销为企业活动的重点，一切从"怎样卖企业能生产的产品"出发，将扩大销路作为企业主要任务。推销观念的实质是生产观念的发展和延伸，它的核心仍是以企业为中心，是先有产品后有消费者，不关心消费者的需求及应获得的利益，只求采取一切可能的手段设法把产品卖出去以获得预期的利润。

3. 市场观念

市场观念是一种以消费者需求为中心的观念，它强调市场需要什么企业就生产什么，通过千方百计满足顾客需要来获得利润。它的出现被认为是企业营销观念上的一次革命，因为它完全抛弃了以企业为中心的指导思想，而代之以"以消费为中心"。

4. 竞争观念

竞争观念是一种将满足需求与发挥企业优势有机结合的观念。在激烈的市场竞争条件下，企业仅仅考虑市场需求，而不考虑自身的资源能力，是难以成功的。只有把握住既能满足需要、又能发挥企业优势的经营方向，才能保证企业经营的成功。

5. 社会营销观念

社会营销观念是对市场观念和竞争观念的补充和完善。其基本思想是，企业不仅要满足消费者需要，而且要考虑消费者和社会的长远利益，要将企业利益、消费需求和社会利益三个方面统一起来。

任务二　市场调查与预测

在市场经济条件下，各种环境因素最终都要通过市场反映出来。因此，市场研究是认识企业经营环境的重要手段。企业市场研究的重要内容之一，是市场调查和市场预测。通过调查和预测了解市场状况，认识市场的变化规律，预测市场未来的发展趋势，为企业的生产经营活动提供可靠的依据。

一、市场调查

市场调查是指运用科学的方法，有目的、有计划、有系统地搜集、整理和分析有关市场的各种信息资料，从而掌握市场的现状和发展规律，为企业的市场预测和决策提供可靠依据的活动。

(一) 市场调查的内容

市场调查的内容十分广泛,一般来说,大致包括以下几个方面。

1. 市场环境调查

(1) 政治环境。指对国家各项政策、法规和政局情况的调查。例如,国家对于某些产品的价格、销售渠道、广告宣传等都有一定的限制,而且,这些限制在不同时期还会发生改变。所以,企业在进行市场调查时必须认真分析和了解。

(2) 经济环境。主要指产业结构、市场容量、消费者收入水平、当地消费水平、税制和税率、消费结构和交通能源等。

(3) 社会文化。主要指社会阶层、民族、宗教、家庭组成、机关群体、消费者受教育程度及其价值观念等。

(4) 科学技术。主要指在国内外科学技术发展基础上产生的新工艺、新材料、新产品的状况,每一种新技术、新材料、新产品的出现都意味着对老产品的挑战,使老产品更新换代的速度加快。有时新技术的出现还会改变产业结构和战略发展方向,对企业的生存与发展产生重要影响。因此,任何企业都必须关注科学技术发展的新动向、新情况。

2. 市场供需调查

(1) 市场需求总量及其构成调查。从企业角度看,它是指社会对本企业生产的同类产品的需求总量及其型号、款式、功能等方面不同需求的构成。试产需求总量决定了本企业试产的总产量,因此,必须调查和掌握消费者现实购买力和潜在购买力的情况及变化特点。

(2) 市场供应量及其构成调查。从企业角度看,它是指对某一类商品的生产数量及其构成。因此,必须调查和掌握某一类商品的生产数量、品种、规格、包装、交货期、技术服务、质量、成本、定价、新产品开发、进出口总量等情况。

3. 企业产品销售情况调查

(1) 销售渠道是否合理、畅通。
(2) 网点配置是否合理。
(3) 价格策略是否恰当。
(4) 促销措施是否奏效。

4. 消费者调查

(1) 现有或潜在的消费者数量及地区分布情况。
(2) 消费者个人收入水平和家庭平均收入水平、购买力大小、购买商品数量。
(3) 不同消费者群体的需求差异。
(4) 不同消费者的购买动机、购买习惯。
(5) 消费者对本企业产品的信赖程度。
(6) 消费者对商品购买后的评价。
(7) 消费者对产品价格的反应。
(8) 消费者对企业服务工作的意见和要求。

5. 竞争者调查

主要调查竞争者的数量、规模、市场占有率、产品品种与产量、经营方式、产品销售渠道以及采用新技术和开发新产品的动向等。

（二）市场调查的方法

能否恰当地运用市场调查方法，关系到是否能够及时取得真实、完整的资料和数据，从而保证市场调查工作的质量。常用的调查方法有：

1. 抽样调查法

市场调查时，要根据调查对象的多少选择采用全面调查或抽样调查方法。一般对于数量有限的专用设备的生产资料用户可采用全面调查法，但对一般生活资料消费者只能采用抽样调查法。所谓抽样调查，就是根据随机性原则从全部的调查对象中随机选择一部分对象进行调查。这种调查法的优点是费用少、时间短、准确性高、方便灵活。

2. 询问法

询问法是市场调查中最常见、最基本的一种信息收集方法，是由调查人员当面或通过电话、互联网、书面等向被调查者了解情况、搜集资料的调查方法。根据调查者与被调查者接触方式的不同，可以分为：

（1）直接面谈法。由调查者当面向被调查者提出问题，通过交谈，获得所需要的市场信息。包括个别面谈、座谈会等形式。个别面谈是通过个别口头询问，取得关于个人或家庭特征方面的资料。其优点是可以提出许多在人多的场合不宜谈论的问题，还可以使被调查者充分发表自己的见解，顾忌较小，不受他人意见左右。缺点是获取总体的信息资料需要抽取足够多的被调查者，以提高信息的准确性、代表性，这样无疑加大了调查费用，费时费力。

（2）电话询问法。由调查员按照规定的调查要求和范围，用电话询问对方的意见。

（3）留置问卷调查法。指调查者将事先拟好的调查问卷当面交给被调查人，按规定的要求和时间，填写后收回。

（4）邮寄法。指调查者将问卷通过邮寄的方式交给被调查者。这种方式最大的优点是调查取样的范围不受地理条件的限制，但缺点是邮寄回收率很低，各地区寄回的比例也不一样，因此会影响调查的代表性。

（5）网络调查法。指利用 Web 网页进行在线调查和投票，以取得现有顾客和潜在顾客资料的一种专项调查方法。

（6）实验调查法。是在给定条件下，通过实验进行对比，对市场营销中某些变量之间的因果关系及其发展变化过程加以观察分析的一种市场调查方法。在市场调查中，实验法通常在商品质量、包装、设计、价格、广告宣传、陈列等发生改变时使用，借以了解这些因素的变化对销售的影响，从而决定是否进行该项决策。实验法的优点是调查可运用实验取得的资料，实验结果具有一定的客观性和实用性，可有控制地分析某些市场容量之间的相互影响。缺点是市场变化的非科学性影响实验的效果，进行市场实验需要的时间长、费用高。

> **案例 4-1**
>
> ### 吉列公司市场调查的成功案例
>
> 男人长胡子，因而要刮胡子；女人不长胡子，自然也就不必刮胡子。然而，美国的吉列公司却把"刮胡刀"推销给女人，居然大获成功。
>
> 吉列公司创建于1901年，其产品因使男人刮胡子变得方便、舒适、安全而大受欢迎。进入20世纪70年代，吉列公司的销售额已达20亿美元，成为世界著名的跨国公司。然而吉列公司的领导者并不以此满足，而是想方设法继续拓展市场，争取更多用户。就在1974年，公司推出了面向妇女的专用"刮毛刀"。
>
> 这一决策看似荒谬，却是建立在坚实可靠的市场调查的基础之上的。
>
> 吉列公司先用一年的时间进行了周密的市场调查，发现在美国30岁以上的妇女中，有65%的人为保持美好形象，要定期刮除腿毛和腋毛。这些妇女之中，除使用电动刮胡刀和脱毛剂之外，主要靠购买各种男用刮胡刀来满足此项需要，一年在这方面的花费高达7500万美元。相比之下，美国妇女一年花在眉笔和眼影上的钱仅有6300万美元，染发剂5500万美元。毫无疑问，这是一个极有潜力的市场。
>
> 根据市场调查结果，吉列公司精心设计了新产品，它的刀头部分和男用刮胡刀并无两样，采用一次性使用的双层刀片，但是刀架则选用了色彩鲜艳的塑料，并将握柄改为弧形以利于妇女使用，握柄上还印压了一朵雏菊图案。这样一来，新产品立即显示了女性的特点。
>
> 为了使雏菊刮毛刀迅速占领市场，吉列公司还拟定几种不同的"定位观念"到消费者之中征求意见。这些定位观念包括：突出刮毛刀的"双刀刮毛"，突出其创造性的"完全适合女性需求"，强调价格的"不到50美分"，以及表明产品使用安全的"不伤玉腿"等。
>
> 最后，公司根据多数妇女的意见，选择了"不伤玉腿"作为推销时突出的重点，刊登广告进行刻意宣传。结果，雏菊刮毛刀一炮打响，迅速畅销全球。
>
> 可见，市场调查研究是经营决策的前提，只有充分认识市场，了解市场需求，对市场做出科学的分析判断，决策才具有针对性，从而拓展市场，使企业兴旺发达。

二、市场预测

市场预测是运用科学的方法，对影响市场变化的因素进行调查和分析，找出市场变化的规律性，并用来预计和推测市场未来的发展趋势和变化程度，为企业决策提供依据的活动。它是在市场调查的基础上进行的。

(一) 市场预测的内容

1. 市场需求预测

市场需求预测主要是预测本企业正在经营或将要生产经营的产品的市场总需要量及其发展趋势。产品市场总需要量也称为市场容量,即有一定货币支付能力的需求总量。产品市场需求预测可分为工业品市场需求预测和消费品市场需求预测两大类。工业品市场需求预测包括对工业品的需求结构、数量及其变化趋势的预测。消费品市场需求预测包括消费购买力预测、购买力投向预测、消费品需求量的变化和发展趋势预测、消费品需求的地区分布预测等。

2. 市场占有率预测

市场占有率是指某产品的销售量在市场上同类产品总销量中所占的比重。它反映了产品的市场竞争能力。市场占有率预测就是预测本企业生产经营的产品市场占有率及其发展趋势,一般是在产品销售量和市场需求预测的基础上进行。市场占有率的计算方法为:

$$某产品市场占有率 = \frac{本企业产品的销售额}{市场上同类产品的全部销售额} \times 100\%$$

3. 市场销售量预测

市场销售量预测即预测下一时期某种产品可能达到的销售量及发展趋势。影响销售量的因素主要有环境因素和企业内部因素两大类。销售量预测就是在分析市场环境的基础上,结合企业的销售能力,估计未来一定时期市场对本企业产品的需求量,将这个需求量与企业能力比较,测算出未来的销售量。

4. 技术发展预测

技术发展预测主要是对与本企业产品及其生产相关的科学技术发展趋势、发展速度和发展水平进行预测,掌握新技术、新材料、新产品的发展动态以及对本企业的影响。

另外,还有资源预测、产品寿命周期预测、国际市场预测等。

(二) 市场预测方法

1. 定性预测方法

这种方法是根据个人的经验和知识,凭个人的主观判断来预测今后发展的趋势和状态的方法。常用的方法有:

(1) 个人判断法。它是指企业决策人根据自己的经验和自己对客观情况的分析,对市场需求的情况做出主观判断,并预测未来情况的一种判断方法。这种方法在缺乏预测资料时很有用。其优点是预测时可以综合考虑各方面的因素,且简单、迅速。但其缺点是预测结果根据不足,有可能发生判断错误。

(2) 经理人员意见法。由企业高层管理人员召集主管生产、技术、营销、计划、财务的人员广泛交换意见,并据此对市场营销前景做出预测。这种方法的优点是能够集中各方面人员的经验和智慧,预测的速度快。缺点是过于依赖高级主管人员的主观判断,因而难免有片面性。此外,这种方法易受当时的乐观或悲观心理的影响,使预测精确度降低。但由于本法简便、迅速,因此在实际中仍是一种被经常采用的方法。

(3) 营销人员意见汇集法。征求全体营销人员的意见，要求各位营销人员对其所负责地区的销售前景做出估计，然后由地区销售经理汇总，再由企业最后汇总而确定预测值。这种方法的预测值往往较接近实际，这是因为众多的营销人员直接接触市场和用户，熟悉所负责地区的销售变化情况，了解顾客要求和竞争对手的动向。但由于营销人员收集情况的限制，并且有完成销售目标的任务，还会受乐观或悲观心理的影响，因而避免采取稳健态度，从而造成预测值偏低的后果。这种方法一般在季度、月度等近短期预测中参考价值较大。

(4) 专家意见法。又称德尔菲法，它用函询方式征求相关领域专家的意见，从而对市场进行预测。其基本程序是：邀请与预测课题有关的专家10～20人，由专家们各自独立地对某一问题进行分析和判断，企业将各专家的初步意见进行归纳整理后，再反馈给他们，请他们提出进一步的判断意见。如此反复多次，当各专家的意见基本一致时，即可进行综合判断，确定预测结果。专家意见法如图4-2所示。

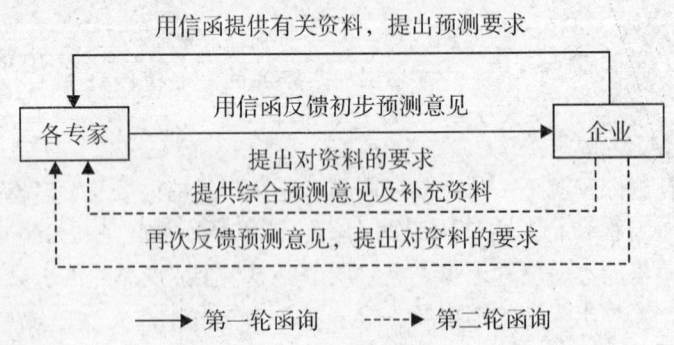

图4-2 专家意见法

2. 定量预测法

它是在市场调查的基础上，根据企业历史和现实的统计资料，运用数学和统计学的方法进行推算，寻找市场变化的客观规律，对未来一定时期内市场的供需前景做出数量估计的方法。该法常用于市场变化具有一定规律性的情况的预测。

(1) 时间序列分析法。

时间序列分析法是将预测对象的历史资料按时间顺序排列，构成时间序列，然后根据变动趋势来进行预测。下面介绍其中几种常用的方法。

1) 简单平均法。简单平均法用过去若干时期实际数据的算术平均数作为预测值，若预测对象在短期内无明显变化趋势，就可用此法。其计算公式为：

$$F_{i+1} = \frac{1}{n} \sum_{i=1}^{n} D_i$$

式中，F——预测值；

n——资料期数；

D_i——第 i 期实际值。

2）加权平均法。在实际工作中，近期资料和远期资料对预测值的影响程度是不同的，因为近期资料的条件与预测期比较接近，故对预测值影响较大。为区分近期资料和远期资料的影响程度，可采用加权平均法。这种方法是对以往不同时期的资料给予不同的权数，近期资料的权数较大，远期资料的权数较小，然后再加以平均，进行预测。其计算公式为：

$$F_{i+1} = \frac{1}{n}\sum_{i=1}^{n}C_iD_i$$

式中，C_i——权数，且 $0 < C_i < 1$。

3）加权移动平均法。加权移动平均法用靠近预测期的若干期实际数据的加权平均数作为预测值，并随着时间的向前移动，逐一求出以后不同时期的预测值。这种方法不断引进新的近期数据来修正平均值，以消除不确定因素的影响。预测期所取近期数据的多少可根据具体情况而定，一般有三期、四期或五期移动。表 4-1 列出了加权移动预测的一个例子。

表 4-1　加权移动预测举例

月份	实际销售额（万元）	加权移动预测值（$n=3$） C_i 分别为 0.2，0.3，0.5
1	20	
2	21	
3	23	
4	24	$F_4 = 20 \times 0.2 + 21 \times 0.3 + 23 \times 0.5 = 21.8$
5	24	$F_5 = 21 \times 0.2 + 23 \times 0.3 + 24 \times 0.5 = 23.1$
6	25	$F_6 = 23 \times 0.2 + 24 \times 0.3 + 24 \times 0.5 = 23.8$
		$F_7 = 24 \times 0.2 + 24 \times 0.3 + 25 \times 0.5 = 24.8$

4）指数平滑法。指数平滑法将上一期的实际值的加权平均数作为下期的预测值。其计算公式为：

$$F_{i+1} = aD_i + (1-a)F_i$$

式中，a 为平滑系数，且 $0 < a < 1$。

若 $a = 0.4$，4 月份预测值为 21.8，则：

$$F_5 = 0.4 \times 24 + (1 - 0.4) \times 21.8 = 22.68$$

平滑系数的选择主要靠经验。一般来说，实际数据的波动较大，a 应选大些。

（2）回归分析法。

回归分析法是研究处理变量之间相关关系的统计分析方法。若把预测对象作为因变量，把与预测对象密切相关的影响因素作为自变量，回归分析就是根据两者的统计资料，建立回归模型，并据此对预测对象的发展变化作出推测。回归分析有两种用途：一是用于时间序列分析，当自变量为时间时，就可进行时间序列分析；二是用于因果关系分析，即根据影响预测对象的社会经济因素的变化进行分析预测。这里讨论回归分析中的一元线性回归分析。

一元线性回归分析是分析某一个影响因素与预测对象之间的关系。它的基本思路是，随着某种影响因素的变化，预测对象的实际值的分布会呈现一定的趋向，这一趋向若为线性的，则可在坐标图上用一条直线（回归线）表示，如图 4-3 所示。

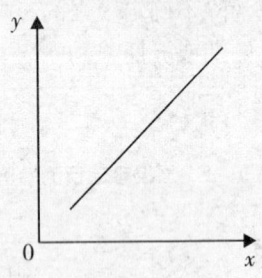

图 4-3 回归线

该直线的方程是：

$$y = a + bx$$

式中，y——因变量（预测对象）；

x——自变量（影响因素）；

a, b——回归系数。

利用这条回归线及其延长线，就可以进行预测。回归系数 a, b 可用下式计算：

$$a = \bar{y} - b\bar{x}$$

$$b = \frac{\sum x_i y_i - n\,\overline{xy}}{\sum x_i^2 - n\,\overline{x}^2}$$

$$\bar{x} = \frac{\sum x_i}{n}; \quad \bar{y} = \frac{\sum y_i}{n}$$

例如，根据某地区人均可支配收入与耐用消费品销售额的统计资料可以发现，两者之间存在线性关系，故可建立一元回归模型。一元线性回归分析计算表如表 4-2 所示。

表4-2 一元线性回归分析计算表

序号	可支配收入 x_i（万元）	销售额 y_i（万元）	$x_i y_i$	x_i^2
1	340	82	27880	115600
2	380	90	34200	144400
3	450	100	45000	202500
4	470	114	53580	220900
5	560	140	78400	313600
6	620	140	89280	384400
	2820	670	328340	1381400

故回归方程为：$y = 0.24x - 1.13$

若预测其人均可支配收入可达到700元，则该地区在预测其耐用消费品销售额预测值为：

$$y = 0.24 \times 700 - 1.13 = 166.87(万元)$$

$$\bar{x} = \frac{\sum x_i}{n} = \frac{2820}{6} = 470$$

$$\bar{y} = \frac{\sum y_i}{n} = \frac{670}{6} \approx 111.67$$

$$b = \frac{\sum x_i y_i - n\bar{x}\bar{y}}{\sum x_i^2 - n\bar{x}^2}$$

$$= \frac{328340 - 6 \times 470 \times 111.67}{1381400 - 6 \times 220900} \approx 0.24$$

$$a = \bar{y} - b\bar{x} = 111.67 - 0.24 \times 470 = -1.13$$

任务三 营销策略

综合性市场营销活动是实施一系列市场营销策略的过程。市场营销策略包括两个核心要素：一是市场细分与目标市场，它是选择企业经营阵地，确定经营方向的问题，包括了解需求、区分需求、确定企业目标市场以及如何进入市场等内容。二是市场营销组合，它是如何在选定的目标市场上，将各种营销手段有机地结合起来，形成统一的营销力量，以赢得顾客、取得竞争优势的问题。

一、市场细分与目标市场

(一) 市场细分

1. 市场细分的含义及作用

市场是一个极其庞大而复杂的整体，在商品生产条件下，任何个人或团体都是一定商品的购买者，因而都是整个市场的组成部分。对任何一个企业来说，绝不可能提供足以满足整个市场所有用户与消费者需要的产品。为了使企业充分利用自己有限的资源，必须对其市场面加以适当的限定，从整体市场中划分出最适合本企业经营的市场范围。这个市场范围就是目标市场，选择目标市场的前提和基础就是市场细分。

市场细分是美国市场营销学家温德尔·斯密于1956年首先提出来的。它是根据用户和消费者需求的差异性，把整体市场划分为若干子市场的活动。经过细分划出的每一个子市场都代表着具有类似特征的消费者群或用户群。一个子市场中顾客的需求要具有相似性，而不同的子市场之间，需求则应有明显的差别。

市场细分的基础是需求的差异性，即消费者需要、动机和购买行为的多元性。这种差异是客观存在的，在商品市场上，由于许多因素（如年龄、性别、职业、收入、心理等）的影响，不同的消费者有不同的欲望和需要，因而就有不同的购买习惯。正是这种需求的差异使得企业细分市场成为可能。

市场细分对市场营销活动的重要作用概括起来有：①有利于掌握不同顾客的需求特点；②有利于分辨和比较市场机会，选择目标市场；③有利于针对市场特点制订和调整营销策略，更好地满足目标市场的要求；④有利于避开激烈的竞争，发挥企业优势，提高竞争能力。

2. 市场细分的标志

由于消费品市场和生产资料市场具有不同的特点，故其市场细分的标志也不一样。消费品市场一般可按社会经济因素（如性别、年龄、收入、职业、民族、受教育程度、宗教信仰等）、地理环境因素（如区域、地域面积、气候、人口密度和分布等）、消费心理及行为因素（如消费者的生活方式、个性、购买动机、使用要求、购买行为）等标志进行细分。生产资料市场则可按用户的生产规模与购买力、用户的使用要求、产业与行业特点、用户地理位置等标志进行细分。

细分市场的因素是动态的，因而市场细分不能一劳永逸。要不断调查研究，掌握市场变化，灵活运用不同的标志，找出消费者及用户之间的差异，进而划分市场，为目标市场的选择提供可靠的依据。

3. 市场细分的基本要求

要进行有效的市场细分，应遵循以下几个基本要求：①实效性，即市场细分应符合市场实际情况，细分市场之间确有差别，细分后的市场要具有开发价值。②可衡量性，即细分后的子市场能用一定的标准进行衡量，如人数的多少、购买力的大小等。③可进入性，即对细分出的市场，企业要有能力去开发或占领。④效益性，即细分后的子市场的容量能够保证企业获得足够的盈利，否则，不足以成为细分的依据。⑤稳定性，即在一定时间和条件下，市场细分的标志及有用的市场可保持相对不变，使企业的目标市场相对稳定，以便企业制订营销战略与策略。

> **小知识**
>
> 美国曾有人运用利益细分法研究钟表市场，发现手表购买者分为三类：①大约23%侧重价格低廉；② 46%侧重耐用性及一般质量；③ 31%侧重品牌声望。当时美国各著名钟表公司大多都把注意力集中于第三类细分市场，从而制造出豪华昂贵手表并通过珠宝店销售。唯有TIME公司独具慧眼，选定第一、第二类细分市场作为目标市场，全力推出一种价廉物美的"天美时"牌手表并通过一般钟表店或某些大型综合商店出售。该公司后来发展成为全世界第一流的钟表公司。

（二）目标市场的选择

目标市场就是企业在市场细分基础上所确定的、作为服务对象的顾客群。企业在选择目标市场时，必须对不同子市场的特点、要求和竞争状况以及企业的资源和实力等因素进行全面、综合的考虑，并对不同的子市场能够获得的效益做出可靠的评估和比较，在此基础上选定一个或几个潜在需求大、竞争者不多或竞争威胁不大、能发挥企业优势的子市场作为企业的目标市场。

选择目标市场有三种不同的策略。

1. 无差异性市场策略

企业把整个市场看做一个大的目标市场，以同一产品、同一策略来满足大多数消费者的需求。采用这种策略的企业由于生产批量大，不需要细分市场，可降低生产成本和市场开发费用。但这种策略仅适用于少数同质性产品。若大家都采用这种策略，一方面会导致市场竞争激烈，另一方面又会使其他市场需求得不到满足。

2. 差异性市场策略

企业把整个市场划分为若干子市场，针对不同子市场的需求差异分别设计不同的产品满足不同用户和消费者的需求。这种策略的优点是进行多品种、多元化生产，能较好地满足市场各种需求，有利于扩大销售额。如果企业能在几个细分市场上都占优势，就能大大提高企业的声誉。但是，采用这种策略，要增加产品品种，还要求销售渠道和促销手段等的多样化、多层化，因而会增加生产成本和销售费用。因此，采取这种策略的往往是那些实力雄厚的大企业。

3. 密集性市场策略

前两种策略都是以整个或大部分市场为目标，而密集性市场策略则是企业在市场细分基础上，选择一个或少数几个子市场作为目标市场，实行专业化生产和销售，以便在部分市场上获得较大的占有率。这种策略有利于企业扬长避短，集中力量在部分市场上取得优势地位,而且生产、销售的专业化有利于节省费用,提高经济效益。但由于市场狭窄,故风险较大。

三种目标市场策略如图4-4所示。这三种策略各有利弊,企业应全面考虑其资源能力、市场和生产的特征、产品寿命周期阶段以及竞争者的市场策略等因素,交替或综合使用。

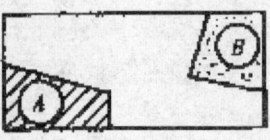

1. 无差异性策略　　　　2. 差异性策略　　　　3. 密集性策略

图4-4　目标市场策略

二、市场营销组合

市场营销组合是指企业按目标市场的需要对自己可控制的各种营销因素(或称营销手段)进行的优化组合。图4-5所示的为市场营销组合示意图。

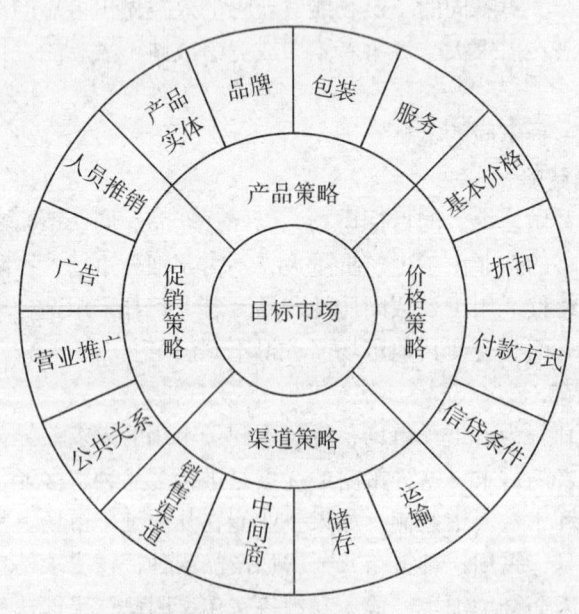

图4-5　市场营销组合

我们知道,选择目标市场只是为企业经营成功提供了可能性。要真正去占领它,还必须综合运用各种营销策略和手段,形成营销合力。市场营销组合正是企业可控制的各种营销因素的综合利用。

影响企业市场营销的因素很多，概括起来可分为两大类：一类是不可控制因素，主要指企业外部环境因素；一类是可控制因素，一般可概括为四个部分，即产品（product）、价格（price）、渠道（place）、促销（promotion），简称为4P。市场营销就是要综合运用4P，使之成为一个有机整体，去适应外界环境，并全面地影响顾客，故市场营销组合也称为4P策略。市场营销组合对企业有着非常重要的意义。可以说，企业营销的优劣取决于营销组合的状况，企业在目标市场上的竞争地位和经营特色也取决于营销组合的特点。

> **案例 4-4**
>
> **麦当劳、肯德基公司在中国的市场营销组合**
>
> 美国的麦当劳、肯德基公司是举世公认的发展迅速的快餐连锁企业，它们巨大成功的关键就在于采用了结构良好的市场营销组合。它们在进入世界各地不同市场前，必定是在广泛研究的基础上进行市场定位并针对不同的情况制订不同的市场营销组合。这两家公司在进入中国市场时，先进行了几年的市场研究，把市场定位在儿童和白领青年阶层，并针对该目标市场的特点制订出市场营销组合。见表4-3所示。
>
> **表4-3 麦当劳、肯德基公司的市场营销组合**
>
> | 产品策略 | 标准的、稳定的、高质量的产品；服务时间长，服务速度快；良好的就餐环境（包括适度的灯光、卫生的洗手间、适合小顾客的洗手池等） |
> | --- | --- |
> | 价格策略 | 中档价格（在发达国家为低价策略） |
> | 渠道策略 | 营业场所选择在顾客密集区域，组织特许连锁经营，扩展新店 |
> | 促销策略 | 强有力的广告宣传；广告媒体以电视及街头广告牌为主，内容针对儿童及年轻人的口味；配合"儿童乐园"、"生日歌舞"、"儿童玩具"等营销手段 |
>
> 合理进行市场定位，按目标市场的需要，采用恰当且结构良好的市场营销组合，综合种种营销策略和手段，形成营销合力，是市场营销成功之所在。

（一）产品策略

产品是一切营销活动的基础，没有产品，也就没有价格、分销渠道和促销。事实证明，无论多么高明的手段也不可能使低劣的产品在销售中取得成功。因此，产品策略是企业市场营销组合中最重要的因素。

1. 整体产品概念

对产品的概念，传统的理解是局限在产品特定的物质形态上，是具有某种物质形态和用途的劳动的产物。而从市场营销观念看，产品概念则应包括更加广泛的内容。所谓"整体产品概念"，即能够满足消费者某种需求和利益的有形物体和非物质性的服务的总和。整体产品概念包括核心产品、形式产品和附加产品三个层次。

核心产品是产品能给消费者提供的基本利益和效用,即产品的使用价值,它是顾客需要的核心内容,是产品的实质部分。形式产品是指企业直接提供给顾客的产品实体,是核心产品的表现形式。附加产品是顾客在购买产品时所获得的附加服务和附加利益的总和。这三个层次紧密相联,构成了整体产品概念。其中核心产品是基础,是本质,是中心;核心产品必须转变为形式产品;在提供形式产品的同时,还要提供广泛的服务和附加利益,形成附加产品。整体产品概念十分清晰地体现了以顾客为中心的现代营销观念,即产品的价值取决于它对顾客需求的满足程度,生产者必须按照顾客的要求来全面设计产品。

2. 产品组合策略

现代企业经营的产品往往不止一个,经营多种产品就有个产品组合问题。企业应根据市场的需要和资源、技术条件等,确定最佳的产品组合,以便提高经济效益,顺利达到企业目标。

(1) 产品组合概念。

产品组合是指一个企业生产经营的全部产品的结构,又称为产品搭配。它由若干种产品线(产品系列)组成。产品线是指一个企业内具有相同制造原理与技术且用途相同的一组类似的产品。每条产品线又由在型号、品种、质量、价格等方面有不同特点的产品组成,称为产品项目。

产品组合包括广度、深度和关联度三个要素。产品组合的广度是指一个企业产品线的多少,产品组合的深度是指企业各条产品线中所包含的产品项目的平均数,产品组合的关联度是指产品组合中各产品线之间在最终用途、生产条件、分销渠道等方面的相关程度。

(2) 产品组合策略。

1) 扩展策略,其内容包括:扩大产品组合的广度,即扩大经营范围,实行多元化经营,以提高企业的适应性和竞争能力,减少经营风险;扩大产品组合的深度,以适应不同顾客的需要;增加产品组合的关联度,以增加企业的生产能力,提高企业的声誉和市场地位。企业可根据自身的具体情况,采取上述全部或部分扩展方式。

2) 减缩策略,即缩小产品组合的广度、深度,实行集中经营。这种策略通常是在企业经营状况不太好或市场环境不佳时采用。如在 20 世纪 70 年代,随着原材料和能源的短缺、价格竞争的激烈以及市场饱和压力,许多企业采取减缩策略,取消一些产品线和产品项目,取消低利产品,以保证资源的重点使用,使企业顺利渡过难关,如美国通用电器公司、静电复印公司等企业就退出了电子计算机行业。当然,在采取这种策略时,不能消极地减缩,而应以退为进,缩中有张,变被动为主动。

3. 品牌及商标策略

(1) 品牌及商标的含义。

品牌是产品整体概念中的重要组成部分,俗称"厂牌"、"牌子",是指用于识别产品(或劳务)的某一名称、术语、标记、符号,或它们的组合,其基本功能是把不同产品区别开来,防止混淆,便于销售。品牌一般分为两个部分:一是品牌名称,这是品牌中可用语言表达的部分,如"长虹"、"海尔"、"康佳"等;二是品牌标志,它是品牌可以被识别但不能用语言表达的部分,包括符号、图案、颜色等。

商标是商品上用来区别其质量和生产经营者的一种标记,是经过注册登记受到法律保护的品牌或品牌的一部分，具有专用权、排他性。商标与品牌既有联系又有区别，产品的品牌与商标可以相同也可以不同，它们都是产品的标记；商标是一个法律名词，一个品牌或它的一部分须经注册后才能成为受法律保护的专用的商品标记。

（2）品牌（商标）策略。

1）无品牌（商标）策略。使用品牌或商标对多数商品来说，可起到积极作用，但不是所有商品都必须采用商标，因为使用和宣传商标是要支付费用的。对某些不易与其他同类产品相区别的商品（如电力、煤炭、水泥、钢材等），消费者或用户在购买时无任何选择的商品以及临时性或一次性生产的商品，企业可不使用商标，以降低商品的宣传费用。

2）统一品牌（商标）策略，即企业生产、经营的所有产品都以同种品牌或商标进入市场。这种策略可利用已成功的品牌推出新产品，以增强顾客的信任感；可节省商标和设计制作费用；有利于壮大企业的声势，提高知名度。

3）不同品牌（商标）策略，即企业的不同产品分别采用不同的品牌或商标进入市场。这种策略能严格区分高、中、低档产品，满足不同顾客需求与爱好，降低市场风险。

4）不变品牌（商标）策略，即企业长期使用一种或数种品牌而不作任何改变。这样有利于节省费用，保持原有品牌的声誉。这种策略多为传统名牌产品采用。

5）创新品牌（商标）策略。在需要改变产品形象或原品牌（商标）陈旧的情况下，可对原品牌（商标）进行更新或改进。

品牌在市场经济中的功能不断发展、作用日益突出，对生产者和消费者都具有重要作用。

4. 销售服务

销售服务是指企业在产品的销售和使用过程中，为保证产品的正确使用、维护企业信誉、促进产品销售所进行的有利于消费者的一切努力。销售服务是整体产品的重要组成部分。消费者要买哪种产品和哪种品牌的产品，往往取决于卖方的服务，它是产品中的"软件"，是产品的延伸和销售的继续。特别是在产品实体和售价差别不大的情况下，服务的优劣更显得重要。

销售服务包括售前服务、售中服务和售后服务三个阶段。售前服务包括征询用户意见，了解用户对设计的要求，向用户介绍产品，进行技术咨询，准备产品说明书等。售中服务包括采取多种方式向用户介绍产品，解答顾客疑问，当好顾客参谋和帮手，为顾客代办托运和储存、送货上门并安装等。售后服务包括向用户提供使用说明书及质量保证，实行"三包"（包换、包退、包修），提供零配件，提供知识性和技术性指导等。

企业可采取的销售服务策略有：

（1）全面服务策略，即建立完整的服务体系，承担顾客需要的所有服务项目。

（2）集中服务策略，当企业资源和力量有限时，可针对顾客认为最重要或最关键的项目集中力量进行服务，以提高服务水平，提高企业声誉。

（3）动态服务策略，即根据产品特点及顾客需要在不同时期提供不同的服务。

如果说品种是产品竞争力的前提或基础，质量是产品竞争力的源泉，价格是产品竞争力的核心，那么，销售服务则是产品竞争力的保证。

> **案例 4-5　借名创名——"盼盼"诞生记**
>
> 孕育着强大生命力的"金娃娃"即将来到人间。总裁韩召善微笑着说:"谁的孩子没有名,咱们的新型防盗门是高档产品,更要有个好名。"众人畅所欲言,各抒己见。有人起名"盾牌",含防范之意;有人起名"红塔山",有坚固之喻,但与香烟同名;有人起名"猎犬",潜台词为看守。总裁若有所思地说:"我看,咱们的'金娃娃'就叫盼盼吧!"众人一听颇觉好笑,这名似乎与门毫无关系。于是有人说:"防盗门应体现坚硬,叫'盼盼'软绵绵的,没有力度。"总裁说:"我们就是要软中有硬,这也体现了我们营口市防盗门厂在市场中的独特魅力。看着软,实质硬。大家都知道,熊猫'盼盼'作为亚运会的吉祥物,已为全国乃至全世界人民所喜爱,冠以'盼盼'易于被消费者所认可和接受,对新产品成为知名品牌起着事半功倍的作用。"就这样,"金娃娃"以"盼盼"商标在国家工商局注册落户。1992年夏天,营口市各种媒体中同时出现了这样一句广告词:"盼盼到家,安居乐业"。以此为开端,"盼盼"以顽强毅力、不可阻挡之势走出营口,席卷东北,进军北京,祖国各地处处都留下了"盼盼"的足迹。经过几年的发展,今日的"盼盼"以其品牌的效应、产品的市场潜力、新品种的研制开发能力和雄厚的实力瞄准并占据了越南、俄罗斯等国和周边国家的市场以及我国香港特区。今日的"盼盼"誉满全国,荣获中国科技之星博览会金奖,第三、四、五、六届中国专利新技术、新产品金奖,以及国家10项专利金奖等殊荣。

(二) 价格策略

价格是市场营销组合的重要因素,价格决定着产品能否畅销,决定着产品销售的数量与利润。价格对买方来说,往往是决定产品是否有吸引力的重要因素;对卖方来说,则是市场竞争的重要手段。因此,企业必须重视价格策略。

1. 影响价格的因素

(1) 成本因素。成本是商品价格的最低限度。一般来说,商品价格应该能够补偿产品在生产经营中的所有费用,并补偿生产经营者为其承担的风险。

(2) 市场因素。市场因素主要指市场范围、市场商品供求情况、产品需求特性、市场竞争状况及其他各种市场营销环境因素等。如商品供过于求时价格会下降,而供不应求时价格会上涨。商品的需求弹性大,可降价以扩大销售,若需求弹性小,可适当提价以增加利润。

(3) 购买者行为因素。购买者行为,尤其是心理行为是影响企业定价的一个重要因素。不同顾客存在不同心理状态,如求实、求廉、求新、求美等,不同的心理对价格的期望值不同,企业在定价时,要充分分析顾客心理和他们对价格的期望。

(4) 政策因素。政策因素包括国家有关的经济政策、法规、商品的差价和比价等,这些都会约束企业的定价行为。

2. 企业价格策略

（1）新产品定价策略。新产品定价策略主要有三种：一是高价策略，以便在短期内获得较大的收益，尽快地收回对新产品的投资。此策略适用于具有独特功能、能独占市场的产品，短期内不足以引起激烈竞争的产品和信誉较高的企业。二是低价策略，即用略高于成本的较低价格投放市场。这种策略有利于打开新产品的销路，薄利多销。它适用于有成本优势的企业。三是适中定价策略。它主要适用于大量生产和销售、市场比较稳定的需求弹性较小的产品的定价。

（2）心理定价策略。心理定价策略即根据消费者购买商品时的各种心理动机制定价格的策略。如零数定价（也叫尾数定价），将产品的价格以零头数结尾，尽可能降低大数的等级，给人以便宜和定价精确的感觉；整数定价，将产品价格以整数结尾，适合消费者求名、求方便的心理；声望定价，对有较高声誉的产品和名牌产品，制定较高的价格，以适应消费者求名的心理。

（3）折扣定价策略。通过折扣的形式，降低产品价格以争取顾客。折扣形式主要有现金折扣（对按期付款或用现金购买者给予折扣）、数量折扣（按购买数量的多少给予折扣）、交易折扣（按各类中间商在销售中的作用给予折扣）。

（4）差别定价策略。对不同地区、不同时间、不同对象实行有差别的价格政策，如根据不同季节采取不同的价格、不同质量采取不同的价格、不同地区采用不同的价格等。

（5）产品组合定价策略。在某一产品线内，依据需求和成本的关联性，对不同项目的产品采用不同的价格。如有的产品定低价，以吸引顾客；有的产品定高价，充当品牌质量和回收投资的角色；其他产品参照这两种价格，取中间价格。

小知识

柯达公司生产的彩色胶片在20世纪70年代初突然宣布降价，立即吸引了众多的消费者，挤垮了众多其他国家的同行企业，柯达公司甚至垄断了彩色胶片市场的90%。到了80年代中期，日本胶片市场被"富士"所垄断，富士胶片压倒了柯达胶片。对此，柯达公司进行了细心的研究，发现日本人对商品普遍存在重质不重价的倾向，于是制订高价政策打响牌子，保护名誉，进而实施与富士竞争的策略。他们在日本发展了贸易合资企业，专门以高出富士1/2的价格销售柯达胶片。经过5年的努力和竞争，柯达终于被日本接受，走进了日本市场，并成为与富士平起平坐的企业，销售额也直线上升。

(三) 销售渠道策略

1. 销售渠道的概念及类型

销售渠道又称为分销渠道，是指产品从生产者向消费者转移的通道。它由直接组织商品流通（如各中间商）、辅助商品流通（如储运、银行、保险公司等）以及为商品流通服务（如广告公司、咨询公司、信息公司、技术服务公司）的组织和个人组成。生产者是销售渠道的起点，消费者是销售渠道的终点。销售渠道是否畅通，关系到商品销售是否顺利；销售渠道中间环节的多少，关系到商品价格的高低和流通时间的长短。销售渠道策略就是要选择快而有效的渠道将产品输送给消费者，并提高企业经济效益。由于各类产品的产销特点和产品本身特性的不同，形成了不同的销售渠道。图4-6、图4-7分别是消费品和生产资料商品的销售渠道示意图。

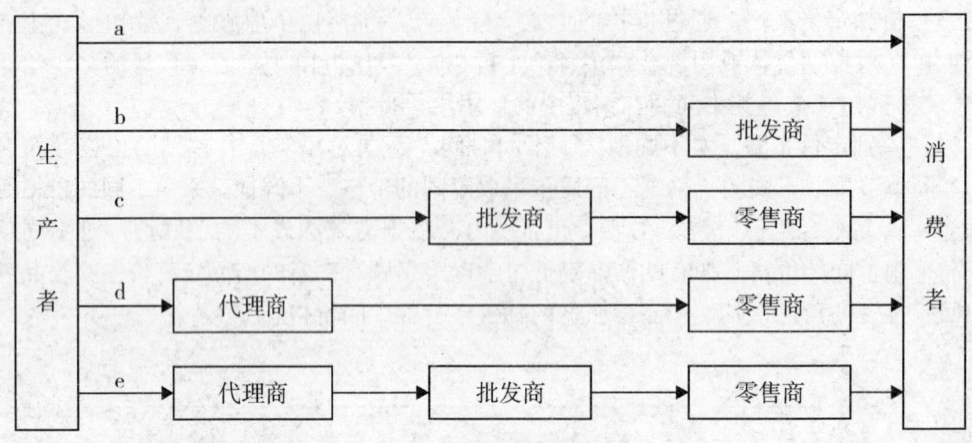

图4-6 消费品销售渠道示意图

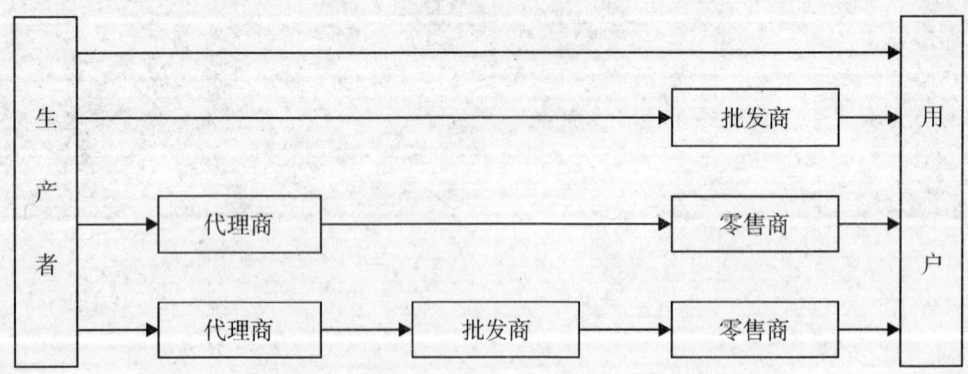

图4-7 生产资料商品销售渠道示意图

图 4-6 是消费品销售渠道示意图。从图中看出，销售渠道的基本类型有两种，即直接渠道和间接渠道。直接渠道是指企业不经过中间环节，直接向用户供货，如图 4-6 中的 a；间接渠道是指企业通过流通领域的中间环节把产品销售给用户。在间接渠道中，又分为长渠道和短渠道、宽渠道和窄渠道等形式。生产者通过两个以上中间环节的是长渠道，如图 4-6 中的 c、d、e；生产者直接面对消费者进行销售或只通过一个中间环节进行销售的是短渠道，如图 4-6 中的 a、b。生产者在一个中间环节中同时通过许多中间商进行销售的称为宽渠道，而只通过很少的中间商进行销售的为窄渠道。

2. 选择销售渠道的策略

（1）普遍性分布策略。普遍性分布策略是一种宽渠道策略，是企业选择大量的批发商、零售商经销其产品的一种策略。由于广泛分销，能方便消费者购买，及时满足消费者需求。这种策略适用于人们经常需要的日用品的销售。

（2）专营性分布策略。专营性分布策略是一种窄渠道策略，是企业在某一特定市场中只选择有限数量的中间商经销其产品的一种策略。它的极端形式是独家经销。这种策略能使企业同经销商之间形成密切的协作关系，相互为对方承担义务，使经销商更积极地推销。一般来说，高档耐用品及使用方法复杂或需承担较多售后服务的产品宜采用此种策略。

（3）选择性分布策略。选择性分布策略是企业有选择地确定一些愿意合作且条件较好的中间商经销自己产品的一种策略。这种策略能较好地利用较多的中间商经销产品，占领较大的市场，同时又可以避免因产销之间过分依赖而使一方失利另一方也受牵连的情况。另外，还可以形成产销之间的密切配合关系，增强应变能力。这种策略适合于所有产品，尤其是对顾客在购买时需比较后才能决定购买的产品更为适宜。

3. 影响销售渠道选择的因素

销售渠道的形成是渠道成员相互选择的结果，选择中主要受以下主、客观因素的制约：

（1）产品因素。产品因素通常包括产品的价格、体积、重量、易腐和易损性、技术性、服务要求以及式样变化性等方面。如体积或重量大、易腐易损、价格高、式样变化快、技术和服务要求高的产品，宜选择短渠道。

（2）市场因素。市场因素主要包括市场范围、地理位置、顾客集中程度、顾客购买习惯、销售季节性及竞争状况等。如市场大、分布范围广的产品，可选择长而宽的渠道；顾客量少而集中的产品，可选短渠道；顾客购买时不需仔细选择比较并希望随时就近购买的产品，可选择宽渠道。

（3）企业自身因素。企业自身因素主要有企业信誉、资金、销售能力、经济效益等。如信誉高、财力大、销售能力强的企业，可少用或不用中间商。

> **小故事**
>
> 在日本，打火机一般都在附带卖香烟的杂货店里卖。可是日本有一家公司在十几年前推出瓦斯打火机的时候，把它放在钟表店销售。如今日本钟表店到处都是卖打火机的。钟表店一向被认为是卖贵重物品的高级场所，在这里卖打火机，人们会把它视为高级品，而在暗淡的杂货店或香烟店里卖的打火机和在钟表店里卖的打火机，两者给人的印象是天壤之别。该公司在钟表店销售打火机的方式收到了惊人的效果，他们的打火机非常畅销。由于该公司采取反传统的销售渠道，令人们产生了该公司打火机非常高级的印象，现在该公司的打火机风靡世界每个角落。
>
> 可见，仅仅有好的产品是远远不够的，必须建立、开发和设计一个有效的、畅通的分销渠道。

（四）促销策略

1. 促销的概念及作用

促销即促进销售，是指生产经营者向顾客传递有关企业和产品的信息，引起其注意和兴趣，激发其购买动机并形成购买行为，从而实现和扩大企业销售的活动。

促销的实质是传递信息，是经营者与购买者之间的信息沟通。促销的目的是引起消费者的注意和兴趣，激发其购买欲望，促进购买行为的产生。促销的手段包括人员推销和非人员推销两大类，其中非人员推销又分为广告、营业推广和公共关系。

促销是企业整体营销活动中不可缺少的组成部分，其作用主要表现在：一是传递信息。企业通过促销手段向中间商和消费者提供有关产品和服务的情况，引起其注意，推动其购买；可及时了解市场动态，迅速解决销售、经营中的问题。二是唤起需求，扩大销售。通过信息传递，唤起消费者对企业及其产品的好感，诱导需求或创造新的需求。三是突出特点，强化优势，使消费者产生对本企业及产品的偏爱。四是塑造产品形象，提高企业声誉，巩固市场地位。

2. 促销组合

促销组合是指企业在市场营销过程中对人员推销、广告、营业推广和公共关系等各种促销方式的综合运用。企业在营销策划时，必须针对营销目标，综合考虑产品特点、市场状况以及不同促销方式特点，适当选择促销方式，并进行不同的组合，以实现营销目的。

（1）人员推销。人员推销是企业派销售人员直接与顾客联系，向他们宣传产品以达到推销目的的方式。人员推销是一种双向沟通方式，其显著特点是直接性，能根据顾客需要灵活地进行宣传，能与顾客建立良好的关系，容易促成购买行为。同时还能收集市场信息，为企业提供有关情报资料。但是，其推销范围有限，费用较高。实行人员推销方式，十分重要的一点是选拔和培训推销人员。因为推销人员既是企业产品的推销者，又是企业形象的代表，其工作的好坏，往往关系到企业营销的成败。一名称职的推销员，应具备以下基本素质：①强烈的责任感、事业心；②丰富的业务知识，包括关于企业、产品、顾客、市场等多方面的知识；③良好的气质和职业素养；④熟练的推销技巧和综合能力，包括观察能力、应变能力、创新能力、沟通能力、说服能力等。

（2）广告。广告是企业通过一定的传播媒介，向公众传递有关产品和劳务的信息，从而起到推销作用的促销方式。同人员推销相比，它具有信息传播面广、速度快、信息能多次重复、能强化印象、节省人力和费用等优点。但广告只是单向的信息传递，不易及时得到反馈信息，使其说服力受到一定限制。因此，运用广告促销手段时，一定要注意其针对性和艺术性，注意正确选择广告媒体。广告媒体种类繁多，除了传统的广播、电视、报纸、杂志四大媒体外，随着信息社会的发展，互联网已日益成为重要的广告媒体。另外，还有汽车等流动媒体，函件、订单等邮寄媒体，路牌、招贴画等户外媒体，展会模特等展示媒体，等等。它们各具特点，企业在实际中要灵活运用。

（3）营业推广。营业推广是指为刺激需求而采用的、能够迅速激励购买行为的辅助性促销方式，如有奖销售、赠送样品、附赠礼品、现场示范、商品展销、折价酬宾、推销竞赛、交易折扣等。同其他促销方式相比，营业推广的针对性强，吸引力强，方式灵活多样，收效迅速。在新产品打开销路、老产品开辟新市场、争取潜在顾客等方面有明显效果。但由于攻势过强，容易使人产生逆反心理，误认为卖主急于出售的产品有问题，从而有损产品或企业的形象。因此，营业推广只能是一种短期的、补充性的促销方式，要与人员推销、广告等方式配合使用。

（4）公共关系。公共关系是指一个社会组织为了与它的各类公众建立有利的双方关系而采取的有计划、有组织的行动。企业公共关系是近些年发展起来的一种"内求团结、外求发展"的管理艺术。作为一种促销手段，公共关系可理解为：企业通过各种宣传和社会活动，增进社会公众的信任，树立良好的企业形象和信誉，从而促进销售。同人员推销、广告和营业推广等方式相比，公共关系具有间接促销和能获得长期效应的特点。公共关系的方式很多，主要有利用新闻媒介进行宣传、参与社会公益活动、举办专题活动、利用公关广告、建设企业文化等。

小故事

一次，一名英国中年妇女和丈夫闹离婚，理由是丈夫有外遇，在法庭上她边哭边诉道："我20岁嫁他。可是结婚不到1星期，他就偷偷地到运动场幽会去了。如今，他已经50岁了，照例迷恋那个可恶的妖精，无论白天黑夜，他都要去运动场与那'第三者'见面。"法官问："'第三者'是谁？"她爽快地说："就是那臭名昭著、家喻户晓的足球。"法官只得劝道："足球不是人，你只能控告生产足球的厂家。"谁知那妇女果真向法院控告一年生产20万只足球的英国"宇宙"足球厂。出人意料的是，该厂老板居然表示同意赔偿这位太太10万英镑孤独费。这一意外官司，很快被新闻界大肆宣扬。事后，老板对记者说："这位太太的控告词，为我厂做了一次绝妙的广告。"

善于"制造新闻"，这是企业扩大知名度、美誉度，取得竞争胜利的重要手段。在众多宣传性公共关系手段中，它是一种最主动、最有效的传播方式。

3. 促销策略

促销策略就是促销组合的运用策略，可分为推动策略和拉引策略两大类。

推动策略是运用人员推销和其他销售推广手段把产品推向目标市场的策略。实施这种策略要求推销人员根据产品特性和不同的顾客，灵活运用各种方法。常用的方式有举办技术讲座、实物展销、现场表演、带样品或产品目录走访顾客、建立销售网点、搞好销售服务等。

拉引策略是大量运用广告、公共关系等宣传手段激发顾客对产品的兴趣，吸引其购买的策略。通常消费品运用拉引策略较为适宜。拉引策略的常用方式有广告、信函、展销会、订货会、交易会、请中间商代销试销、创名牌树信誉等，其中以信誉促销为最有效的形式，它通过名牌产品、高质量的服务等增进顾客对产品的信任感，从而促进产品销售。

运用促销策略要根据促销目标的要求、企业与市场状况等，对各种不同促销手段合理选择，有机搭配，形成有效的促销组合。具体来说，应综合考虑以下因素。

（1）产品性质。不同类别、不同性能和特点的产品，购买差异大，应采取不同的促销策略。例如，消费品一般比工业品更多地使用广告促销，以广告为主，结合营业推广，以人员推销和公共关系为辅；而工业品则更多地使用人员推销，配合以广告与公共关系。

（2）产品寿命周期。产品在其寿命周期的不同阶段，促销目标不同，故促销组合（见表4-4）也应灵活调整。

表4-4 产品寿命周期不同阶段中的促销组合

产品寿命周期	促销目标	促销组合
投入期	激发基本需求，认识、了解新产品	信息性广告为主，营业推广、人员推销为辅
成长期	激发选择性需求，产生兴趣和偏好	以说服性广告为主，宣传品牌；强化人员推销；以营业推广、公共关系为辅
成熟期	前期：激发选择性需求 后期：强化信任，提醒购买	以防御性广告为主，突出企业信誉和产品差异；强化售后服务，配合公共关系
衰退期	提醒购买	以营业推广为主，提醒性广告为辅，削减促销费用

案例 4-5

食品批发商立普顿在某年圣诞节到来之前，为使其代理的奶酪畅销，在每50块奶酪中选一块装进一枚英镑金币，同时用气球在空中散发传单大造声势。于是成千上万的消费者涌进销售立普顿的代销店，立普顿奶酪顿时成了市场上的抢手货。立普顿的行为引起了同行的抗议和警察的干涉。但立普顿以退为进，在各经销店前张贴通告："亲爱的顾客，感谢大家厚爱立普顿奶酪。若发现奶酪中有金币者，请将金币送回。"通告一贴出，消费者在"奶酪中有金币"的声浪中，反而更踊跃地购买。当警方再度干预时，立普顿又在报上刊登了一大版广告提示大家要注意奶酪中的金币，应小心谨慎，避免危险。

"制造新闻"形式能使组织积极主动地寻求扩大影响的机会，抓住时机，以激起新闻媒介采访、报道的兴趣。

（3）市场状况。当市场广阔且用户分散时，应多采用广告、公共关系和营业推广手段；对于顾客少而相对集中的市场，则应以人员推销为主要手段；对潜在顾客多的市场，要以广告为主；面对潜在顾客少的市场，则以人员推销为主。

【小　　结】

在市场经济条件下，企业生产经营的成果只有通过市场交换，才能使其价值得以实现。因此，市场营销就成为企业的重要活动之一。搞好市场营销，第一，要有正确的营销观念做指导；第二，要有效地进行市场细分，确定企业的目标市场，明确经营方向；第三，要在选定的目标市场上运用适当的营销组合，形成统一的营销力量，取得竞争优势。同时，企业的市场营销要不断适应社会、经济与技术的发展变革，企业要进行营销观念的创新并掌握新的营销方式，以在市场竞争中获得优势。

【课后习题】

一、选择题

1. 选择目标市场的前提是市场细分，而市场细分的基础是（　　）。
   A. 消费需求的相似性　　　　　　B. 消费需求的差异性
   C. 产品特点的差异性　　　　　　D. 企业经营能力的有限性
2. 企业将整体市场作为目标市场推出一种商品，实施一种营销组合，以满足整体市场某种共同需要的目标市场策略是（　　）。
   A. 密集性目标市场策略　　　　　B. 差异性目标市场策略
   C. 无差异性目标市场策略　　　　D. 总成本领先战略
3. 企业采用撇脂定价（高价）策略作为其新产品竞价策略的优点是（　　）。
   A. 能达到长期最大利润目标　　　B. 能达到短期最大利润目标
   C. 容易得到渠道成员的支持　　　D. 有利于迅速提高市场占有率
4. 一般来讲，日常生活用品适合采用（　　）的销售渠道。
   A. 长而宽　　　B. 长而窄　　　C. 短而宽　　　D. 窄而短
5. 某企业所在市场的甲产品，近年来尽管市场旺销，但其销售量的增长率却一直徘徊不前，而市场调查显示该产品所在行业市场的销售量一直保持快速增长势头。如果估计这种情况仍将继续发展，则据此可以推断（　　）。

  A. 该产品正处于生命周期的成熟期　　B. 该企业的生产能力严重不足
  C. 该企业甲产品的销售量正在下降　　D. 该企业甲产品市场占有率最终将下降

6. 促销的实质是（　　）。

  A. 促销渠道　　　　　　　　　　　B. 增加利润
  C. 传播与沟通信息　　　　　　　　D. 增强竞争力

7. "酒香不怕巷子深"所体现出的企业经营观念是（　　）。

  A. 生产观念　　　B. 市场观念　　　C. 推销观念　　　D. 竞争观念

8. 企业经营者在制订营销政策时，应统筹兼顾企业利润、顾客需要和社会可持续发展等三个方面利益。这种市场营销管理哲学属于（　　）。

  A. 经营活动的起点不同　　　　　　B. 满足消费者需求的方式不同
  C. 市场营销组合不同　　　　　　　D. 对市场的理解不同

二、简答题

1. 如何理解市场营销的含义？
2. 针对我国实际情况，企业应树立什么样的市场营销观念？
3. 市场细分有何作用？
4. 举例说明企业选择目标市场时，应考虑哪些因素？
5. 为什么要从整体上理解产品概念？
6. 品牌（商标）在市场营销中有何作用？如何运用品牌（商标）策略？
7. 企业在定价时要考虑哪些因素？为什么？
8. 结合专业实际，选择一种产品，提出其市场细分方案。
9. 利用网络和其他途径收集一两家企业的产品营销资料，分析其市场细分、目标市场以及营销组合，提出相关建议。

三、案例分析

格兰仕再燃降价战火，LG 全线反攻

  正当彩电价格大战杀得难解难分之时，在家电的另一个市场——微波炉市场也进行着一场刺刀见红的价格战。自1999年4月下旬以来，格兰仕"再开杀戒"，将其主导产品价格下降40%，推出特价机，并将降价的矛头直接指向 LG 微波炉，称此战的目的就是要打垮 LG。对格兰仕的降价行动，LG 一直沉默不语，但经过一个月的沉默，LG 做出了反应。

  1. 格兰仕新款机以超低价出炉

  1999年4月下旬，格兰仕突然在市场上推出降价旋风。W-705 以498元推出，WP-700S-1 以598元推出，这两款均是格兰仕的主导产品，新产品的定价要比格兰仕产品的正常定价低40%左右。格兰仕降价之后，引起了市场的强烈反响，销售额呈急剧上升之势。

2. 格兰仕说：这次不会心太软

据了解，格兰仕这次大动干戈主要是为了收复北京、天津、沈阳三地的失地，保持格兰仕遥遥领先的市场地位。去年，格兰仕也曾大打降价牌，使市场占有率达到70%以上，而LG当时的市场占有率只有百分之十几。但去年下半年，LG在天津、北京、沈阳三个城市的市场占有率迅速上升，虽然就全国总体上看，格兰仕的占有率仍然高高在上，但LG在部分城市已经形成同格兰仕抗衡之势。格兰仕这次挑起牌价的大旗，正是要给LG等品牌以迎头痛击。

3. LG的反应

格兰仕的这一轮降价行动起到了良好的效果，其在北京市场占有率已经迅速回升。根据对手LG的估计，已经超过50%，但格兰仕自己估算已经超过70%。格兰仕有关人士认为，格兰仕现在年产600万台，以后还要上1200万台的生产基地，规模之大是无人能及的。格兰仕现有24条生产线，年产250万台就能保本，LG只有几条生产线，它的成本要比格兰仕高得多。因此，价格战正击中了LG的要害。

但LG称自己并不会因此一蹶不振。LG有关人士介绍说，5月份本应是淡季，由于格兰仕的促销动作，吸引了不少微波炉消费者，扩大了微波炉的消费群体，在LG市场占有率下降的情况下，实际销售量与去年的同期相比却是在上升。LG同时认为，格兰仕要在价格上打垮LG是不可能的，他们认为，最多我现在不做了，等你累了我再出来。再说，像格兰仕这样低的价格它能坚持多久？永远这么低下去是不可能的，LG不会跟着打价格战。LG有关人士指出，价格一旦下去了，再想上来就很困难，LG不想陷入这种尴尬境地。

LG有关人士同时透露，市场占有率格兰仕第一，我们第二；如果第二名的动作亦步亦趋跟在第一名之后，你打折我也打折，它推出新产品我也推出新产品，那么第二名永远是第二。我们要和他们实行差异化经营，才能出奇制胜。

问题讨论：
1. 格兰仕降低价格的目标是什么？是否有必要降价？
2. 你认为LG会采取什么样的差异化经营策略？

项目五 生产运作管理

【学习目标】

【知识目标】
1. 了解企业生产运作过程及生产运作管理的内涵。
2. 理解并掌握生产过程的空间组织与时间组织。
3. 熟悉生产计划与生产作业计划的内容,掌握计划的编制方法。
4. 熟悉生产控制的内容及生产现场管理的基本要求。
5. 掌握生产现场管理的几种方法。

【技能目标】
1. 能够进行简单生产过程的组织(包括空间组织和时间组织)。
2. 能够参与复杂生产过程的组织并完成相关的任务。
3. 能够编制简单生产的生产作业计划,并能实施生产作业计划。

【开篇案例】

丰田汽车公司是如何摆脱重力起飞的

丰田汽车公司是仅次于美国通用和福特两家公司的世界第三大汽车公司,在全球企业500强中名列第十。丰田汽车公司的起飞在于其独特的生产运作体系,多年来,竞争对手们一直努力效仿,但谁也没有取得丰田那样的效果。

从表面上看,丰田的生产运作体系很简单,可以用一句口号式的语言来解释——最大限度地流动、消灭浪费、尊重人。但它执行起来却会让人流汗、流泪、流血。它包含了技术——制度——哲学三个层次。它有大量详尽的工作计划、严格的纪律,需要勤奋而专注地工作才能适应。在许多企业,工人们都努力超产,因为他们一旦达到指标,就可以轻松了,结果工作进度忽高忽低,质量得不到保证。而在丰田公司,超产被视为最严重的浪费形式。在生产过程中,工人们必须按照公司设计的每一道工序有条不紊地进行,没有上下波动,生产量正好与客户要求相适应。整个工作运转平稳,每一个人都在忙碌。在生产现场绝对看不到一般企业中常见的现象:一堆堆未加工完的零件,装配线停下来检修,工人站在那里无所事事。丰田公司的这种独特的生产体系和先进的工艺管理,集中地体现在它首创的"看板管理"方式上。"看板管理"是以零部件适时适量供应的汽车生产管理方式,其基本原则是,作业的均匀化,一目了然的管理,适应多品种生产的通用设备,各工序间流水生产的同步化,互相合作精神,信息一体化。它通过零部件厂家和组装厂家的密切合作,保证定时定量地供应组装所需的零部件。这样不仅可以把库存量压到最小限度,还可以最大限度地降低废次品率和提高生产效率。据专家分析,日本汽车制造业劳动生产率的提高,有40%是看板生产方式创造的。

【导入问题】
1. 企业生产活动是怎样进行的?
2. 单件生产与批量生产的组织与管理有什么不同?
3. 作为一名企业生产一线的员工,在生产现场应该如何要求自己?

【基本原理】

任务一 生产运作管理概述

一、生产运作的概念与过程

(一)生产运作的概念

生产是企业一切活动的基础。传统观念认为生产是把一定原材料转化为特定产品的活动,即物资资料生产。随着服务业的兴起,生产概念得到了扩展。现代观念认为,生产是创造财富的过程。这里的"财富"既包括有形产品,又包括服务等无形产品。搬运工、邮递员、售货员的劳动一般都不创造有形产品,他们付出的劳动仅仅是使有形产品实现其使用价值,为用户提供服务,同样也创造了财富,他们从事的也是生产活动。因此,现代生产概念把物质型生产活动和服务型生产活动统一起来,统称为生产运作,或者生产。本章中对两者将不作严格区分。

(二)生产运作的过程

生产运作是一个创造财富的过程,这个过程是由一组将输入转化为输出的相互关联、相互作用的活动构成的,而产品则是这个过程的结果。具体来说,生产运作是将生产要素输入转换过程,通过转换后输出产品(包括有形产品和无形产品),这个转换过程构成了企业生产系统。

从表面上看,服务业与制造业的生产运作几乎没有什么共同之处,但是,如果将这两类企业的运作方式的特征加以归纳,可以发现两者具有相似的转换过程。在制造业企业,输入的原材料、能源、劳动力、资金等被转换成最终产品。在服务业企业,输入的仍然是原材料、能源、劳动力和资金的某种组合,输出的是服务。因此,这两类企业的生产运作都是服从"输入—转换—输出"这样一个基本过程的。

当然,两类企业的生产运作也有其特殊性。有形产品通常是先生产后消费,因此,制造业的生产运作过程与其营销过程可以看作是两个相对独立的过程。而服务产品则是生产和消费同时进行,服务的生产过程也就是服务产品的消费过程。因此,服务企业生产运作过程与营销过程通常是融合在一起的。

表5-1列示了不同企业的生产运作的构成。

表5-1 不同企业生产运作构成举例

企业	主要输入	转化过程构成	主要输出
制造企业	土地、设备、劳力、原辅材料、能源、动力、时间、信息等	制造技术:设备、工具、工装、工艺 制造设施:厂房、布置、运输、服务 制造规模:能力安排;加工深度;任务安排、协调;物资、物流控制;质量检验保证;人员作业规定与培训	产品及售后服务
零售企业	土地、房屋、劳力、货物、能源、动力、时间、资金、信息	商业技术:货架布置、营销及作业规范 设　施:运输、仓储 商品规模:服务深度、工作时间安排、货物与服务质量控制、员工素质培养、激励、选点与布局策略	商品与服务;使用指导宣传;选择咨询、导购
咨询企业	人员、时间、资金、信息、能源、设备	咨询技术:理论、方法、技巧 服务内容:规模、进度、效果控制、咨询人员培训	咨询意见、方案、战略、改进措施

二、生产运作管理的概念、任务与内容

(一)生产运作管理的概念

生产运作管理是指为实现经营目标,有效地利用生产资源,对企业生产运作过程进行计划、组织和控制,生产满足社会需要的产品的管理活动的总称。生产运作管理有狭义和广义之分。

狭义的生产运作管理是指以生产系统中的生产过程为对象的管理,包括生产过程的组织、生产能力的核定、生产计划和生产作业的编制、生产作业核算、生产控制与生产调度等。

广义的生产运作管理是针对生产系统所进行的全部活动的管理,即生产系统的设计、运行与维护过程的管理,具体内容除狭义的生产运作管理的内容外,还包括企业生产方向和规模的确定、工厂布置、质量管理、设备管理、物流管理、成本控制、安全生产和环境保护等。本章所讨论的生产运作管理主要是狭义的生产运作管理。

企业生产系统的根本目的在于实现企业目标。因此,生产管理必须按企业经营目标去实现产品在品种、质量、数量、交货期、成本等方面的要求;必须把资源合理利用放在重要位置,在确保产品质量的前提下,优化资源配置,不断降低成本;必须对市场需求的变化具有灵活、快速的应变能力。

(二)生产运作管理的任务与内容

由生产运作管理的概念可知,广义生产运作管理包括生产系统设计、生产系统运行、生产系统维护。在企业初建时期和重大发展时期需要全面考虑这些内容。

如果企业处于相对稳定时期,生产系统已形成,产品战略基本稳定,生产系统设计和维护工作大大简化,生产运作管理的主要内容就主要集中在系统运行方面。所以,狭义生产管理的主要任务就是围绕企业经营目标将投入生产过程的各种要素合理地组织起来,形成一个有机整体,保证高效、低耗、准时地生产合格产品或提供优质服务。其内容包括以下方面:

(1) 生产准备和组织。生产准备主要包括工艺技术方面的准备,人力准备,物料、能源的准备,设备完好运转方面的准备。生产组织是生产过程组织和劳动过程组织的统一。生产过程组织主要是解决产品生产过程中各阶段、各环节、各工序在时间上和空间上的协调衔接的问题;劳动过程组织主要处理劳动者、劳动对象、劳动工具之间的关系。

(2) 生产计划。生产计划主要包括产品生产计划和生产作业计划等。

(3) 生产控制。生产控制指围绕完成生产计划所进行的各种检查、监督、调整等工作,包括实施生产作业计划、产品及半成品的进度控制、库存控制、质量控制、成本控制、生产现场管理等。

三、生产类型

（一）生产分类

人类生产活动错综复杂、种类繁多，虽然任何生产都遵循相同的原理，但不同的生产类型特点各不相同，管理规律也存在差异，因此，有必要对它们进行类型划分。通常可按性质把生产分为物质生产和劳动服务两大类，在此基础上，再分别对这两类生产划分出更具体的生产类型。

（二）物质生产的生产类型

物质生产的生产类型划分中，最基本的是按生产的专业化程度划分。生产的专业化程度可通过产品品种、产量、生产重复性等因素来衡量。产品品种越多，同一品种的产量越少，生产的重复性越低，则生产的专业化程度越低；反之，则生产的专业化程度越高。生产的专业化程度可按照工作地担负的工序数目的多少来具体判断，工作地担负的工序数目越少，则专业化程度越高。

按生产的专业化程度，物质生产可分为三种类型：

1. **大量生产**

产品品种少，同种产品的产量大，产品和生产条件都稳定，生产的重复性高。

2. **成批生产**

这种生产类型的产品品种较多且相对稳定，产量较大，生产条件比较稳定，各种产品在计划期内进行成批轮番生产。根据产量的大小，又可将成批生产分为大批、中批和小批生产。

3. **单件生产**

产品品种多，产量很少或是单件，生产很不稳定，不重复或偶尔重复生产。

由于大量生产与大批生产之间、小批生产与单件生产之间在经济效果和对生产组织的要求方面都比较接近，故在实际中又将物质生产分为大量大批生产、成批生产和单件生产。三种物质生产类型的主要特点如表 5-2 所示。生产的目的是满足社会需求，当社会需求稳定时，大批大量生产是一种高效低耗的生产形式；当社会需求出现多样化时，大批大量生产由于缺乏适应性而难以见效，生产运作管理就要在多品种、小批量生产方面寻找出路。

表 5-2 不同物质生产类型的特点

比较项目	大量大批生产	成批生产	单件小批生产
产品品种	单一或很少	较多	很多
产品产量	很大	较大	单个或很少
工作地工序数目	1 道或 2 道工序	较多	很多

(续表5-2)

比较项目	大量大批生产	成批生产	单件小批生产
设备布置	按对象原则排列，采用流水生产或自动线	既有按对象原则排列，又有按工艺原则排列的	基本按工艺原则排列
生产设备	广泛采用专用设备	专用、通用设备并存	采用通用设备
设备利用率	高	较高	低
应变能力	差	较好	很好
劳动定额的制定	详细	有粗有细	粗略
劳动生产率	高	较高	低
计划管理工作	较简单	较复杂	复杂多变
生产控制	容易	难	很难
产品成本	低	较高	高
产品设计	易按"三化"设计	"三化"程度较低	按用户要求设计

(三) 劳动服务的生产类型

1. 服务的定义及特点

服务是服务企业单独提供的或同物质产品销售一起提供的、能够满足顾客要求的一切活动和利益。服务是企业与顾客在接触中发生，是无形的，不涉及实体所有权。同有形的物质产品相比，服务具有以下特征：

(1) 无形性，即消费者在购买之前无法计算和度量服务。

(2) 不可分割性，即服务的生产（服务提供）与消费过程几乎同时存在而无法分割。服务人员在提供服务时，也是顾客消费服务之时。如顾客购买理发服务的过程，就是理发服务的生产过程。

(3) 异质性，即服务的提供会因人、因时、因地而发生变化，因此，服务的构成与服务的水平难以保持一致。

(4) 不可储存性，服务的无形性以及服务的生产与消费的同时进行，使服务不可能像有形产品一样被储存起来，以备将来出售和消费。

(5) 无所有权，即服务的生产和消费过程中不涉及任何实体所有权的转移。

在上述几个特征中，无形性是服务的基本特征。

2. 服务业生产的特点

按经济学对产业的分类，服务业属第三产业，包括交通运输、通信、分销业、保险业、银行服务、教育服务、公共行政管理以及其他各项服务。服务企业是提供劳动服务的企业，但也有些服务企业从事制造性生产，只不过制造性生产处于从属地位，如餐馆中制作各种食品。与制造业相比，服务性生产的特点为：生产一般有顾客直接介入，生产过程是在与顾客的接触中进行的；生产过程没有产成品库存；生产过程相对分散，大多数企业属于劳动密集企业；劳动生产率和质量难以测定。

3. 劳动服务生产类型的划分

按照是否提供有形产品，劳动服务可分为纯劳动服务和一般劳动服务两种。纯劳动服务型生产不提供任何有形产品，如咨询、培训、指导等。一般劳动服务则提供有形产品，如批发、零售、运输、邮政等。

按照与顾客直接接触的程度，劳动服务可分为三种类型：纯服务型、准制造型、混合型。其中，纯服务型是指那些与顾客直接打交道的服务；准制造型是指不接触顾客，仅从事信息处理等劳动服务；混合型介于两者之间，实际工作中往往视为纯服务型进行管理。上述三种类型的划分并没有严格界限。

将劳动密集程度、与顾客的接触程度两个因素综合考虑，可将劳动服务生产分为四种类型：工厂型服务、作坊型服务、大量型服务和专业型服务。工厂型与作坊型服务以及大量型与专业型服务的差异在于用户参与的程度不同，前者由于用户介入较少，服务过程较规范，服务系统也有较明确的前、后台。前台与用户直接打交道，后台则与用户没有直接联系而与制造型相近似。后者则是用户紧密介入的，前、后台很难区分，服务性更鲜明。而工厂型与大量型、作坊型与专业型服务的区别则在于人员与设施装备的比例关系，前者技术装备可能起着更大的作用，而后者人员素质作用更大。

任务二　生产过程组织

> **案例 5-1**
>
> A 企业是造船企业，本年度按客户订货生产远洋货轮 1 艘。B 企业是电子元器件企业，生产电阻和电容 2 个系列产品，本年度每个系列的产品产量均在 10 万件以上。C 企业是大型机床企业，生产 10 种不同规格型号的机床，本年度各种机床的产量分别为 200～850 台。D 企业为汽车集团，由多个分厂组成，本年度汽车产量 30 万辆。
>
> 要求：①分小组讨论适合 A、B、C、D 企业生产过程的空间组织和时间组织形式。②对本小组确定空间组织和时间组织形式的理由和思路予以说明。③能否采用先进的生产组织形式。

一、生产过程组织的基本要求

（一）生产过程

生产过程是生产系统的基本要素之一。生产系统的运行是在生产过程组织的基础上进行的，因而生产过程组织是生产运作管理的基础。

广义的生产过程是指从生产技术准备至产出成品的全过程。狭义的生产过程是指原材料投入生产至产出成品的全过程。

制造业中常见的产品生产过程有两类不同形式：一是流程式生产过程，指的是从工作开始一端投入原料，然后按顺序经过多道加工工序，最后形成产品的过程，如石油化工产品、纺织品、纸张等的生产过程；二是加工装配式生产过程，一般表现为先把原材料加工成零件，再装配成部件，最后集中组装成为产品的基本生产过程，如汽车、机床、家用电器的生产过程。企业的生产过程不论属于哪一类形式，都包括以下过程：

1. 生产技术准备过程

生产技术准备过程是指产品在投入生产前所进行的各种生产、技术、组织的准备工作过程，如产品设计、工艺设计、工艺装备的设计与制造、工艺操作规程的编制、标准化工作、定额工作等。

2. 基本生产过程

基本生产过程是指直接对劳动对象进行加工，使之成为企业基本产品的过程，也就是企业产品生产的工艺加工过程。企业的基本生产过程代表了企业的基本特征、专业方向和专业技术水平。

3. 辅助生产过程

辅助生产过程是指为保证基本生产过程正常进行所必需的各种辅助性生产活动过程。如制造企业动力生产和供应，刀具、模具制造，专用设备制造，设备修理与维护等。

4. 生产服务过程

生产服务过程是指为保证基本生产过程和辅助生产过程的正常运行所必须从事的各种非物质生产活动的过程。如原材料及半成品供应、运输、保管、产品检验以及产品的发运等。

在上述生产过程的四个组成部分中，基本生产过程是核心部分，其他三个部分是为基本生产过程服务的。

（二）合理组织生产过程的要求

生产过程组织是指对生产要素在空间上合理布局，时间上紧密衔接，使之形成一个协调的整体和有效运作的系统，以达到生产系统目标。合理组织生产过程的目的就是保证产品制造的流程最短、时间最少、耗费最省，并按规定的产品、品种、质量、数量、期限等生产出社会需要的产品。具体来说要满足以下要求：

1. 生产过程的连续性

生产过程的连续性是指产品生产过程的各个工艺阶段、工序之间在时间上紧密衔接，连续进行。它表现为产品及其零部件在生产过程中始终处于运动状态，不发生或很少发生中断现象。

2. 生产过程的比例性

生产过程的比例性是指生产过程的各工艺阶段、各工序之间，在生产能力和生产数量上保持一定的比例关系。它表现在人员、设备、生产面积之间达到能力协调和相互适应，料、物成比例。

3. 生产过程的均衡性

生产过程的均衡性是指生产过程的各个环节的工作能按计划要求有节奏地进行，保证在相同的时间间隔内，完成相等或稳定递增数量的产品或工作量，各个工作地的负荷经常保持均匀，不出现前松后紧的现象。均衡性特点是连续性和比例性的综合反映。

4. 生产过程的平行性

生产过程的平行性是指生产过程的各工艺阶段、各工序在时间上实行平行作业，使产品各零部件的生产能在不同空间同时进行，从而缩短产品的生产周期，在同一时间内提供的产品更多。平行性是生产过程连续性的前提。

5. 生产过程的适应性

生产过程的适应性是指生产过程的组织设计能较好地适应市场多变的特点，不断满足复杂多变的社会需求。

二、生产过程组织的基本内容

生产过程的组织包括生产过程的空间组织和生产过程的时间组织。

（一）生产过程的空间组织

生产过程的空间组织是指在一定的空间内，合理地设置企业内部各基本生产单位（车间、工段、班组），使生产活动能高效地顺利进行。这里主要从生产车间的设备布置角度加以说明。生产过程的空间组织有以下两种典型的形式。

1. 工艺专业化形式

工艺专业化又称为工艺原则，就是按照生产过程中的各个工艺阶段的工艺特点来设置生产单位。在工艺专业化的生产单位内，集中着同种类型的生产设备和同工种的工人，完成各种产品的同一工艺阶段的生产，即加工对象是多样的，但工艺方法是同类的，每一生产单位只完成产品生产过程的部分工艺阶段和部分工序的加工任务，产品的制造完成需要各单位的协同努力。如机械制造业中的铸造车间、机加工车间及车间中的车工段、铣工段等，都是工艺专业化生产单位。

工艺专业化组织形式的优点是：适应性强，可以适应企业中不同产品的加工要求；便于充分利用设备和生产面积；利于加强专业管理和进行专业技术指导；个别设备出现故障或进行维修时对整个产品的生产制造影响小。

它的缺点是：产品加工过程中运输路线长，运输数量大，停放、等待的时间多，生产周期长；增加了在制品数量和资金占用；生产单位间的协作复杂，生产作业计划管理、在制品管理、成套性进度管理等诸项管理工作，量大而且复杂。

工艺专业化形式适用于企业产品品种多、变化大、产品制造工艺不确定的单件小批生产类型的企业。它一般表现为按订货要求组织生产，特别适用于新产品的开发试制。

2. 对象专业化形式

对象专业化又称为对象原则，就是按照产品（或零件、部件）的不同来设置生产单位，即根据生产的产品来确定车间的专业分工，每个车间完成其所负担的加工对象的全部工艺过程，工艺过程是封闭的。在对象专业化生产单位（如汽车制造厂中的发动机车间、底盘车间、机床厂中的齿轮车间等）里，集中了不同类型的机器设备、不同工种的工人，对同类产品进行不同的工艺加工，能独立完成一种或几种产品（零件、部件）的全部或部分的工艺过程，而不用跨越其他的生产单位。

对象专业化形式的优点是：生产比较集中，生产周期短，运输路线短，周转量小；计划管理、库存管理相对简单；在制品占用量少，资金周转快，协作关系简单；有利于强化质量责任和成本责任，便于采取流水生产等先进生产组织形式，提高生产效率。

它的缺点是：对市场需求变化适应性差，一旦因生产的产品市场不再需求而进行设备更换，则调整代价大；设备投资大（由于同类设备的分散使用，会出现个别设备负荷不足，生产能力不能充分利用）；不利于开展专业化技术管理。

对象专业化形式适用于企业的专业方向已定，产品品种稳定、工艺稳定的大量大批生产，如家电、汽车、石油化工品生产等。

在实际生产中，上述两种专业化形式往往是结合起来应用的。根据它们所占比重的不同，专业化形式又可分为：在对象专业化形式基础上，局部采用工艺专业化形式；在工艺专业化形式基础上，局部采用对象专业化形式。

（二）生产过程的时间组织

合理组织生产过程，不仅要求生产单位在空间上密切配合，而且要求劳动对象和机器设备在时间上紧密衔接，以实现有节奏的连续生产，达到提高劳动生产效率和设备利用率、减少资金占用、缩短生产周期的目的。生产过程在时间上的衔接程序主要表现在劳动对象在生产过程中的移动方式。劳动对象的移动方式，与一次投入生产的劳动对象数量有关。以加工零件为例，当一次生产的零件只有一个时，零件只能顺序地经过各道工序，而不可能同时在不同的工序上进行加工；当一次投产的零件有两个或两个以上时，工序间就有不同的移动方式。一批零件在工序间存在着三种移动方式，即顺序移动、平行移动、平行顺序移动。

例如，某产品生产3件，经4道工序加工，每道工序加工的单件工时分别为10分钟、5分钟、20分钟、10分钟，现按三种移动方式计算其生产周期，三种移动方式示意图如图5-1、图5-2和图5-3所示。

1. 顺序移动方式

顺序移动方式指一批零件在前一道工序全部加工完毕后，整批转移到下一道工序进行加工的移动方式。其特点是：一道工序在工作，其他工序都在等待。若将各工序间的运输、等待加工等停歇时间忽略不计，则该批零件的加工周期 $T_{顺}$ 计算公式为：

$$T_{顺} = n \sum_{t=1}^{m} t_i$$

式中，n 为该批零件数量；m 为工序数；t_i 为第 i 道工序的单件加工时间。

顺序移动方式的优点是：一批零部件连续加工，集中运输，有利于减少设备调整时间，便于组织和控制。其缺点是：零件等待加工和等待运输的时间长，生产周期长，流动资金周转慢。

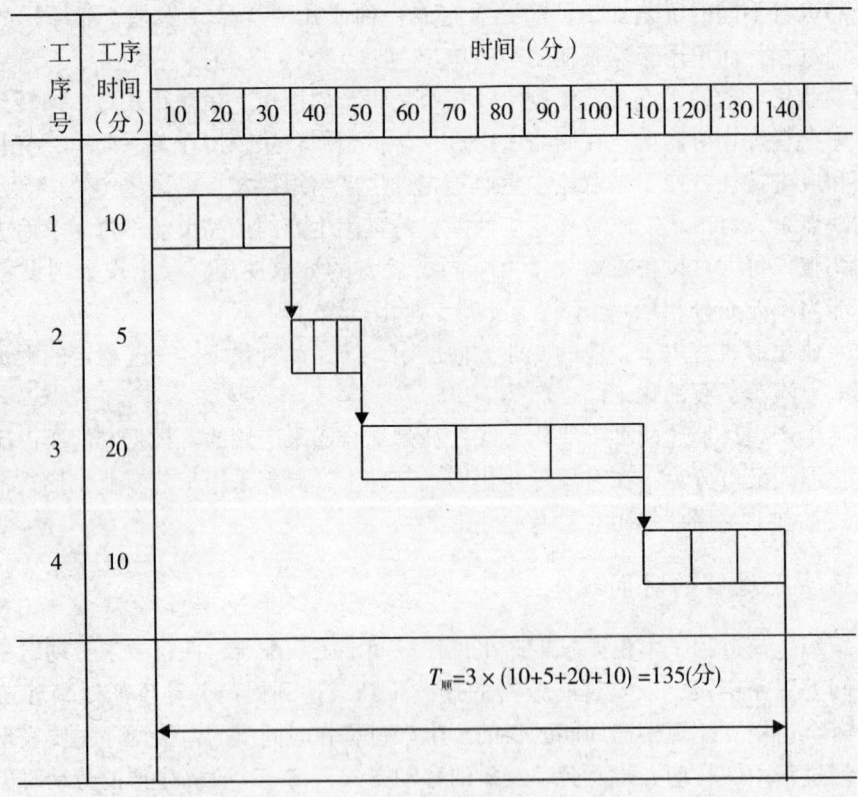

图 5-1 顺序移动方式示意图

2. 平行移动方式

平行移动方式指一批零件中的每个零件在每道工序加工完毕以后,立即转移到后道工序加工的移动方式。其特点是:一批零件同时在不同工序上平行进行加工,因而缩短了生产周期。其加工周期 $T_平$ 的计算公式为:

$$T_平 = (n-1)t_长 + \sum_{i=1}^{m} t_i$$

式中,$t_长$ 为各加工工序中最长的单件工序时间。

采用这种移动方式,不会出现制件等待运输的现象,所以整批制件加工时间最短,但由于前后工序时间不等,当后道工序时间小于前道工序时间时,后道工序在每个零件加工完毕后,都有部分间歇时间。

3. 平行顺序移动方式

平行顺序移动方式吸收了上述两种移动方式的优点,避开了其短处,但组织和计划工作比较复杂。其特点是:一批制件在前道工序上尚未全部加工完毕,就将已加工的部分制件转到下道工序进行加工,并使下道工序能够连续地、全部地加工完该批制件。为了达到这一要求,要按下面规则运送零件:当前一道工序时间少于后道工序的时间时,前道工序

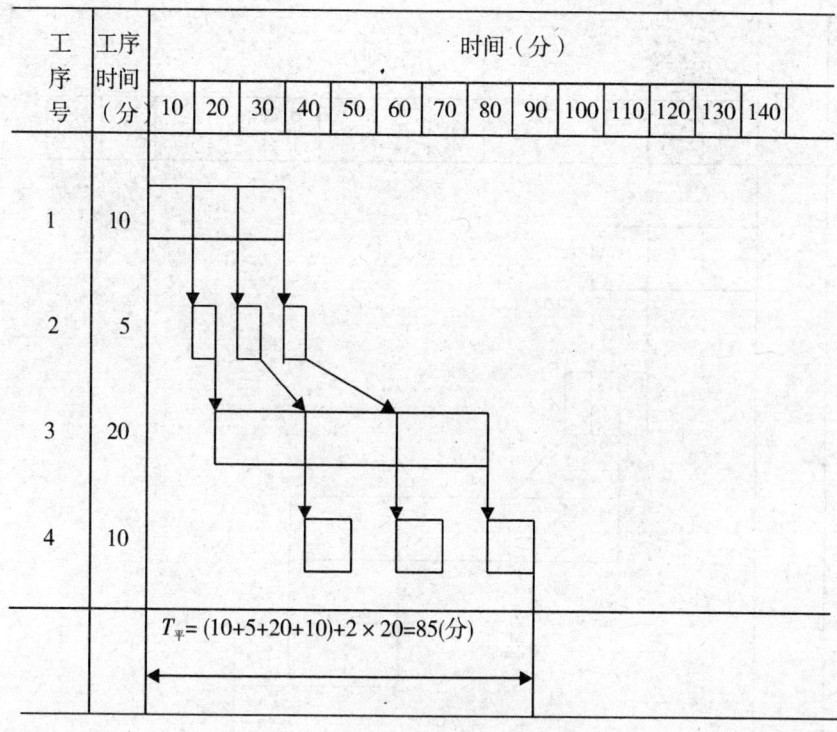

图 5-2 平行移动方式示意图

完成后的零件立即转送下道工序；当前道工序时间多于后道工序时间时，则要等待前一道工序完成的零件数足以保证后道工序连续加工时，才将完工的零件转送后道工序。这样就可将人力及设备的零散时间集中使用。平行顺序移动方式的生产周期 $T_{平顺}$ 在以上两种方式之间，计算公式为：

$$T_{平顺} = n\sum_{i=1}^{m} t_i - (n-1)\sum_{i=1}^{m-1} t_{i较短}$$

式中，$t_{i较短}$ 为每相邻两道工序中较短的单件工序时间。

在选择移动方式时，应结合具体情况来考虑，灵活运用。一般对批量小或重量轻，而且加工时间短的零件，宜采用顺序移动方式，反之，宜采用另外两种移动方式；按对象专业化形式设置的生产单位，宜采用平行顺序移动方式或平行移动方式；按工艺专业化形式设置的生产单位，宜采用顺序移动方式；对生产中的缺件、急件，则可采用平行或平行顺序移动方式。

三、生产过程的组织形式

研究分析生产过程的基本目的在于寻求高效、低耗的生产组织形式，将生产过程的空

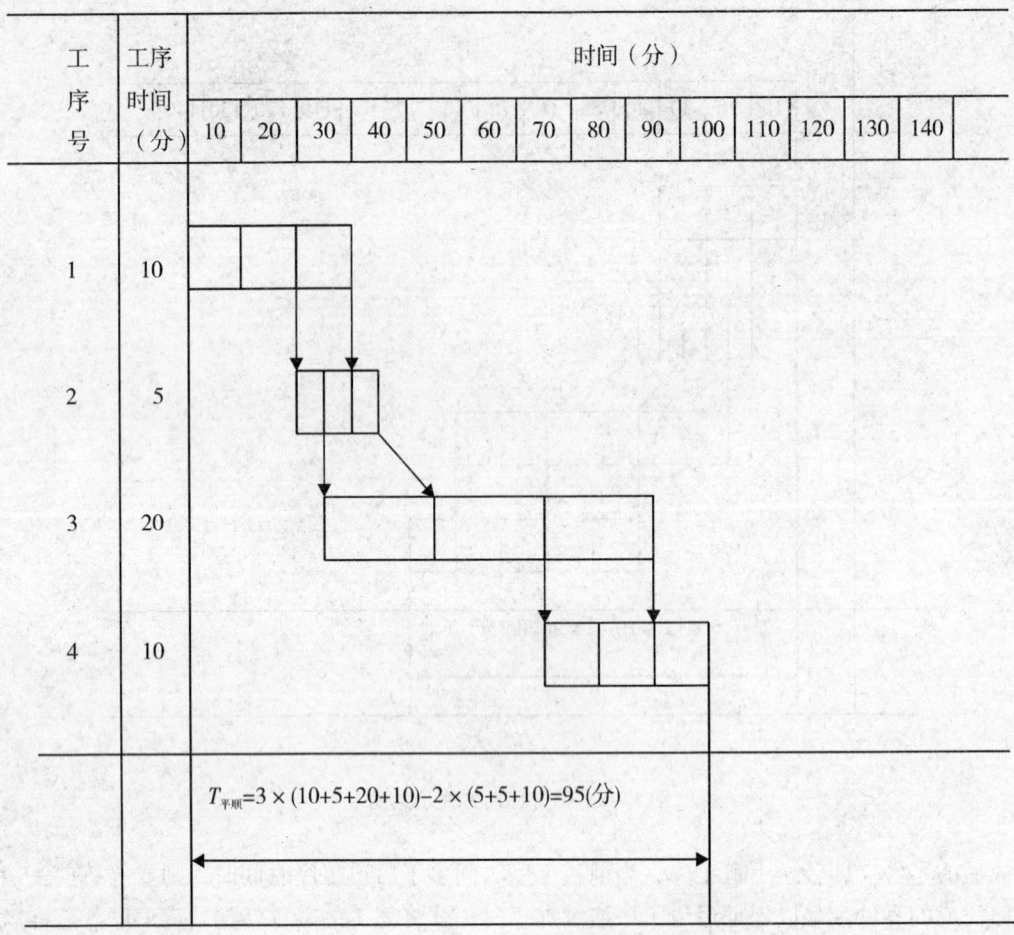

图 5-3 平行顺序移动方式示意图

间组织与时间组织有机结合。企业必须根据其生产目的和条件，采用适合自己生产特点的生产组织形式。

（一）流水生产线

流水生产线，又称流水作业线，是指劳动对象按照一定的工艺过程，顺序地、一件一件地通过各个工作地，并按照统一的生产速度和路线，完成工序作业的生产过程组织形式。它将对象专业化的空间组织方式和平行移动的时间组织方式高度结合，是一种先进的生产组织形式。

1. 流水生产线的特点

流水生产线有如下特点：①专业性；②连续性；③节奏性；④比例性；⑤封闭性。

2. 流水线的形式和种类

为了充分发挥流水线的优越性，人们创造了多种形式的流水线。

(1) 按照流水线的连续程度，可分为连续流水线和间断流水线。
(2) 按流水线上生产对象的数目，可分为单一品种流水线和多品种流水线。
(3) 按生产对象的移动方式，可分为对象固定流水线和对象移动流水线。
(4) 按流水线节拍的方法，可分为强制节拍流水线和自由节拍流水线。
(5) 按流水线的机械化程度，可分为手工流水线、机械化流水线和自动化流水线。
(6) 按产品的运输方式，可分为普通运输设备的流水线和有专用运输设备的流水线。

3. 流水生产必须具备的条件

一个企业要建流水生产线，应进行充分的可行性分析与论证，建流水线一般应具备以下条件：

(1) 市场需求大，产品品种稳定且量大，以保证流水线的正常负荷。
(2) 产品的结构、加工工艺、性能等应比较先进。
(3) 产品的加工过程能够细分，能分解成单个的工序，以便组织生产。
(4) 企业自身条件，如资金、生产面积、技术力量能达到要求。
(5) 产品的检验工作能够在流水线上进行或通过工艺设备保证。

（二）成组技术和成组加工单元

随着社会经济的发展，社会需求出现了多品种、多变化的趋势。为提高多品种、小批量生产的效率，出现了成组技术，使多品种、小批量生产能获得流水线生产的高效率和低成本效果。成组技术是一种以零部件的相似形（主要指零件的材质结构、工艺等方面）和零件类型分布的稳定性、规律性为基础，对其进行分类、归并成组并进行编码制作，以提高加工的批量，获得较好的经济效益的技术。在应用成组技术中，发展了一具多用的成组夹具，一组成组夹具一般可用于几种甚至几十种零件的加工。成组技术从根本上改变了传统的生产组织方法，它不以单一产品为生产对象，而是以"零件组"为对象编制成组工艺过程和成组作业计划。

成组加工单元，就是使用成组技术，以"组"为对象，按照对象专业化布局的方式，在一个生产单元内配备不同类型的加工设备，完成一组或几组零件的全部工艺的生产组织。采用成组加工单元，加工顺序可在组内灵活安排，多品种、小批量生产可获得接近于大量流水线生产的效率和效益。目前，成组技术主要应用于机械制造、电子、兵器等领域。它还可以应用于具有相似性的众多领域，如产品设计和制造、生产管理等。

（三）柔性制造单元

柔性制造单元，即以数控机床或数控加工中心为主体，依靠有效的成组作业计划，利用机器人和自动运输小车实现工件和刀具的传递、装卸及加工过程的全部自动化和一体化的生产组织。它是成组加工系统实现合理化的最高级形式。它具有机床利用率高、加工制造与研制周期短、在制品及零件库存量低的优点。柔性制造单元与自动化立体仓库、自动装卸站、自动牵引车等结合，由中央计算机控制进行加工，就形成柔性制造系统。柔性制造单元与计算机辅助设计功能的结合，则成为计算机一体化制造系统。

总之，上述技术的出现改变了单件小批生产的生产过程组织形式和物流方式，使之获得了接近于大量流水生产的技术经济效益，符合市场需求多样化、小批量和定制化的趋势，代表了现代制造技术的发展方向。

> **小知识**
>
> 　　准时化（JIT）生产方式是日本在20世纪五六十年代创造和实施的生产管理方式。JIT系统以准时生产为出发点，通过它首先可以发现生产过量的浪费，进而可发现其他方面的浪费（如设备布局不当、人员过多等），然后对设备、人员等资源进行调整，如此不断循环，使成本不断降低，计划和控制水平也随之不断简化与提高。
> 　　准时化生产是指以市场需求为前提，以必要的时间、按必要的数量、生产必要的产品的一种生产制度，它充分体现了彻底清除无效劳动和浪费的思想。

任务三　生产计划与控制

生产计划与控制是生产系统运行的重要组成部分，其任务是把事先确定的生产目标和任务通过生产计划的方式进行全面安排，根据计划对生产过程进行动态控制，保证生产系统有效产出。

一、生产计划

（一）生产计划的三个层次

制造企业的生产计划一般分为综合计划、主生产计划和物料需求计划三种。

1. 综合计划

综合计划又称为生产大纲。它是对企业未来较长一段时间内资源和需求之间平衡所做的战略性的设想，是根据企业所拥有的生产能力和市场需求预测对企业未来较长时间内产出内容、产出量、劳动率水平、库存投资等问题所做出的决策性描述。综合计划并不具体制订每一品种的生产数量、生产时间和每一车间及人员的具体工作任务，而是按照以下方式对产品、时间和人员作安排：

（1）产品。按照产品的需求特性、加工特性、所需人员和设备上的相似性等，将产品综合为几大系列，以系列为单位来制订综合计划。例如，服装厂根据产品的需求特性分为女装、男装和童装三大系列。

（2）时间。综合计划的计划期通常是1年，因此，有些企业也把综合计划称为年度生产计划或年度生产大纲。在该计划期内，使用的计划时间单位是月或季。在采用滚动式计划方式的企业，还有可能未来3个月的计划时间单位是月，其余9个月是季等。

（3）人员。综合计划可用几种不同的方式来考虑人员安排问题。例如，将人员按照产品系列分成相应的组，分别考虑所需人员的水平；或将人员根据产品工艺的特点和人员所需的技能水平分组，等等。综合计划中还应考虑需求变化所引起的人员数量的变化，以决定是采取加班还是增加聘用人数。

2. 主生产计划

主生产计划要确定每一具体的最终产品在每一具体时间段内的生产数量。这里的最终产品，是指对企业而言，必须最终完成、可以马上出厂的完成品，它可以是直接用于消费的消费产品，也可以作为其他企业产品的部件或配件。这里所指的具体的时间段，通常以周为单位，有时也可能是日、旬或月。

3. 物料需求计划

主生产计划确定后，生产管理部门下一步要做的事情是，保证完成主生产计划所规定的最终产品所需的全部物料（原材料、零件、部件等）以及其他资源的供应。物料需求计划就是要制订这些原材料、零件、部件等的生产采购计划，如外购什么，生产什么，什么物料必须在什么时候订货或开始生产，每次订多少、生产多少，等等。也就是说，物料需求计划所要解决的是与主生产计划规定的最终产品相关物料的需求问题，而不是对这些物料的独立的、随机的需求问题。

（二）生产计划的主要指标

生产计划是企业经营计划的重要组成部分，是企业在经营计划期间内完成生产目标的行动纲领，是企业生产管理的依据，也是企业编制物资供应、财务、劳动等其他计划的主要依据。

生产计划的主要指标包括产品品种、质量、产量与产值等。它们各有不同的经济内容，从不同的侧面反映企业计划期内生产活动的要求。

1. 品种指标

产品品种指标是企业在报告期内规定生产的产品名称、型号、规格、种类和数量。

2. 质量指标

产品质量指标包括两大类：一类是反映产品本身内在质量的指标，主要是产品平均技术性能、产品质量分等；另一类是反映产品生产过程中工作质量的指标，如质量损失率、废品率、成品返修率等。

3. 产量指标

产品产量指标是指企业在一定时期内生产的、符合产品质量要求的实物数量和工业性劳务的数量。

4. 产值指标

产品产值指标是用货币表示的产量指标，能综合反映企业生产经营活动成果，以便进行不同行业间比较。根据具体内容与作用不同，分为商品产值、总产值和净产值三种形式。

上述各项生产计划指标的关系十分密切。既定的产品品种、质量和产量指标，是计算各种产值指标的基础，而各项产值指标又是企业生产成果的综合反映。企业在编制生产计划时，应先落实产品的品种、质量与产量指标，然后据以计算产值指标。

（三）生产计划工作的主要内容

1. 做好编制生产计划的准备工作

这项准备工作是预测计划期的市场需求、核算企业自身的生产能力，为确定生产计划提供外部需要和内部可能的依据。

（1）生产预测。生产预测属于市场预测的范畴，是一种侧重（年度和年度以内）以一个企业作为基本出发点的微观预测。在预测时，要重视对计划期需求特征的描述，分清是线性趋势，还是季节性变化趋势，是独立需求还是从属需求。不仅如此，还要选择比较经济、准确的预测方法。

（2）核定生产能力。生产能力是生产系统内部各种资源能力的综合反映，直接关系到能否满足市场需要，所以，在制订生产计划前，必须核定企业的生产能力。

2. 确定生产计划指标

根据满足市场需要，充分利用各种资源和提高经济效益的原则，在综合平衡的基础上，确定和优化生产计划指标。

3. 安排产品的生产进度

在编制完生产计划，确定了全年总的产量任务后，企业要进一步将全年的生产任务具体安排到各个季度和各个月份，这就是安排产品的生产进度。安排产品生产进度的总原则是：保证交货期，实现均衡生产，注意和企业技术准备工作及各项技术组织措施的衔接。不同类型的企业生产特点不同，安排产品生产进度的方法也不同。

（1）大量大批生产企业产品生产进度的安排。大量生产企业，产品品种单一，产量大，生产稳定，这类企业安排产品生产进度的主要内容是将全年生产任务均衡地按季、按月分配。均衡地分配，并不等于各季各月的平均日产量绝对相等，而是可以采用以下几种分配形式：

1）平均分配。在市场需求比较稳定的条件下，每隔一段时间平均日产量有所增长，某段时间的日产量基本相等。

2）分期递增。产量分阶段增长，每隔一段时间平均日产量有所增长，某段时间的日产量基本相等。

3）小幅度连续递增。由于企业的技术水平和工人的熟练程度不断提高，各季、各月的产量逐渐地、小幅度地增长，呈梯形状态。

4）抛物线形递增。一般是新产品，开始批量较小，以后批量逐渐加大，或由于工人技术熟练程度提高，开始日产量提高较快，以后趋于稳定。

（2）成批生产企业产品生产进度的安排。成批生产企业，由于品种多，各种产品交替生产，所以在安排生产进度时，不仅要合理分配产品产量，而且要合理组织不同时期（季、月）各种产品搭配生产。这是安排产品生产进度的关键。具体安排时，应充分考虑以下几个问题：

1）对于产量较大、市场需求比较稳定的产品，可采取"细水长流"的办法，在全年各季各月作比较均衡的安排，以保证企业生产的稳定性。

2）对于产量分淡、旺季或同系列的产品，可采取集中生产或集中轮番生产，这样可以扩大批量，减少同期生产品种，简化组织工作。

3）新产品和老产品的生产要合理搭配。新产品品种的上市，要考虑到技术准备工作的可能。复杂产品和简单产品，劳动量大与劳动量小的产品，以及需要关键设备加工的产品，应合理搭配，均衡地分配到各个时期。这样有利于技术力量、劳动力、设备和生产面积得到均衡负荷，合理利用。

4）要尽可能地使各季、各月的产品产值同该产品生产的批量相等或成整倍数，以便简化计划组织工作，提高工作效率。

（3）单件小批生产企业产品生产进度的安排。单件小批生产企业产品品种繁多，每种产品产量很少，甚至是一次性生产，技术准备工作量较大又复杂，许多订货来得迟、要得急、变动多。这类企业在安排产品进度时，应注意以下几个问题：

1）先安排已经明确的订货任务，尚未明确的生产任务，用概略的计算单位作粗略的安排，待接到订货任务后，再按订货合同的要求，作详细的安排。

2）新产品和需要关键设备加工的产品，在满足订货要求的前提下，尽可能按季分配，交错安排，以免生产技术准备工作和关键设备忙闲不均。

3）小批生产的产品，要集中轮番生产，尽量把通用件多的产品安排在同一时期内生产，以减少同一时期内生产的品种，简化组织工作，提高经济效益。

企业在安排产品生产进度的同时，还要安排各车间的生产任务。即把全年的生产任务具体落实到各个车间，使各车间做好技术准备工作，平衡生产任务和生产能力，使企业内部各主要环节的生产任务在产品品种、数量和时间上相互协调，确保全厂产品生产进度按计划进行。

二、生产作业计划

生产作业计划是生产计划的具体执行计划。它把生产计划中规定的月度生产任务具体分配到各车间、工段、班组以至每个工作地和个人，规定他们在月、旬、周、日以至轮班和小时内的具体生产任务，并按日历顺序安排生产进度，从而保证按品种、质量、数量、期限和成本完成企业的生产任务。生产作业计划是建立企业正常生产秩序和管理秩序的主要手段，是企业计划管理的重要环节。

（一）作业计划标准

作业计划标准又称期量标准，是指为制造对象（产品、部件、零件等）在生产期限和生产数量方面所规定的标准数据。期量标准是编制生产作业计划的重要依据和组织均衡生产的有力工具。企业的生产类型不同，生产过程组织也不同，因而形成了不同的期量标准。

1. 批量和生产间隔期

批量是指一次投入（出产）相同制品的数量。生产间隔期是指相邻两批同种制品投入（出产）的时间间隔。其相互间关系可以用下式表示：

$$批量 = 生产间隔期 \times 平均日产量$$

$$生产间隔期 = 批量 / 平均日产量$$

2. 生产周期

生产周期是指产品或零件从原材料投入生产起一直到成品出产为止所经历的全部时间。它是确定产品在各个工艺阶段的投入期和出产期的主要依据。产品的生产周期由各个工艺阶段的生产周期组成。

3. 生产提前期

生产提前期是指产品（或零件）在各个工艺阶段出产（投入）的日期比成品出产日期要提前的时间。生产提前期有投入提前期和出产提前期。提前期是编制生产作业计划，保证按期交货，履行订货合同的重要期量标准。

提前期是根据车间和生产间隔期计算的，同时要考虑一个保险期。提前期是按反工艺顺序连续计算的，其计算公式如下：

$$某车间投入提前期 = 本车间出产提前期 + 本车间生产周期$$

$$本车间出产提前期 = 后车间投入提前期 + 保险期$$

4. 在制品定额

在制品定额是指在一定技术组织条件下，为了保证生产连续而均衡地进行所必需的最低限度的在制品数量。一定数量的在制品是保证生产正常进行的客观需要，但在制品过多，就会增加生产面积和资金占用，影响经济效益；如果在制品过少，往往导致生产脱节，设备停歇。因此，必须把在制品定额控制在适当的水平上。在制品、半成品定额计算公式如下：

$$车间在制品定额 = 平均每日出产量 \times 车间生产周期 + 保险储备量$$

$$库存半成品定额 = 后车间平均每日需要量 \times 库存定额天数 + 保险储备量$$

（二）生产作业计划的编制

编制生产作业计划包括编制分车间的作业计划及分工段或分小组的作业计划。这两步工作的方法原理是相同的，区别是计划编制的详细程度和责任单位有所不同。分车间的作业计划由厂部编制，它解决车间与车间之间生产数量及时间衔接等平衡问题。对于对象专业化车间，因各个车间平行地完成各种不同产品的生产任务，按照车间的产品分工，生产能力和各种具体生产条件直接分配给各车间。对于工艺专业化车间，因各个车间之间依次提供半成品，则应根据生产类型和其他情况采用下列方法。

1. 在制品定额法

在制品定额法适用于大量大批生产类型。这类企业生产品种比较单一，产量比较大，工艺和各车间的分工协作关系密切稳定，只要把在制品控制在定额水平上，就可以保证生产过程协调正常地进行。采用在制品定额法，就是运用预先制定的在制品定额，按照产品的反工艺顺序，从出产成品的最后车间开始，连续地计算各车间的出产量和投入量。其计算公式如下：

$$某车间出产量 = 后车间投入量 + 本车间半成品外销量 + \left(\begin{array}{c}库存半成品\\定额\end{array} + \begin{array}{c}期初库存半成品\\预计结存量\end{array}\right)$$

$$某车间投入量 = 车间出产量 + 本车间废品量 + \left(\begin{array}{c}车间在制品\\定额\end{array} + \begin{array}{c}期初车间在制品\\预计结存量\end{array}\right)$$

2. 提前期法

提前期法适用于成批生产的企业。这类企业各种产品轮番生产，各个生产环节结存的在制品的品种和数量经常不一致。但是各种主要产品的生产间隔期、批量、生产周期和提前期都比较固定，因此，可以采用提前期法来规定车间的生产任务。所谓提前期法，就是将预先制定的提前期标准转化为提前量，来规定车间的生产任务，使车间之间由"期"的衔接变为"量"的衔接。其计算公式如下：

$$提前量 = 提前期 \times 平均日产量$$

采用提前期法，对生产的产品应实行累计编号，所以又称累计编号法。所谓累计编号，是指从年初或从开始生产这种产品起，依成品出产的先后顺序，为每一单位产品编上一个累计号码。最先生产的那一单位产品编为"1号"，以此类推，累计编号。因此，在同一时间上，越是处于生产完工阶段上的产品，其编号越小；越是处于生产开始阶段的产品，其累计编号越大。在同一时间上，产品在某一生产环节上的累计号数，同成品出产累计号数相比，相差的号数就叫提前量。

3. 生产周期法

生产周期法适用于单件小批生产企业。这类企业的生产任务多数是根据订货合同来确定的，生产的品种、数量和时间都很不稳定，产品是一次性生产或不定期重复生产。因此，各车间的生产在数量上衔接比较简单，关键是合理搭配订货，调整处理类似品种多变与保持车间均衡负荷之间的矛盾。

采用生产周期法规定车间的生产任务，就是根据订货合同规定的交货期限，为每一批订货编制出产品生产周期进度表，然后根据各种产品的生产周期进度表，确定各车间在计划月份应该投入和出产的订货项目，以及各项订货在车间投入和出产的时间。通过产品投入和出产进度表，就可以保证各车间的衔接，协调各种产品的生产进度和平衡车间的生产能力。

三、生产作业控制

生产作业控制是在生产作业计划执行过程中，通过监督检查，及时发现差异，采取措施予以调节，减少或消除这些差异，保证生产活动有序进行。生产作业控制是生产控制的重要组成部分，其主要内容包括生产进度控制、在制品控制等。

（一）生产进度控制

1. 产前控制

产前控制是生产过程控制的开始，主要指投产前的各项准备工作控制，包括对技术、物资、设备、动力、劳动力等准备的控制,以保证投产后整个生产过程能均衡、协调、连续进行。

2. 产中控制

产中控制即投入产出控制,是在投料运行后对生产过程的控制。它具体分为投入控制和产出控制两个方面。投入控制又称投入进度控制,是指按计划要求对产品开始投入的日期、数量、品种的控制,是预先性控制。产出控制又称为出产进度控制,是指对产品(包括零件、部件)出产日期、生产提前期、出产数量、出产均衡性和成套性的控制。

(二) 在制品控制

在制品控制即在制品占用量的控制,它是对生产过程中各个环节的在制品实物和账目进行控制。搞好这一控制工作,不仅对实现生产作业计划有重要作用,而且有利于减少在制品积压、节约流动资金、提高经济效益。在制品控制主要包括车间内流转的在制品控制和跨车间协作工序的在制品流转的控制。进行在制品控制要求建立并严格执行在制品出、入库制度和手续,定期清点,发现问题及时调整。

(三) 生产调度

生产调度是以生产作业计划为依据,及时了解和把握生产活动进展情况,组织和动员各方面的力量,灵活、迅速地处理生产中出现的矛盾和问题,协调各环节的工作,使生产得以顺利及时解决问题。生产调度的内容主要有以下方面:①依照生产作业计划下达指令去检查生产各个环节的执行情况,特别要控制车间之间以及车间内部有交接的生产任务的衔接配合问题。②检查、督促生产之前的作业准备工作,协助有关部门按时将各种技术文件、物资材料、人员等准备好,使生产能够按预定时间开始。③根据生产的实际需要,做好劳动力的调配工作,及时地调整好劳动组织。要督促有关方面做好设备维修、保养工作,保证设备的正常运转。④同承担运输任务的部门保持经常的联系和配合,做好运输的日常调度工作,使企业内外部的物流顺畅,及时解决物资供应中出现的问题。⑤及时掌握动力的供应和保证情况,出现问题及时处理,使事故、故障给生产带来的损失最小。⑥组织好本企业一级和车间级的生产调度会,协调车间之间、工段之间、班组之间的生产问题,克服困难,解决矛盾。

案例 5-2　　　　　争取订单要量力而行

某公司一位负责销售的经理在某市争取到一批空调订单,但由于公司的生产能力已饱和,以致公司在接到这批订单后无法按时交货,造成公司声誉受损,结果这位经理被挂职处理。

分析提示:

按理说,那位经理为公司争回订单是件好事,但公司的领导却从事情的另一面

> 看问题，即公司有多大的能力就办多大的事情，量力而行。如果不顾企业实际生产能力，拿回订单，企业势必要么不顾自己的实际生产能力加大产量，造成粗制滥造，使产品质量得不到保证，要么保证不了商家及用户对产品的要求，最终导致企业的声誉受损。这就是那位销售经理从市场上争回订单却受罚的真正原因。
>
> 　　然而，在激烈的买方市场竞争中，我们的一些企业也存在这种情况：本来他们的实际生产能力达不到这样大的产量，可他们的市场营销人员甚至包括企业的某些领导却认为产品订单越多越好，至于企业的实际生产能力能不能负荷，能不能完成那是另外一回事。先把任务争回来再说，至于其他就不予考虑了，结果是害人又害己。

任务四　生产现场管理

　　生产现场是从事产品生产和提供劳务服务的场所。对于制造企业来讲，生产现场是进行物质转换的场所，是企业经营的基础。对服务企业来讲，生产现场是直接面对顾客进行经营的"窗口"。生产现场管理的内容包括两方面：一是对生产力要素进行合理配置；二是对现场生产全过程进行有效的组织、计划与控制，包括对人的思想行为、产品质量和工作质量、设备和物料、生产中的信息、工艺流程等方面的管理。因此，生产现场管理是以生产系统的作业场所为管理范围的所有管理工作的总称，它是一项经常性、基础性的综合管理，对于充分利用企业各种资源，建立文明的生产经营秩序，树立良好的企业形象，有着十分重要的意义。

　　现场管理与生产控制有着密切的联系。现场管理也是一种控制行为，是生产控制的一个组成部分，是生产管理的日常工作之一。

一、目视管理

　　目视管理是以生产现场的劳动者为直接对象，利用视觉信息，调节人们的行为，控制生产物流的管理方式。具体来说，就是运用图案、文字、电视信号等传递可视信息，并以此来规范、指导、警示生产现场的员工，以求达到生产作业有序和有效进行的目的。因此，目视管理可使各种管理状态、管理方法"一目了然"，从而容易明白，易于遵守，让员工自主地理解、接受、执行各项工作。

　　目视管理中运用的可视信息内容一般包括作业标准、安全信息等。目视管理的具体形式多种多样，如仪表、电视、信号灯、标示牌、图表、标志线、色彩标志等。例如交通用的红绿灯，红灯停、绿灯行；排气扇上绑一根小布条，看见布条飘动就可知道排气扇正在运行；一块"值班电工去向指示板"可将值班人及其去向清楚地标明；物品放在画有标高线的墙边，一眼就能看出物品摆放是否超高；等等。

二、定置管理

定置管理是以生产现场的物为主要对象,研究人、物、现场三者之间的结合关系,并对三者进行组织、设计、实施和完善的一种管理方式。

定置是将生产、工作需要的物品按照一定的要求,科学合理地固定位置。定置管理是围绕定置工作所进行的一系列管理活动。

随着生产和科学技术的高速发展,设备的数量和种类不断增加,从而要求人和机器之间有一种最佳关系,使生产和工作现场的各种物品处于最佳的使用位置,才能大大地提高生产和工作效率。定置管理正是针对这一需要设立的,以实现生产现场有关的,人和物的最佳结合,从而使生产现场处于有效的控制状态,创造文明的生产和工作环境,建立良好的生产和工作秩序。

在生产现场,物的放置状态可分为三类:A类,即物的放置可使人和物处于即时结合的状态,在需要时伸手可得。这是一种理想的状态。B类,即物的放置需要经过寻找和处理才能使人和物结合。这种状态需要改善。C类,即生产现场的无用之物或与现场生产无关之物,多属不良状态,应予以消除。

定置管理就是通过对上述三种状态的分析、调整,将物按科学合理的要求固定并保持,使操作者用物时好用、方便、顺手,减少无效劳动,实现安全、文明生产,从而不断提高生产效率和效益。

三、5S 管理

(一) 什么是 5S

5S 是指整理、整顿、清扫、清洁和素养,因这 5 个日文词读音的第一音都是 S,所以简称 5S。5S 管理活动是目视管理与定置管理的有效结合。它通过整理现场、实现良好的目视管理,最终解决生产系统难以避免的各种矛盾与问题,从而使生产系统不断改善,主动适应外部环境变化,不断得到优化。5S 活动是一个按照整理、整顿、清扫、清洁和素养依次进行并不断循环的过程,活动的核心是素养,经过一轮轮的循环,素养便可一次次提高。5S 活动的目的与含义如表 5-3 所示。

表 5-3 5S 活动的目的与含义

5S 内容	含义	效果举例	目的
整理	区分要与不要的东西，坚决扔掉不要的东西	(1) 减少库存量，现场无杂物 (2) 场地变大，行动方便 (3) 清除混乱安放，避免差错 (4) 无徒劳的寻找时间	减少成本 =（1）+（3）+（4）+（7） 提高效率 =（2）+（3）+（4）+（5）+（8）+（9） 提高质量 =（1）+（3）+（8）+（11）+（13）+（14） 减少故障 =（7）+（8）+（9）+（11）+（13）+（14） 安全保证 =（2）+（5）+（6）+（10）+（11）+（12）+（13）+（14） 提高工作热情 =（5）+（10）+（11）+（13）+（14）+（15）
整顿	必要的东西定位放置，使用时随时能拿到手	(5) 现场整齐，一目了然 (6) 无不安全状态 (7) 无跑、冒、滴、漏	
清扫	将灰尘、油污、垃圾清除干净	(8) 提高设备清洁度，良好润滑 (9) 在清扫设备时进行检查 (10) 切屑不落地，地面清洁	
清洁	前三项的坚持与深入，保持清洁	(11) 车间环境变为愉快的工作环境 (12) 消除发生灾害的根源	
素养	遵守规章制度、道德、品质、修养	(13) 执行标准，减少疏忽 (14) 自觉遵守规章制度 (15) 改善人际关系，增强集体意识	

（二）5S 活动实施的要点

1. 整理

通过整理腾出空间，创造清爽的工作场所，防止误用、误送。整理的流程大致可分为分类、归类、制订基准、判断要与不要、处理以及现场的改善 6 个步骤。具体要求是：①确定定期进行整理的日期和规则——"要"与"不要"的判定基准；②全面检查自己的工作场所（范围），包括看到的与看不到的；③按照判断基准将物品分类并区分出物品的使用等级；④将不要的物品清除出工作场地；⑤妥善处理废弃物品；⑥每日自我检查。

2. 整顿

整顿是要把需要的人、事、物加以定位，按照"定点、定容（容器和颜色）、定量"的原则科学合理地摆放整理后留下的物品，做到"方便拿出，容易放回"。主要包括：①根据需要物品的使用量和频度，划定物品安置的地方；②按照平行、直角、直线的原则放置物品，使其一目了然；③进行标志，放置场所和物品尽可能做到一对一地标志。

3. 清扫

清扫的核心是使生产现场处于无垃圾、灰尘的整洁状态，以清除不利于产品质量、环境的因素，减少对员工健康的伤害。清扫的关注点包括责任化、标准化和污染源改善处理：①建立清扫责任区，制定清扫规范（标准）；②自己使用的物品，如设备工具等，要自己清扫；③设备清扫着眼于对设备的维护保养；④清扫与改善相结合，发现工作场地有问题，要及时查明原因并采取措施。

4. 清洁

清洁是整理、整顿、清扫之后的维护和深入，从而消除发生安全事故的根源，使员工在良好的工作环境中愉快地工作。主要内容包括：①制定考评办法、奖惩制度，加强执行；②不仅物品要清洁、整个工作环境要清洁，员工本身也要清洁；③员工不仅要做到形体上清洁，而且要做到精神上的"清洁"，讲礼貌，尊重人。

5. 素养

素养是5S活动的核心，没有人员素质的提高，各项活动就不能顺利开展，即使开展了也坚持不了。5S活动起于素养，也终于素养。主要内容包括：①制订工作服装、证件等识别标志；②制定企业人员应沟通遵守的规则、规定；③制定礼仪守则；④教育训练（如新人员的5S教育、实践）；⑤开展各种精神提升活动（如班会、礼仪活动等），强化激励手段。

> **案例 5-3**
>
> 在某企业的样板生产线上，一个工人在工作过程中少装了两个零件，导致产品报废，造成了几万元的经济损失。车间主任对这名工人进行了相应的处罚。但是，没过多久，这名工人在工作中又少装了两个零件。为此，车间主任开始调查原因，结果工人很无奈地表示自己也不知道原因。最后，车间主任只好将原因写成"鬼使神差"。
>
> 为了减少这种无意识差错，企业进行了五个月的生产整顿，按照5S法对本企业的员工进行了培训，结果使工人工作状态大为改善。
>
> **分析提示：**
>
> 良好的工作效果不仅要依靠科学的管理体系，还要求员工具备相应的素质，5S管理是提高员工素质的有效途径。

【小　　结】

生产运作过程是企业价值链的主要环节和主要活动，是一个创造财富的过程，这个过程把输入的生产要素转化为输出的产品（服务）。生产运作管理是构成企业核心竞争力的关键内容，它的任务是围绕企业经营目标将各种要素合理地组织起来，形成一个有机整体，保证高效、低耗、准时地生产合格产品或提供优质服务。随着科技进步和社会发展，生产管理不断发展进步，新的管理方式不断出现，如制造资源计划、准时化生产等都具有一定的代表性。

【课后习题】

一、选择题

1. 硬件产品和服务的生产运作过程都是（　　），其主要区别在于（　　）。
   A. 将输入转化为输出的过程　　　　B. 创造物质财富的过程
   C. 生产与消费是否同时进行　　　　D. 是否运用机器设备

2. 大量生产类型的主要特征有（　　）。
   A. 产品品种少、数量大　　　　　　B. 工作的专业化程度高
   C. 对工人技术水平要求很高　　　　D. 广泛采用高效的专用设备

3. 某企业生产一种产品，批量为4件，经5道工序加工，各道工序单件作业时间依次为6分钟、3分钟、6分钟、6分钟、3分钟。

   （1）4件产品全部生产出来，若希望用最短的时间完成，应选用的移动方式为（　　）。
   A. 顺序移动　　　　B. 平行移动　　　　C. 平行顺序移动　　　　D. 交叉移动

   （2）最短时间应为（　　）分钟。
   A. 36　　　　　　　B. 42　　　　　　　C. 48　　　　　　　　　D. 51

   （3）在实际中这种移动方式适合于（　　）。
   A. 大批大量生产　　B. 成批生产　　　　C. 单件生产　　　　　　D. 小批量生产

   （4）这种移动方式与其他移动方式相比较，其缺点是（　　）。
   A. 运输次数多　　　　　　　　　　B. 有的工序设备有停顿现象
   C. 流动资金周转慢　　　　　　　　D. 组织生产比较麻烦

4. 某企业开展5S活动。一段时间过去了，效果不明显。领导发动群众找原因，决定进行一次问卷调查，其中一些问题如下：

   （1）5S活动是一个（　　）的过程。
   A. 整顿、整理、清洁、素养、清扫　　B. 整理、清扫、整顿、清洁、素养
   C. 整理、整顿、清扫、清洁、素养　　D. 整顿、整理、清扫、清洁、素养

   （2）5S活动的核心是（　　）。
   A. 清洁　　　　　B. 清扫　　　　C. 整理　　　　D. 素养　　　　E. 整顿

   （3）将物品进行定量、定位、科学合理的摆放和布置，属于（　　）。
   A. 整理　　　　　B. 清扫　　　　C. 清洁　　　　D. 整顿

   （4）开展5S活动要注意的是（　　）。
   A. 贵在坚持　　　　　B. 领导重视　　　　C. 抓住时机搞一次突击
   D. 保证一次搞彻底　　E. 强调自我管理

二、简答题

1. 如何划分生产类型？
2. 狭义的生产管理包括哪些内容？
3. 试述现代生产运作管理的发展状况。
4. 生产系统由哪些要素构成？
5. 什么叫生产过程？生产过程是如何构成的？
6. 合理组织生产过程应达到哪些要求？
7. 工艺专业化形式有何优缺点？
8. 如何认识生产计划体系？
9. 年度生产计划有哪些指标？
10. 期量标准有哪几种？
11. 试述现场管理的意义与内容。

三、案例分析

案例1 海尔的OEC管理模式

在海尔的每个车间都设有体现企业精神与管理的四个专栏：检查栏、计划栏、日清栏、表彰栏。在每个车间的地上有一块60厘米见方的图案：红框白底，白底上印着一对绿色的大脚印，人称"6S大脚印"。站在"大脚印"里抬眼上望，可以看到一块写着"整理、整顿、清扫、清洁、素养、安全"的牌子——"6S自检站"……这就是海尔OEC管理模式创造的感官效果。

OEC是Overall Every Control and Clear的英文缩写，其含义是全方位地对每人、每天所做的每件事进行控制和清理，做到"日清日毕，日清日高"。OEC管理法由三大基本系统构成：目标系统、日清控制系统和激励系统，其中核心是控制系统。日清控制系统分为员工自我日清和企业职能日清两部分。"日清"的对象是员工及其承担的工作、分管的物品、分工的区域以及企业组织系统应达到的目标。"员工自我日清"要求每个员工每天对自己所从事的每件事进行清理、检查。它包括两个方面：一是"日清日毕"，即对当天发生的各种问题进行检查，在当天弄清原因，分析责任，及时处理，保证目标得以实现。二是"日清日高"，即对工作中的薄弱环节不断改善、不断提高。"企业职能日清"是管理层员工根据企业组织目标体系的要求，对自己负责的目标进行日清，分析目标是否完成，完成到什么阶段，与计划是否有偏差，如果有偏差，分析产生的原因，确定采取的措施。"日清"是OEC的核心。海尔在工作现场设立了"日清栏"，要求管理人员每两小时巡检一次，将发现的问题及处理措施填在"日清栏"上。通过层层、时时复审，又带动了全体员工的自我日清。这样，日清控制就构成生产作业现场自我日清和职能管理部门的日清复审两条主线，形成了一个纵横交错的"日日清"控制网络体系。

问题：
OEC管理法体现了什么管理思想和控制方法？

案例2 大发快餐店

大发快餐店是一个典型的中国式快餐店，经营的品种很多，包括中国人习惯食用的如面粉类、饭菜类、包子、水饺等不下20种款式，却无甚特色，任何一个馆子都可供应。但该店却得天独厚，位于繁华地段中心，人流量大，加上该店有适当的设施和装饰，环境较为适宜，因此，每到就餐时段，就门庭若市，应接不暇，就餐坐次周转率也很高，从而为该店带来较丰厚的利润，使该店的投资者兼总经理孙先生每日笑逐颜开。

但是，上个月末，全球闻名的麦当劳在离不太远的地方开了一间快餐店。虽然对本店营业无太大影响，但它那里人来人往，座无虚席，熙熙攘攘的新景象却是令人叹为观止。

孙先生怀着一种难以形容的心情来到麦当劳店。他发觉，麦当劳主要是制作几种款式的汉堡包和若干种饮料、冰淇淋，品种比较单一，价格也贵一些，但食品的制作质量与服务确实别具特色，设施完备（如有自动记录和收款机），而且制作食物和服务标准化，服务迅速，态度良好，加上灵活的促销手段，如赠送小玩具、开业时广为宣传等，使人留下深刻印象。

孙先生回来后，参看了国外书籍上介绍的麦当劳服务流程图，想起自己快餐店的服务流程与其不同。大发店是顾客先到柜台上订购食品和付款，只有一个柜台，两个服务员，手工操作，人多了就得排队。然后，顾客自己拿着订单到各个食物制作点等候加工和取得食品，再到座位上就餐。各个制作点对食物加工的数量与质量虽有规定，但未标准化，制作人员有一定的随意性，也未经常严格检查。各个制作点有时繁忙，有时又太空闲。顾客一般是吃完就走，除特殊情况外很少留下意见，服务质量很难衡量。顾客因排队定购付款和等候取食物要花费一定时间，有时会等10分钟以上，顾客流较长。

近来，孙先生参加了工商管理学习班，学到了一些有关竞争优势、生产系统管理等知识，觉得大发要"大发"，就得如管理理论所说的要保持和发展自己的竞争优势。同麦当劳快餐店比较，各自的竞争优势重点在哪里？生产系统在定位、能力以及设施、服务方式方法、服务流程、人员培训等方面有哪些要研究改进？孙经理正在思考这些问题。

问题：
1. 麦当劳的竞争优势在哪里？与大发快餐店比较有何特色？
2. 大发快餐店的竞争优势在哪里？它的生产系统有何问题？
3. 请提出改进大发快餐店生产系统的建议。

项目六　企业质量管理

【学习目标】

【知识目标】
1. 了解质量管理的发展历程。
2. 掌握质量及质量管理的基本概念。
3. 掌握全面质量管理的定义和特点。
4. 初步了解 ISO 9000 族质量管理体系。

【技能目标】
1. 运用所学原理树立正确的现代质量管理意识,从而提高相关分析思考能力。
2. 具备运用所学知识指导今后的工作和学习的能力。

【开篇案例】

"哥伦比亚"号航天飞机失事

2003年2月1日,美国"哥伦比亚"号航天飞机着陆前发生爆炸,7名宇航员全部遇难,全世界为之震惊,美航天负责人为此辞职,造成美航天事业一度受挫。事后的调查结果令人惊讶,造成此灾难的凶手竟是一块脱落的隔热瓦。"哥伦比亚"号航天飞机有2万多块隔热瓦,能抵御3000℃的高温,避免航天飞机返回大气层时外壳被融化。航天飞机是高科技产品,许多标准是一流的、非常严格的,但就一块脱落的隔热瓦,仅仅0.5%的差错葬送了价值连城的航天飞机,还有无法用价值衡量的宝贵的7条生命。

【导入问题】
造成"哥伦比亚"号航天飞机失事的原因是什么?

【基本原理】

任务一 质量管理概述

一、质量与管理的基本概念

（一）质量的含义

质量有广义和狭义之分。广义的质量是指"产品、体系或过程的一组固有特性满足规定要求的程度"。根据这一含义，质量可以分为产品质量、工序质量和工作质量。"产品质量"是指产品适合于规定的用途以及在使用期间满足顾客的需求。这里的"产品"包括有形的实物产品和无形的服务。"工序质量"是指工序能够稳定生产合格产品的能力。"工作质量"是指企业管理、技术和组织工作对达到质量标准和提高产品质量的保证程度。

狭义的产品质量是指实物产品的质量，包括实物产品内在质量的特性，如产品的性能、精度、纯度、成分等；以及外部质量特性，如产品的外观、形状、色泽、手感、气味、光洁度等。实物产品质量特性一般可概括为产品性能、寿命、可靠性、安全性、经济性五个方面。

（二）质量管理的意义

质量是人类社会中永恒的话题，无论是对社会，还是对企业，它与我们每个人息息相关。企业生存竞争的实质是质量竞争，只有保证好的质量，企业才能占领市场，才能生存和发展。

企业质量管理是指导、控制企业与质量有关的相互协调的管理活动。质量管理作为企业经营管理的一部分，其范畴包括企业最高管理层对质量方针（即宗旨和方向）和质量目标的确定，以及为实现方针和目标所做的质量策划、质量控制、质量保证和质量改进的一系列管理工作。

质量管理的最终目标是能够用最经济、最有效的手段进行设计、生产和服务，生产出用户满意的产品。质量管理工作的步骤，一般是根据实践和实验，发现产品质量上的薄弱环节和问题，从科学技术原理、工艺上研究产生的原因；采取有针对性的措施，并组织稳定的生产工艺路线，切实加以改进；在主要质量问题得到解决时，次要问题又上升为主要问题，这时再重复上述过程，以解决新产生的质量问题。

二、质量管理的历程

随着社会生产力的发展,质量的含义和质量管理的内涵在不断演变和发展。历史地考察质量管理的形成与发展,大致经历了以下三个阶段:质量检验阶段、统计质量控制阶段、全面质量管理阶段。

(一) 质量检验阶段

20世纪初,人们对质量管理的理解还只限于质量的检验。质量检验所使用的手段是各种的检测设备和仪表,方式是严格把关,进行百分之百的检验。期间,美国出现了以泰罗为代表的"科学管理运动"。"科学管理"提出了在人员中进行科学分工的要求,并将计划职能与执行职能分开,中间再加一个检验环节,以便监督、检查对计划、设计、产品标准等项目的贯彻执行。这就是说,计划设计、生产操作、检查监督各有专人负责,从而产生了一支专职检查队伍,构成了一个专职的检查部门,这样,质量检验机构就被独立出来了。起初,人们非常强调工长在保证质量方面的作用,将质量管理的责任由操作者转移到工长,故被人称为"工长的质量管理"。

后来,这一职能又由工长转移到专职检验人员,由专职检验部门实施质量检验,称为"检验员的质量管理"。质量检验是在成品中挑出废品,以保证出厂产品质量。但这种事后的检验把关,无法在生产过程中起到预防、控制的作用,且百分之百的检验,增加了检验费用。在大批量生产的情况下,其弊端也就凸显出来。

(二) 统计质量控制阶段

这一阶段的特征是数理统计方法与质量管理的结合。第一次世界大战后期,休哈特将数理统计的原理运用到质量管理中来,并发明了控制图。他认为质量管理不仅要进行事后检验,而且在发现有废品生产的先兆时就进行分析改进,从而预防废品的产生。控制图就是运用数理统计原理进行这种预防的工具。因此,控制图的出现,是质量管理从单纯事后检验进入检验加预防阶段的标志,也是形成一门独立学科的开始。第一本正式出版的质量管理科学专著就是1931年休哈特的《工业产品质量的经济控制》。在休哈特创造控制图以后,他的同事在1929年发表了《抽样检查方法》。他们都是最早将数理统计方法引入质量管理的,为质量管理科学作出了贡献。

第二次世界大战开始以后,统计质量管理得到了广泛应用。美国军政部门组织一批专家和工程技术人员,于1941—1942年间先后制定并公布了《质量管理指南》、《数据分析用控制图法》和《生产过程质量管理控制图法》,强制生产武器弹药的厂商推行,并收到了显著效果。从此,统计质量管理的方法得到很多厂商的应用,统计质量管理的效果也得到了广泛的证实。

第二次世界大战结束后,美国许多企业扩大了生产规模,除原来生产军火的工厂继续推行统计质量管理方法以外,许多民用工业也纷纷采用这一方法,美国以外的许多国家,也都陆续推行了统计质量管理,并取得了成效。

但是,统计质量管理也存在着缺陷,它过分强调质量控制的统计方法,使人们误认为质量管理就是统计方法，是统计专家的事。在计算机和数理统计软件应用不广泛的情况下，使许多人感到高不可攀、难度大。

（三）全面质量管理阶段

20世纪50年代以来，科学技术和工业生产的发展，对质量要求越来越高。要求人们运用"系统工程"的概念，把质量问题作为一个有机整体加以综合分析研究，实施全员、全过程、全企业的管理。60年代在管理理论上出现了"行为科学"学派，主张调动人的积极性，注意人在管理中的作用。随着市场竞争，尤其国际市场竞争的加剧，各国企业都很重视"产品责任"和"质量保证"问题，加强内部质量管理，确保生产的产品使用安全、可靠。

在上述背景条件下，显然仅仅依赖质量检验和运用统计方法已难以保证和提高产品质量，也不能满足社会进步要求。以上这些因素最终促使了全面质量管理理论的诞生。1961年，美国的菲根堡姆提出了全面质量管理的概念。

日本在20世纪50年代引进了美国的质量管理方法，并有所发展。最突出的是他们强调从总经理、技术人员、管理人员到工人，全体人员都参与质量管理。企业对全体职工分层次地进行质量管理知识的教育培训，广泛开展群众性质量管理小组活动，并创造了一些通俗易懂、便于群众参与的管理方法，包括由他们归纳、整理的质量管理的老七种工具（常用七种工具）和新七种工具（补充七种工具），使全面质量管理充实了大量新的内容。质量管理的手段也不再局限于数理统计，而是全面地运用各种管理技术和方法。

发达国家组织运用全面质量管理使产品或服务质量获得迅速提高，引起了世界各国的广泛关注。全面质量管理的观点逐渐在全球范围内获得广泛传播，各国都结合自己的实践有所创新发展。目前，举世瞩目的ISO 9000族质量管理标准、美国波多里奇奖、欧洲质量奖、日本戴明奖等各种质量奖及卓越经营模式、六西格玛管理模式等，都是以全面质量管理的理论和方法为基础的。

任务二　全面质量管理

一、全面质量管理的概念和特点

（一）全面质量管理的概念

所谓全面质量管理，是以质量为中心，以全员参与为基础，目的在于通过让顾客满意和本组织所有成员及社会受益而达到长期成功的管理途径。

全面质量管理以往通常用英文缩写TQC来代表，现在改用TQM来代表。其中"M"是"management"的缩写，更加突出了"管理"。在一定意义上讲，它已经不再局限于质量职能领域，而演变为一套以质量为中心，综合的、全面的管理方式和管理理念。

全面质量管理强调全员通过有效的质量体系对质量形成的全过程和全范围进行管理和控制，它的内涵包括以下几点：第一，具有先进的系统管理思想；第二，强调建立全面的有效的质量管理体系；第三，其目的在于顾客满意、社会受益。

（二）全面质量管理的特点

全面质量管理与以往的质量管理相比，它的一个重要特点在于它的全面性。它管理的质量是全面的，它实行的管理是全过程的、全员的，是一种灵活运用多种管理技术和管理手段的综合性的质量管理。它的特点可以概括为"三全一多"，即：全面的质量概念、全过程的质量管理、全员参加的质量管理和方法灵活多样的质量管理。

1. 全面的质量管理

全面质量管理的对象是质量，而且是广义的质量，不仅包括产品质量，还包括工作质量。只有将工作质量提高，才能最终提高产品和服务质量。除此之外，管理对象全面性的另一个含义是，对影响产品和服务质量因素的全面控制。影响产品质量的因素很多，概括起来包括人员、机器设备、材料、工艺方法、检测手段和环境等方面，只有对这些因素进行全面控制，才能提高产品和工作质量。

2. 全过程的质量管理

产品质量首先在设计过程中形成，并通过生产工序制造出来，最后通过销售和服务传递到用户手中。在这里，产品质量产生、形成和实现的全过程，已从原来的制造和检验过程向前延伸到市场调研、设计、采购、生产准备等过程，向后延伸到包装、发运、使用、用后处理、售前售后服务等环节，向上延伸到经营管理，向下延伸到辅助生产过程，从而形成一个从市场调查、设计、生产、销售直至售后服务的寿命循环周期全过程。此外，为了实现全过程的质量管理，就必须建立企业的质量管理体系，将企业的所有员工和各个部门的质量管理活动有机地组织起来，将产品质量的产生、形成和实现全过程的各种影响因素和环节都纳入到质量管理的范畴，才能在日益激烈的市场竞争中及时地满足用户的需求，不断提高企业的竞争实力。

3. 全员参与的质量管理

产品质量的好坏，是许多生产环节和各项管理工作的综合反映。企业中任何一个环节、任何一个人的工作质量，都会不同程度地直接或间接地影响产品质量。全面质量管理中的"全面"，首先是指质量管理不是少数专职人员的事，它是全企业各部门、各阶层的全体人员共同参加的活动。但全面质量管理也不是"大家分散地搞质量管理"，而是"为实现共同的目的，大家有系统地共同搞质量管理"。因此，质量管理活动必须是使所有部门的人员都参加的"有机"组织的系统性活动。同时，要发挥全面质量管理的最大效用，还要加强企业内各职能和业务部门之间的横向合作，这种合作甚至已经逐渐延伸到包括企业外的用户和供应商。

4. 管理方法的全面性

尽管数理统计技术在质量管理的各个阶段都是最有效的工具，但由于影响产品质量因素的复杂性（既有物质的因素，又有人的因素；既有生产技术的因素，又有管理的因素）要搞好全面质量管理，就不能单靠数理统计技术，而应该根据不同的情况、针对不同的因素，灵活运用各种现代化管理方法和手段，将众多的影响因素系统地控制起来，实现统筹管理和全面管理。在全面质量管理中，除统计方法外，还经常用到各种质量设计技术、工艺过程的反馈控制技术、最优化技术、网络计划技术、预测和决策技术，以及计算机辅助质量管理技术等。

二、全面质量管理的指导思想

全面质量管理的基本指导思想是：从系统和全局出发，强调质量第一、用户至上，一切以预防为主，用事实和数据说话，不断改进及突出以人为本。

1. 从系统和全局出发

全面质量管理是一种科学的管理系统，系统管理思想是指对与质量有关的一切方面和一切联系进行全面研究和系统分析的一种管理思想。它要求人们在研究、解决问题时，不仅要重视影响产品质量的各种因素和各个方面的作用，而且要把重点放在整体效应上，通过综合分析和综合治理，达到整体优化，即用最小的投入，生产出满足客户需要的产品，以取得最佳的经济效果。全面质量管理作为一个系统，它是由许多办法组成的。系统的目的或特定的功能是由许多目标（指标）形成的。系统是作为整体而存在的，其组成部分不能离开整体去研究和协调，否则各个部分也就失去了作用。在全面质量管理中，对各项质量指标的协调，对各个过程的协调，对各种工作的协调，对各类人员的协调，都必须从整个系统和全局出发，进行综合的考虑和研究。在一些相互矛盾的要求中，要追求全局最优、整体效益最优，而不是追求某个局部的最优，还要注重暂时利益服从长远利益。

2. 用户至上

在全面质量管理中，"用户至上"就是要树立以用户为中心，为用户服务的思想。产品质量与服务质量必须满足用户的要求，产品质量的好坏最终应以用户的满意程度为标准，这是一个十分重要的指导思想。

这里的用户是广义的，不仅是产品的直接用户，而且指在企业内部，下工序是上工序的用户，下工段或下车间是上工段或上车间的用户等。

3. 预防为主

在企业的质量管理中，要认真贯彻预防为主的原则，凡事要防患于未然。重视产品设计，在设计上加以改进，消除隐患。对生产过程进行控制，尽量把不合格品消灭在发生之前，同时对产品质量信息及时反馈并认真处理。

质量是设计、制造出来的，而不是检验出来的。在生产过程中，检验是重要的，可以起到避免不合格品出厂的把关作用，同时还可以将检验信息反馈到有关部门。但影响产品质量好坏的真正原因并不在于检验，而主要是在于设计和制造。

4. 用事实和数据说话

这就是要求在全面质量管理工作中具有科学的工作作风，在研究问题时不能满足于一知半解和表面现象，除了要对问题有定性分析外，还要尽量进行定量分析，做到心中有"数"。运用各种统计方法和工具进行分析，提供基于数据分析的事实依据是很重要的。

5. 不断改进

要树立不断改进的思想，首先必须具有发现问题的能力。即每个职工对自己工作岗位及周围环境中存在的质量影响因素具有敏锐的洞察能力、分析能力和反省能力。也就是要不断地发现问题和提出问题,不安于现状,不断提出改进的方法和目标,并在此基础上积极采取各种措施和行动,以求实、求真、求深的精神,谋求质量工作不断深化、改革、创新,使质量工作生机勃勃、日新月异、不断前进、跃上新水平。不断改进的思想,包含了质量意识、问题意识和改进意识三个方面的内容。质量意识是前提,问题意识是先导,改进意识是结果,这三者相辅相成,促进质量工作奋发向上、不断创新。因此,不断改进的思想,是质量工作极其宝贵的资源和财富。

6. 以人为本

与质量检验阶段和统计质量控制阶段相比,全面质量的特点之一就是全体人员参与管理,"质量第一"、"人人有责",格外强调调动人的积极因素。

以人为本的管理思想,要求在推行全面质量管理过程中,不断提高人的素质,要求职工掌握并贯彻企业的质量方针与目标。只有每个员工明确了企业质量方针与目标对自己的要求,以及自己对质量方针与目标应作的贡献,才能使每个职工发挥其聪明才智,主动积极地工作,以主人翁的态度去完成自己所承担的任务。同时,企业制定的各种质量政策,要有利于调动广大职工的积极性和创造性;要采取各种形式发扬职工的首创精神和鼓励他们提出独到的见解;还要做到奖罚分明,对那些在质量工作上奋发向上、不断创新的员工进行适当的奖励。

任务三 质量体系与质量认证

一、质量认证和国际标准化组织 ISO

质量认证是为确信产品和服务完全符合有关标准或技术规范而进行的第三方机构的证明活动,是国际上通行的制度。随着商品经济规模的扩大和经济多元化、国际化,为了提高产品信誉度,减少产品质量的重复检验,消除贸易技术壁垒,维护供方、需方、顾客、消费者各方的利益,产生了第三方认证。对一个企业来说,申请权威机构对其质量管理体系进行认证,使用国际公认的合格标志,其产品和服务就可以得到世界各国的普遍认可,并能在国内外市场上获得顾客的信任,有利于扩大市场占有率,参与国际竞争。

国际标准化组织 ISO(International Organization for Standardization)成立于 1947 年,是由 131 个国家标准化机构参加的国际组织,其宗旨是:在全世界范围内促进标准化工作的发展,扩大各国在技术、经济各方面的交流与合作。它的主要活动是制定 ISO 标准,协调世界范围内的标准化工作。1978 年,我国成为 ISO 的正式成员。

二、ISO 9000 系列标准的制定与修订

（一）ISO 9000 系列标准的制定和简介

1979 年，ISO 按专业性质设立了"质量保证技术委员会（ISO/TC176）"，负责制定有关质量保证技术和应用的国际标准。ISO/TC176 成立之后，在总结各国质量保证经验的基础上，于 1987 年 3 月，正式发布了 ISO 9000 系列国际标准。

ISO 9000 与通常的工程技术标准不同，它的概念是管理工作的普遍特征可以实现有效的标准化，给供需双方带来好处。ISO 9000 的发布使质量管理和质量保证工作的概念、原则和方法统一在国际标准的基础上，实现了规范化和程序化，满足了当今国际贸易中商业和工业应用的需要。迄今为止，有 100 多个国家采用 ISO 9000 作为本国的国家标准。

第一版的 ISO 9000 系列标准共分为五个组成部分：

（1）ISO 9000 质量体系。ISO 9000 是该系列标准的选用指南，并为 ISO 9001、ISO 9002、ISO 9003、ISO 9004 的使用建立了准则。

（2）ISO 9001 质量体系——设计、开发、生产、安装和服务的质量保证模式。其包括了企业全部活动的总标准。

（3）ISO 9002 质量体系——生产、安装和服务的质量保证模式。当需要证实供方生产合格产品的过程控制能力时，应选择和使用此种模式的标准。

（4）ISO 9003 质量体系——最终检验和试验的质量表征模式。当仅要求供方保证最终检验和试验符合规定要求时，应选择此种模式的标准。

（5）ISO 9004 质量管理和质量体系要素指南——它是企业建立和实施全面有效的内部管理的质量体系文件。它的基本原则对于所有企业都是适用的。包括了两方面的内容：一是引言，阐述了质量管理和质量体系的目标和任务；二是正文，阐述了质量管理和质量体系及其要素的要求。

在第一版 ISO 9000 系列标准发布之后，TC176 从 1994 年起，对其陆续作了修订和增补，第二版的 ISO 9000 共含有 22 个文件和两个技术报告。

（二）2000 版 ISO 9000 系列标准的构成与特点

2000 年 12 月 15 日，ISO 正式发布了 ISO 9000：2000《质量管理体系——基础和术语》，取代了第二版的 ISO 9000 系列标准。同时，我国等同采用 ISO 9000：2000 系列标准，代替 GB/T6583－1994。

ISO 9000：2000 系列标准在第二版 ISO 9000 的基础上作了重大的修订和补充，其对原有的标准有四种处置方式：并入新的标准；以技术报告（TR）或技术规范（TS）的形式发布；以小册子的形式出版发行；转入其他技术委员会（TC）。ISO 9000：2000 的核心标准为：

（1）ISO 9000：2000《质量管理体系——基础和术语》。

（2）ISO 9001：2000《质量管理体系——要求》。

（3）ISO 9004：2000《质量管理体系——业绩改进指南》。

（4）ISO 9011《质量和环境管理体系审核指南》。

2000 版 ISO 9000 系列标准与 1994 版相比，适用范围广，通用性强，整体结构简化，操作性强，同时强调了领导的关键作用和自我评价与改进。

二、ISO 9000 族标准产生的背景

（一）科学技术和生产力水平的提高

科学技术和生产力水平的提高是 ISO 9000 族标准产生的客观环境。在科学技术尚不发达的社会中，产品结构一般比较简单，商品交换基本上是在生产者与用户之间直接进行，用户可以凭自己的知识、经验、感官来判断商品的质量。但随着科学技术的发展，生产方式逐步转为社会化大生产，产品的结构也越来越复杂，商品一般都通过流通领域进行销售，用户很难凭借自己的能力来判断商品的优劣，往往容易上当受骗，同时也影响商品的销路。生产者为了避免产品积压的风险，使用户相信自己产品的质量，采用了对商品提出担保的对策，这便出现了质量保证的萌芽。由于科学技术的迅猛发展，新产品不断出现，其中相当一部分是具有高安全性、高可靠性或高价值性的产品。这些产品如果在质量上有缺陷，将给用户带来不堪设想的损害，如核电站、火箭、飞机、药品、化学制品、桥梁、隧道等。如果不能保证质量以至于发生质量事故，其影响和损失之大难以估计。20 世纪 60 年代，各种保护消费者利益的组织纷纷成立，成为一种世界性的趋势。一些国家在处理产品责任问题时，也逐渐从以《合同法》规范向以《侵权法》规范转化，由过失责任原则向无过失责任原则转变，以侵权行为诉讼来处理产品责任问题，为用户利益和社会安全免受新技术的负面影响提供更充分的保护。这时，用户已不满足供应厂商一般的担保，因为卖方承担产品责任仅仅解决事后赔偿问题，人们更关心的是要得到能长期稳定使用的产品，为此，就要求对产品质量进行更严格的管理、监督、控制。

产品的质量要求由技术规范来体现，但对于现代产品而言，由于产品结构和制造工艺日益复杂，仅对制成品按技术规范进行验证显然是不够的。因为技术规范和生产方的组织体系不完善时，规范本身就不能保证产品质量始终达到要求。因而，必然要求在产品质量形成的过程中加强管理并实施监督，要求生产方建立相应的质量管理体系，提供能充分说明质量符合要求的客观证据。这些质量保证活动是需要一定费用的，但为了保证产品质量，避免由于产品质量的缺陷而带来的巨大损失，用户愿意承担这些费用以求得安全可靠的产品，把风险降到最低限度。另一方面，对于生产方而言，由于产品责任要承担巨大损失，这也从客观上促使生产方主动重视质量保证和质量管理，以减少质量问题的产生，并在被追究责任时能提出足够的证据为自己辩护。一些企业为了提高自己的信誉和竞争力，在加强质量管理和开展质量保证活动的同时，还向权威机构申请对其质量管理体系进行认证，这些发展形成了产生 ISO 9000 族标准的客观条件。

（二）质量保证活动取得成功经验

质量保证活动的成功经验为 ISO 9000 族标准的产生奠定了基础。有系统地开展质量保证活动最早始于西方的一些军工企业，由于军工企业大多数军工产品，特别是武器，都

是现代产品，结构复杂、质量要求高，一个微小的差错就会造成巨大的损失。在这种情况下，从 1959 年开始，美国国防部向国防供应局下属的军工企业提出多个有关质量保证的标准文件，逐步形成了一套完善的质量保证标准文件。

军工产品生产中开展质量保证活动的成功经验，很快就推广到民用产品的生产领域。美国国家标准协会于 1971 年借鉴军用标准发布了《核电站质量标准大纲要求》，美国机械工程师协会发布了《锅炉与压力容器质量保证标准》，这些质量保证体系的实行，在实践中取得较好效果。随后，美国的经验很快被英国、加拿大、法国等国所借鉴，颁布了一系列的质量保证标准，如《质量体系——设计、制造、安装规定》、《质量体系——最终检验和试验规范》、《企业质量管理体系指南》等，这些质量保证活动以及各国实施质量保证国家标准的成功经验，为 ISO 9000 族标准的产生奠定了可靠的基础。

（三）质量管理的发展

质量管理的发展为 ISO 9000 族标准的产生提供了理论依据。从质量管理发展的三个阶段来看，20 世纪 50 年代以后，科学技术迅猛发展，生产力水平迅速提高，出现了一大批高安全性、高可靠性的技术密集型产品和大型复杂产品。这些产品的任何一个元器件的失效都可能导致严重的后果，产品质量在很大程度上依靠对各种影响质量的因素的控制来实现。在这种情况下，仅在制造过程中实施质量控制已不足以保证产品质量，必须应用新的理论、技术手段来进行管理，以适应生产力发展的需要。20 世纪 60 年代，美国的费根堡姆提出了较系统的"全面质量管理"概念，这一新的质量管理理论很快被各国所接受。各国全面质量管理的实践，丰富和发展了质量管理学理论，又为 ISO 9000 族标准提供了必要的理论基础。

（四）国际贸易的迅速发展

国际贸易的迅速发展加快了 ISO 9000 族标准的产生。20 世纪 60 年代以来，随着国际经济交流的蓬勃发展，贸易交往日益增多，产品和资本的流动日趋国际化，产品超越国界必然带来与之直接相关的国际产品质量保证和产品责任问题。到 20 世纪 70 年代，这个问题已成为人们广泛关注的国际性问题。为解决国际间产品质量争端和产品质量责任，有效地开展国际贸易，一些地区国际性区域组织开始大力研究质量管理国际化问题，并颁布了一些相关的公约，以便不同国家、企业之间在技术合作、经济交流和贸易往来上，在质量方面有共同的语言、统一的认识和共同遵守的规范。到 70 年代末，质量管理国际化日益迫切，许多国家和地区性组织发布了一系列的质量管理和质量保证标准，作为贸易往来双方评价的依据和遵守的规范。在这种背景下，国际标准化组织于 1979 年成立了质量保证技术委员会，即 ISO/TC176，开始着手制订质量管理的质量保证方面的标准。

总之，质量管理体系标准的产生不是偶然的，而是生产力发展的必然产物，又是质量管理科学成果的标志。它既是国际商品经济发展的需要，又为企业加强质量管理、提高管理水平提供指导，是科学和经济发展的必然产物。

三、ISO 9000 系列标准与全面质量管理（TQM）的比较

1. 世界共同的知识资源

1994 版 ISO 9000 系列标准对 TQM 的定义是："一个组织以质量为中心，以全员参与为基础，目的在于通过让顾客满意和本组织所有成员及社会受益而达到长期成功的管理途径。"由此可见 TQM 的作用和地位。从 TQM 和 ISO 9000 系列标准的产生与发展可知，两者都是世界各国，尤其是工业发达国家质量管理经验的总结和理论的发展。因此，它们属于全世界共同的知识财富，已经成为各国企业广泛运用且行之有效的质量管理手段。在国务院颁发的《质量振兴纲要》中，明确要求所有企业都要贯彻 ISO 9000 系列标准和推行 TQM。

2. 打基础与求发展的关系

ISO 9000 系列标准着眼于为企业建立质量管理体系提供具体指导和为实行对外质量保证做出明确规定，可操作性强，按 ISO 9000 系列标准建立质量管理体系是企业质量管理的重要基础和基准。而 TQM 还具有更丰富的内涵，几乎涉及企业所有的经营活动，尤其是它包含了企业长期成功的经营管理战略，它是引导企业持续不断地以质量为中心，以全员参与为基础，坚持质量改进，从而取得长期成功的管理途径。在企业的实际工作中，应当把开展全面质量管理（TQM）和实施 ISO 9000 系列标准有机地结合起来。

3. 全面质量管理（TOM）是达到和保持世界级质量水平的要求

ISO 9000 系列标准是 TQM 发展到一定阶段的产物，可视为 TQM 的一部分。但 ISO 9000 作为国际标准，难免又是一个协调的产物，因此，它不可能是企业质量管理的最高要求；而 TQM 则是达到和保持世界级质量水平的要求，其中各个国家和区域性质量奖可视为当今世界 TQM 最高水平的代表，推行和深化 TQM 是达到这一水平的全过程活动，推行 TQM 是每个组织的一项长期任务。

【小　　结】

质量是人类社会中永恒的话题，无论是对社会，还是对企业，它与我们每个人息息相关。企业生存竞争的实质是质量竞争，只有具备好的质量，企业才能占领市场，才能生存和发展。企业应该从系统和全局出发，强调质量第一，用事实和数据说话，不断对质量进行改进，同时突出人的积极因素，坚持以人为本原则。

【课后习题】

一、简答题

1. 20 世纪质量管理经历了哪几个阶段?
2. 为什么说全面质量管理是质量管理阶段中一次质的飞跃和突破?
3. 全面质量管理有何特点?
4. 全面质量管理包含哪些基本指导思想?
5. ISO 9000 族标准是在怎样的背景下产生的?
6. ISO 9000 系列标准与全面质量管理（TQM）有何区别?

二、案例分析

案例 1　三菱汽车事件

日本三菱汽车是世界著名汽车厂，在日本汽车厂中名列第四，然而这一知名车厂近来却陷入生死存亡的绝境，汽车销量急剧下降，工厂相继关闭。把三菱汽车公司逼入绝境的不是激烈的市场竞争，而是公司刻意隐瞒产品各种严重质量缺陷，导致发生严重的人身伤亡事故所致。

案例 2　爱立信手机事件

有着百年辉煌历史的爱立信与诺基亚、摩托罗拉曾并列称雄于世界移动通讯业。但自 1998 年开始，当世界移动电话业务高速增长时，爱立信的移动电话市场份额却从 18% 迅速下降到 5%，在中国市场中，其份额从 1/3 左右迅速滑到 2%。原因就是 T28 手机质量问题引发了爱立信的手机品牌危机，危机的不当处理使爱立信手机在全球市场销量大幅度滑坡，从而被摩托罗拉和诺基亚远远抛在后面，最终被索尼手机部门合并。

问题：

从以上两个著名企业质量事件分析入手，谈谈质量管理对于企业的重要性。

项目七　人力资源管理

【学习目标】

【知识目标】
1. 掌握人力资源管理、薪酬管理、绩效管理的基本概念。
2. 熟悉人员招聘的流程和方法。
3. 掌握人力资源管理相关的职能工作。

【技能目标】
1. 能够根据所学内容掌握人力资源的日常工作。
2. 具备运用所学知识对某一企业进行人力资源招聘，合理配置企业人力资源。

【开篇案例】

昂贵的中国人力资源

这几年因为希望集团规模渐渐增大，员工也多了起来，学习同行的管理经验，是提高自己管理水平的一条有效之路，所以我经常出国去看别的国家的同类企业。最近一次到韩国的一家面粉企业去参观，给我的刺激非常大，回来后好几个晚上都睡不好觉。

那是希杰集团下面的一个面粉厂，它每天处理小麦的能力是1500吨，雇佣了66个员工。那里的员工工作效率之高令我惊叹。我是干这一行的，我知道中国同样的企业一般生产能力在几百吨，但是雇佣人手一般水平就要达到100多人。我们希望集团效率要高一些，250吨处理能力的厂一般用70～80人，但也已经是它这个厂的6倍了。

可是更令人刺激的是后来和这个工厂的管理层交谈的时候，他们说，他们也在中国办过厂，地址在内蒙古的呼和浩特。250吨的处理能力，他们雇佣了155人，效率与韩国企业比居然有10倍的差距，经过一段时间以后，他们觉得效益太差，就把这个厂给关了。这是什么原因呢？是中国设备的先进程度不如韩国吗？不是。韩国的这个厂是

80年代投入生产的，而内蒙古的那个厂是在90年代建起来的，设备全套进口，比老厂还先进。管理者同样是韩国人，我们后来还碰到了在内蒙古那个厂的厂长。我专门就这个事问过那个厂长：为什么同样的设备，同样的管理层，中国那个厂就要雇佣那么多人？那个厂长很含蓄地回答我："中国人做事不到位。"

就是这句话，让我回来以后几个晚上睡不好。我知道，当着我们这一群中国人，那个厂长的话肯定已经是十分客气了，他们在内蒙古那个厂肯定是大量地碰上了我们中国人不够敬业的事情。回过头来看，就我自己所见，我们中国人在企业里做事，确实不如韩国人认真。首先，他们是手脚不停，无论是工人还是管理人员，手头的工作做完了，就一定安排有别的事做；另外，他们是一专多能，比如说一个厂长，如果他觉得他的岗位比较空闲，他就会做一些其他事，以节省人力。而在我们希望集团，还存在我把自己的事情做得差不多就够了的想法，所以我们的效率就低了。但是我还是觉得有问题。因为即使这样，就算他们每个人干了相当于我们1.2个人的事，我们也不会与他们有10倍的人力效率差距。琢磨了好几个晚上，我想到的是，这种人力效率上的差距，绝不是简单的加和关系。并不是他们一个人做了相当于我们1.2个人的事，10个人就相当于我们12个人。效率是乘积关系，一个人的效率是我们的1.2倍，10个人的效率就是我们效率的1.2的10次方倍，所以他们的10个人就相当于我们的100个人。这样才能解释为什么在企业里他们用那么几个人就能办到我们那么多人才能办到的事。所以那个厂长的一句"中国人做事不到位"，确实是把我们的毛病指到了根子上。这样一算，我得出了一个很惊人的结论：中国的人力资源成本是非常之高的。不要光看我们每个人的薪水很低，我们做事情的效率也比人家低，而每个人低那么一点点，体现在一个企业、一个社会，那就是一个非常大的差距。

（资料来源：根据东方希望集团董事长刘永行在中国职业经理人大会（2003年8月30日—9月1日）的发言改编。）

【导入问题】
1. "中国人做事不到位"说明目前中国人力资源存在什么问题？
2. 思考近几年的外企出现迁移的行为与本案之间的联系。

【基本原理】

任务一　人力资源管理概述

1. 人力资源的概念

按照逻辑从属关系，人力资源属于资源这一大类型的范畴，是资源的一种具体形式。《辞海》把资源解释为"资财的来源"。资源是人类赖以生存的物质基础，从经济学的角度来看，资源是指能给人们带来新的使用价值和价值的客观存在物，它泛指社会财富的来源。

财富的来源有两类：一类是自然资源，如山川、河流、森林、矿藏等；另一类就是来自人类本身的知识和体力，可以称之为人力资源。

对于人力资源的概念，各家学者做出了不同的解释。本书认为，所谓人力资源，就是人所具有的对价值创造起贡献作用，并且能够被组织所利用的体力和脑力的总和。这个解释包括以下几个要点：

(1) 人力资源的本质是人所具有的脑力和体力的总和，可以统称为劳动能力。

(2) 这一能力要能对财富的创造起贡献作用，成为社会财富的源泉。

(3) 这一能力还要能够被组织所利用，组织大可以作为一个国家或地区，小可以作为一个企业。

2. 人力资源的特点

与其他资源相比，人力资源具有以下特征：

(1) 人力资源的能动性。人力资源的能动性是人力资源的首要特征，是人力资源与其他资源最根本的区别。因为人具有能动性，能够积极主动地、有目的地、有意识地认识世界和改造世界。在改造世界的过程中，人能通过意识对所采取的行为、手段及结果进行分析、判断和预测。由于人具有能动性，所以说人是生产力中最活跃的因素。

(2) 人力资源的再生性。人力资源的再生性，主要是基于人口的再生产和劳动力的再生产。人力资源是"活"的资源，一方面，通过人口的繁殖，人力资源不断地再生产；另一方面，人的体能在一个生产过程中消耗之后，可以通过休息和补充能量得以恢复。

(3) 人力资源的时效性。人力资源的形成与作用效率受人的生命周期限制。考察人力资源的时效性，可以有效地调整人力资源的投入与产出，最大限度地保证人力资源的产出，延长人力资源的产出期区间。

(4) 人力资源的双重性。任何从事生产活动的主体都是人，人力资源同时又是消费主体。

(5) 人力资源的社会性。从宏观上看，人力资源的形成要依赖社会，它的配置要通过社会，它的使用要处于社会经济的分工体系之中；从微观上看，人类劳动是群体性劳动，不同的人一般在社会经济运动中都分别处于各个地区劳动组织之中，承担社会分工的劳动，构成了人力资源社会性的客观基础。

3. 人力资源管理的概念

人力资源管理，顾名思义，是把人视为生产经营中的一种特殊的资源，从有效开发人力资源的角度进行组织的人事管理工作。具体而言，是对人力资源这种特殊的资源进行计划、组织、领导、控制等管理类行为，从而达到企业人力资源的有效利用。传统的人事管理是作为现代人力资源管理的先行模式，将人当做与物质资料一样，是企业的成本部门。现代人力资源管理的根本出发点是着眼于"人"这一个资源，通过各种手段，最大限度地发挥人在组织中的作用，最终转化成为企业的最强生产力。

从传统人事管理的以物为中心，转化为以人为中心的管理，是管理史上的一个质的飞跃。

4. 人力资源管理的具体职能

（1）人力资源的规划是人力资源管理各项工作的基础。在人力资源规划初期对工作进行分析，建立工作说明书和岗位规范；根据企业内外部环境变化对人力资源的供给需求进行预测；既可以辅助人员的招募工作，又可以依据工作说明书与岗位规范帮助企业获取合适人才。

（2）招聘与甄选，通过内外部招聘等方式，为组织获取符合组织要求的人才，并能为企业保存一定数量和质量的人员，满足企业目前和未来的发展需要。

（3）培训与开发，即对选拔的人才进行相应的继续教育工作，通过短期的培训使员工掌握目前工作所需要的知识和技能；通过开发对人力资源进行有效的职业规划，为企业人员的稳定提供保障。

（4）绩效管理，即通过各种方法，对企业的员工在德、能、勤、绩四个方面进行考核，选拔出优秀的员工予以鼓励，同时对相对落后的员工加强管理，进行相应的培训工作。通过这些工作来改变员工的知识、技能、态度，提高企业的总体绩效。

（5）薪酬管理，即一个组织根据所有员工提供的劳务对本组织员工报酬的支付标准、发放水平、要素结构进行确定、分配和调整的过程，或者说，就是对工资、奖励、佣金和利润分成等薪酬要素的确定和调整过程。

（6）劳动关系管理，就是指传统的签合同、解决劳动纠纷等内容。通过规范化、制度化的管理，使劳动关系双方的行为得到规范，权益得到保障，维护稳定和谐的劳动关系，促使企业经营稳定运行。

5. 人力资源管理的基本原理

（1）同素异构。同素异构原理一般是指事物的成分在空间关系（排列次序和结构形成）上的变化而引起不同的结果，甚至发生质的变化。它原是化学中的一个原理，最典型的例子是石墨与金刚石。

（2）能位匹配。人力资源管理中的能位匹配原理是指根据人的才能和特长，把人安排到相应的职位上，尽量保证工作岗位的要求与人的实际能力相对应、相一致，尽量做到人尽其才，才尽其用，用其所长，避其所短。

（3）互补优化。互补优化原理是指充分发挥每个员工的特长，采用协调优化的方法，扬长避短，从而形成整体优势，完成组织目标。作为个体，每个人都各有所长；而作为群体，则可以通过相互取长补短组合成最佳的结构，更好地发挥团队力量，实现个人不能达到的目标。

（4）动态适应。动态适应原理是指在动态中使人的才能与其岗位相适应，以达到充分开发利用人力资源潜能，提高组织效能的目标。在人力资源管理中，人与事、人与岗位的适应是相对的，不适应是绝对的，从不适应到适应是在运动中实现的，是一个动态的适应过程。

（5）激励强化。激励强化原理是指通过奖励和惩罚，使员工明辨是非，对员工的劳动行为实现有效激励。激励是指激发人的动机，鼓励人充分发挥内在动力，朝着所期望的目标采取行动的过程。激励是管理的重要职能，是人力资源管理的重要内容。

（6）公平竞争。公平竞争原理是指对竞争各方从同样的起点，用同样的规划，公正地进行考核、录用和奖惩的竞争方式。把竞争机制引入，是保证企业获得优秀人才的必要条件，也是激励员工提高自身素质，增强劳动积极性、主动性和创造性的重要手段。

任务二　工作分析与人力资源规划

一、工作分析的概念及其来源

1. 工作岗位分析的概念

工作岗位分析是对各类工作岗位的性质任务、职责权限、岗位关系、劳动条件和环境，以及员工承担本岗位任务应具备的资格条件所进行的系统研究，并制定出工作说明书等岗位人事规范的过程。

2. 工作岗位分析信息的主要来源

（1）书面资料。在企业中，一般都保存各类岗位现职人员的资料记录以及岗位责任的说明，这些资料对工作岗位分析非常有用。

（2）任职者的报告。可以通过访谈、工作日志等方法得到任职者的报告。

（3）同事的报告。除了直接从任职者那里获得有关的资料外，也可以从任职者的上级、下属等处获得资料。这些资料可以弥补其他报告的不足。

（4）直接的观察。到任职者的工作现场进行直接观察也是一种获取有关工作信息的方法。

3. 工作岗位分析的方法

（1）观察法。观察法是指职务分析人员通过观察员工正常工作的状态，获取工作信息，并通过对信息进行比较、分析、汇总等方式，得出职务分析成果的方法。观察法适用于对体力工作者和事务性工作者，如搬运员、操作员、文秘等职位。

（2）问卷调查法。职务分析人员首先要拟订一套切实可行、内容丰富的问卷，然后由员工进行填写。问卷法适用于脑力工作者、管理工作者或工作不确定因素很大的员工，比如软件设计人员、行政人员等。国外的组织行为专家和人力资源管理专家研究出了多种科学的问卷调查方法。其中比较著名的有职务分析调查问卷（PAQ）、职业分析问卷（OAQ）等。

（3）面谈法。面谈法也称为采访法，它是通过职务分析人员与员工面对面的谈话来收集职务信息资料的方法。面谈法适合于脑力职务者，如开发人员、设计人员、高层管理人员等。面谈方式可以分为个人面谈和集体面谈两种。

二、人力资源规划的概念和方法

（一）人力资源规划的内涵

人力资源规划的内涵有广义和狭义之分，广义的人力资源规划是企业所有人力资源计划的总称，是战略规划与战术计划（即具体的实施计划）的统一；狭义的人力资源规划是指为实施企业的发展战略，完成企业的生产经营目标，根据企业内外环境和条件的变化，运用科学的方法，对企业人力资源的需求和供给进行预测，制订相宜的政策和措施，从而使企业人力资源供给和需求达到平衡，实现人力资源的合理配置，有效激励员工的过程。

从规划的期限上看，人力资源规划可区分为长期规划（5年以上的计划）、中期计划（规划期限在1年至5年的）和短期计划（1年及以内的计划）。

（二）人力资源规划与企业管理活动系统的关系

在企业的人力资源管理活动中，人力资源规划不仅具有先导性和战略性，而且在实施企业总体发展战略规划和目标的过程中，它还能不断调整人力资源管理的政策和措施，指导人力资源管理活动。因此，人力资源规划又被称为人力资源管理活动的纽带。企业工作岗位分析、劳动定员定额等人力资源管理的基础工作是人力资源规划的重要前提，而人力资源规划又对企业人员的招聘、选拔、培训、考评、调动、升降、薪资、福利和保险等各种人力资源管理活动的目标、步骤与方法，做出了具体而详尽的安排，充分显示了人力资源规划在企业人力资源管理活动中的重要地位和作用。

（三）人力资源规划的构成

企业人力资源计划实际上是由以下一系列具体计划所共同构成的，其中包括：

（1）人力资源总体计划。人力资源总体计划陈述人力资源计划的总原则、总方针、总目标。

（2）职务编制计划。对企业的组织结构、职务设置、职务描述和职务资格要求等内容进行计划。

（3）人员配置计划。对企业每个职务的人员数量、人员的职务变动、职务人员空缺数量进行计划。

（4）人员需求计划。通过总计划、职务编制计划、人员配置计划制订人员需求计划。

（5）人员供给计划。人员供给计划是人员需求计划的对策性计划。主要就人员供给的方式、人员内部流动政策、人员外部流动政策、人员获取途径和获取方式等进行计划。

（6）教育培训计划。包括教育培训需求、培训内容、培训形式、培训考核等内容的计划。

（7）费用预算计划。上述各项计划的费用预算。

（四）人力资源规划过程

随着企业所处环境、企业战略与战术等的变化，人力资源规划的具体目标也在不断变化。因此，制订人力资源规划不仅要了解企业现状，更要认清企业所处环境的变化趋势和企业发展的方向与目标。

1. 明确企业战略目标

（1）企业战略目标是在企业使命和企业功能定位的基础上制订的。人力资源规划的目标存在于企业战略目标体系中，是企业总体战略目标实现的保证。

（2）企业制订人力资源规划的前提是要有明确而清晰的战略规划和核心业务规划，要有较为完备的管理信息系统和较为完整的历史数据等。

（3）企业人力资源规划的质量取决于企业的决策者对企业战略目标明确的程度、企业结构、财务预算和生产规划等因素。

2. 分析人力资源现状

在明确企业战略目标之后，就要对企业内部的人力资源现状进行盘点。人力资源盘点既是对企业内部资源进行了解的过程，也是找到与实现企业战略目标间差距的主要途径。只有通过对所收集到的人力资源信息进行分析，才能了解哪些因素是影响制订企业人力资源发展规划的重要因素。

3. 制订人力资源规划

在对企业人力资源现状进行分析的基础上，需要对人力资源的需求和供给情况进行对比，通过分析人员的数量、质量、结构及均衡状况，得出企业不同发展阶段的人员净需求量，并据此制订企业的人力资源规划。企业可以根据需要制订不同层次的人力资源规划。

4. 实施人力资源规划的控制与评估

在人力资源规划的实施过程中，规划与现实可能存在偏差，为了保证人力资源规划能够正确实施，并及时应付规划实施过程中出现的意外情况，需要对人力资源规划的实施进行控制。人力资源规划付诸实施后，要根据实施的结果对其进行评估。通过反馈评估结果，不但可以发现规划的问题所在，而且在必要时还可以对人力资源规划进行修正，以提高规划的有效性。

案例 7-1　SP 公司的招聘出了什么问题？

SP 公司是一家国外在中国投资的独资子公司，总经理为外国人，在中国留过学，自认为对中国很了解。因发展需要，在 2009 年 10 月底从外部招聘新员工。具体招聘流程如下：①公司在网上发布招聘信息。②总经理亲自筛选简历。筛选标准：本科应届毕业生或者年轻的，最好有照片，看起来漂亮的，毕业学校最好是名校。

③面试。如果总经理有时间就总经理直接面试。如果总经理没时间就由HR进行初步面试，总经理最终面试。新员工的工作岗位、职责、薪资、入职时间都由总经理定。④面试合格后录用，没有入职前培训，直接进入工作。

期间先后招聘了两位行政助理（女性）。被招聘的员工背景如下。

A，23岁，北京人，专科就读于北京工商大学，后专升本就读于中国人民大学。期间从2004年1月到12月做过少儿剑桥英语的教师一年。

B，21岁，北京人。学历大专，就读于中央广播电视大学电子商务专业。在上学期间在两个单位工作过：一个为拍卖公司，另一个为电信设备公司。职务分别为商务助理和行政助理。B于2004年曾参加瑞丽封面女孩华北赛区复赛，说明B的形象气质均佳。

A的工作职责是负责前台接待。但她入职的第二天就没来上班，也没有来电话，上午公司打电话联系不到本人。三天后又来公司，中间反复两次，最终决定不上班了。她自述的辞职原因：工作内容和自己预期不一样，琐碎繁杂，觉得自己无法胜任前台工作。HR对她的印象：内向，有想法，不甘于做琐碎、接待人的工作，对批评（即使是善意的）非常敏感。

B的工作职责是负责前台接待、出纳、办公用品采购、公司证照办理与变更手续等。她工作十天后也辞职了。自述辞职原因：奶奶病故了，需要辞职在家照顾爷爷（但是当天身穿大红毛衣，化彩妆）。透露家里很有钱，家里没有人给人打工。HR的印象：形象极好、思路清晰、沟通能力强、行政工作经验丰富。总经理印象：商务礼仪不好，经常是小孩姿态，撒娇的样子，需要进行商务礼仪的培训。

招聘行政助理连续两次失败，作为公司的总经理和HR觉得这不是偶然现象，在招聘行政助理方面肯定有重大问题。你觉得问题出在什么地方呢？

（资料来源：北大纵横管理咨询公司；作者：李持恒；2010．2）

任务三　人员招聘与培训

一、人员招聘

（一）员工招聘概述

人员招聘是企业获取人力资源最常用的方法。人员招聘是组织为了发展的需要，根据人力资源规划和工作分析的要求，寻找与吸引那些有能力又有兴趣到本组织任职的人员，并从中选出合适人员予以聘用的过程。其概念的基本要点是：

（1）人员招聘工作的目的就是保证组织获取优质的人力资源，使人力资源得到合理有效的配置，从而提高人力资源运用的效率和效益。

（2）开展人员招聘工作的前提条件是由于组织业务的发展，新组建的机构及组织结构的调整、人员的晋升、辞退等原因而出现职位空缺，必须得到及时的补充。

（3）成功的招聘工作应在适当的时机、恰当的范围，通过适宜的途径及信息发布的方式，以最低的成本投入而吸引最合适的人员参加到组织的招聘活动之中。

（二）员工招聘的渠道

企业人员的补充有内部补充和外部补充两个方面的来源，即通过内部和外部两个渠道招募员工。

1. 内部招募的主要方法

内部招募是指通过内部晋升、推荐法、档案法、人员重聘等方法，从企业内部人力资源储备中选拔出合适的人员补充到空缺或新增的岗位上的活动。

内部招募的主要方法有：

（1）推荐法。推荐法可用于内部招聘，也可用于外部招聘。它是由本企业员工根据企业的需要推荐其熟悉的合适人员，供用人部门和人力资源部门进行选择和考核。由于推荐人对用人单位及被推荐者的情况都比较了解，使得被推荐人易获得企业与岗位的信息，也使企业更容易了解被推荐人，因而这种方法较为有效，成功的概率较大。

（2）布告法。布告法是在确定了空缺岗位的性质、职责及其所要求的条件等情况后，将这些信息以布告的形式，公布在企业中一切可利用的墙报、布告栏、内部报刊上，尽可能使全体员工都能获得信息，所有对此岗位感兴趣并具有此岗位任职能力的员工均可申请此岗位。

（3）档案法。人力资源部门都有员工档案，从中可以了解到员工在教育、培训、经验、技能、绩效等方面的信息，帮助用人部门与人力资源部门寻找合适的人员补充岗位空缺。

2. 外部招募的主要方法

（1）发布广告。广告是单位从外部招聘人员最常用的方法之一。通常的做法是在一些大众媒体上刊登出单位岗位空缺的消息，吸引对这些空缺岗位感兴趣的潜在人选应聘。采用广告的形式进行招聘，由于工作空缺的信息发布迅速，能够在一两天内就传达给外界，同时有广泛的宣传效果，可以展示单位实力。

（2）借助中介。随着各类人才交流中心、职业介绍所、劳动力就业服务中心等就业中介机构应运而生，借助这些机构，单位与求职者均可获得大量的信息，同时也可传播各自的信息。这些机构通过定期或不定期地举行交流会使得供需双方面对面地进行商谈，缩短了招聘与应聘的时间。

（3）校园招聘。校园招聘亦称上门招聘，即由企业单位的招聘人员通过到学校招聘、参加毕业生交流会等形式直接招募人员。对学校毕业生最常用的招募方法是每年举办的人才供需洽谈会，供需双方直接见面，双向选择。除此之外，有的单位则自己在学校召开招聘会，在学校中散发招聘广告等。有的则通过定向培养、委托培养等方式直接从学校获得所需要的人才。

(4) 网络招聘。用尽可能少的成本找到尽可能称职的应聘者已经成为企业人员招聘主要追求的目标。采用互联网招聘的方式，可以从某种程度上满足企业的要求，因为网络招聘具有以下优点：成本较低，方便快捷；选择的余地大，涉及的范围广；不受地点和时间的限制；应聘者求职申请书、简历等重要资料的存贮、分类、处理和检索更加便捷化和规范化。

(5) 熟人推荐。通过单位的员工、客户、合作伙伴等熟人推荐人选，也是单位招募人员的重要来源。熟人推荐的招聘方式，其长处是对候选人的了解比较准确；候选人一旦被录用，顾及介绍人的关系，工作也会更加努力；招募成本也很低。这种方式的缺点在于可能在组织中形成裙带关系，不利于公司各种方针、政策和管理制度的落实。

（三）人员选拔的程序和方法

人才选拔实际上是一个不断选择和淘汰的过程，在整个招聘活动中处于核心地位。

它通常要经过以下步骤完成：筛选申请材料（如简历、应聘申请表）、预备性面试、知识技能测验、职业心理测试、公文筐测试、结构化面试、评价中心测试（如情境面试）、身体检查、背景调查等，如图7-1所示。

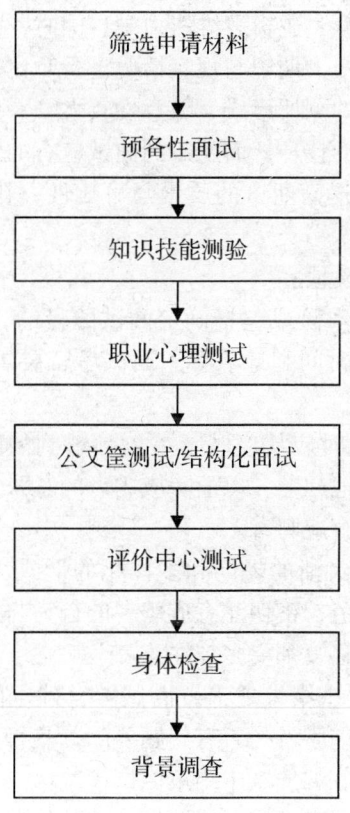

图7-1 人员选拔步骤

1. 筛选申请材料

申请材料主要包括简历、应聘申请表等。对应聘者填写的各种申请表进行审查是人员选拔的第一步。这些申请表的内容可以帮助用人单位了解应聘者的基本信息，通常是由人力资源部对应聘者的资格进行审查。

2. 预备性面试

这个过程是一个比较简单的面试，通常由人力资源部进行。预备性面试的目的是确定应聘者的工作能力、工作经验是否符合岗位要求。招聘人员向应聘者解释拟聘岗位的具体要求，并回答应聘者关于公司、工作等的相关问题。同时，通过一些简要的提问，验证应聘申请材料中不清楚的事宜。

面试是用人单位最常用的，也是必不可少的测试手段。在面试过程中，代表用人单位的面试考官与应聘者直接交谈，根据应聘者对所提问题的回答情况，考查其相关知识的掌握程度，以及判断、分析问题的能力；根据应聘者在面试过程中的行为表现，观察其衣着外貌、风度气质，以及现场的应变能力，判断应聘者是否符合应聘岗位的标准和要求。

在面试过程中，考官可以通过连续发问，及时弄清楚应聘者在回答中表述不清的问题，从而提高考查的深度与清晰度，并减少应聘者说谎、欺骗、作弊等行为的发生。

总之，通过直接的接触，面试可以使用人单位全面了解应聘者的社会背景，以及语言表达能力、反应能力、个人修养、逻辑思维能力等；同时，面试也能使应聘者了解自己在该单位未来的发展前景，并将个人期望与现实情况进行对比，找到最好的结合点。

面试是一种操作难度较高的测评形式，随意性较大，一般的人难以掌握，或者说由于未掌握面试的程序和缺少面试的技巧，而达不到面试应有的效果。为了改进这一点，使面试能够被一般水平的人操作，提高面试的质量与可比性，在实施中应掌握面试的程序和技巧。

面试的实施分为以下几个阶段：

（1）面试前的准备阶段。本阶段包括确定面试的目的，科学地设计面试问题，选择合适的面试类型，确定面试的时间和地点等。面试考官要事先确定需要面试的事项和范围，写出提纲。

（2）面试开始阶段。面试时应从应聘者可以预料到的问题开始发问，如工作经历、文化程度等，然后再过渡到其他问题，以消除应聘者的紧张情绪。这样做有利于观察应聘者的表现，以求全面客观地了解应聘者。

（3）正式面试阶段。采用灵活的提问和多样化的形式交流信息，进一步观察和了解应聘者。此外，还应该察言观色，密切注意应聘者的行为与反应，对所提的问题、问题间的变换、问话时机以及对方的答复都要多加注意。

（4）结束面试阶段。在面试结束之前，面试考官确定问完了所有预计的问题之后，应该给应聘者一个机会，询问应聘者是否有问题要问，是否有要加以补充或修正之处。不管录用还是不录用，均应在友好的气氛中结束面试。

（5）面试评价阶段。面试结束后，应根据面试记录表对应聘人员进行评估。评估可采用评语式评估，也可采用评分式评估。评语式评估的特点是可对应聘者的不同侧面进行深入的评价，能反映出每个应聘者的特征。评分式评估则是对每个应聘者相同的方面进行比较。

3. 职业心理测试

根据岗位胜任特征模型的要求，选择相应的职业心理测试方法。人力资源部根据心理测试结果，淘汰不合格者，并将候选人推荐给部门经理。需要强调的是，此前的招聘工作主要是由人力资源部进行，这一阶段部门经理才开始介入人才选拔过程。

4. 公文筐测试

在公文筐测试中，假定被试将接替某个中高层管理者的工作，并被要求在规定的时间内处理相当数量的文件、电话、信件等。

5. 结构化面试

根据岗位胜任特征要求，编制结构化面试题库、评分标准及实施要求，实施结构化面试。结构化面试的主要功能是选优。

6. 评价中心测试

评价中心是企业经常采用的一种高级人才测评技术。这种方法将被试置于一个逼真的模拟工作情境中，采用多种测评技术来观察和评价其心理、行为表现。评价中心测试的主要特点是情境模拟性。结构化面试是评价中心的主要方法之一。

7. 背景调查

背景调查通常是用人单位通过第三者对应聘者的情况进行了解和验证。这里的"第三者"主要是指应聘者原来的雇主、同事以及其他了解应聘者的相关人员，或是能够验证应聘者提供资料准确性的机构和个人。背景调查的内容通常包括应聘者的教育状况、工作经历、个人品质、工作能力等。

二、培训与开发

（一）培训与开发的内涵

所谓培训，是指组织或员工本人为达到既定目标，围绕提高学习和工作能力而开展的有组织、有计划、有目的的培养和训练活动。

培训与开发两个术语在广泛的意义上确实可以通用，但具体来说两者还是存在差异。主要区别在于：培训主要是着眼于当前的、实用的知识和能力的培养与提高，而开发则兼具有长远、潜在和公益的素质训练与提高。

（二）员工培训与开发的目的

员工培训有两大基本目的：其一，使组织拥有更合格的员工，提高各方面的效率和效果；其二，促使员工不断得到成长，为其取得个人职业生涯的成功创造条件。具体地说，培训的具体目的有以下几个方面：

1. 实现组织目标

无论是通过培训给新员工传授完成工作的必要技能，使其很快适应新岗位的要求，还是通过培训来提高现有员工的工作能力，挖掘其潜能，目的都是提高工作效率，降低成本，从而提高组织的效益，实现组织目标。

2. 适应环境变化

当今时代，社会发展变化剧烈，组织所处的环境也在急剧的变化当中，为了跟上变化的形势，适应变化的环境，满足市场竞争的要求，就必须通过培训使员工更新观念、增长知识、提高能力，否则，不但员工会被市场淘汰，组织也难逃被淘汰的命运。

3. 满足员工自身发展的需要

各类员工、各职务岗位所需的知识和技能有很大差别，每个员工的学历、专长、兴趣、背景也各有不同，因而他们有不同的培训需要，但就大多数人而言，都希望不断地完善自己，提高自己，使自己的潜力充分发挥出来，有更大作为，实现自我价值。通过培训，能够帮助员工实现再学习、再提高、再发展的愿望，满足其自身发展的需要。

（三）员工培训与开发的内容

1. 培训内容的一般分类

由于员工培训的目的是通过各种引导或影响，从知识、技能、态度等方面改进职工的行为方式，以不断提高企业的工作绩效，因此培训涉及多方面内容。一个公司的员工培训工作，主要包括以下三方面的内容：

（1）知识培训。通过这方面培训，应该使员工具备完成本职工作所必需的知识，包括基本知识和专业知识；还应让员工了解公司的基本情况，如公司的发展战略、目标、经营状况、规章制度等，使员工能够较好地参与公司活动。

（2）技能培训。通过这方面培训，应该使员工掌握完成本职工作所必备的技能，包括一般技能和特殊技能，如业务操作技能、人际关系技能等，并挖掘员工这方面的潜力。

（3）态度培训。员工的工作态度对员工士气及公司绩效影响很大。通过这方面的培训，树立起公司与员工之间的相互信任，培养员工的团队精神以及应具备的价值观，增强其作为公司一员的归属感和荣誉感。

2. 根据培训需求对象分类

（1）新员工培训。新员工由于对企业文化、企业制度不了解而不能融入企业，或是由于对企业工作岗位不熟悉而不能很好地胜任新工作，此时就需要对新员工进行培训。

（2）在职员工培训。对在职员工的培训主要是指对于新技术在生产过程中的应用，在职员工的技能不能满足工作需要等方面的原因而进行的培训。

（四）培训与开发的方法

人力资源培训与开发的方法多种多样，内容十分丰富，在实际工作中，要依据公司培训的需要、培训的内容以及培训的对象等方面，合理地选择采用。不同的培训方法有不同的特点，其自身也是各有优劣。下面根据培训传授方式，分为直接传授式培训法、参与式培训法进行介绍。

1. 直接传授培训方式

直接传授培训方式是指培训者直接通过一定途径向培训对象发送培训中的信息。这种方法的主要特征就是信息交流的单向性和培训对象的被动性。

（1）讲授法。讲授法是指教师按照准备好的讲稿系统地向受训者传授知识的方法。它是最基本的培训方法。讲课教师是讲授法成败的关键因素。

（2）专题讲座法。专题讲座法形式上和讲授法基本相同，但在内容上有所差异。讲授法一般是系统知识的传授，每节课涉及一个专题，接连多次授课；专题讲座是针对某一个专题知识，一般只安排一次培训。这种培训方法适合于管理人员或技术人员了解专业技术发展方向或当前热点问题等。

（3）影视法。影视法就是运用电影、电视、投影或录像等手段对职工进行培训，员工在观看相关内容的影片过程中学习。现在，一些企业可以自制录像带或者幻灯片，向新员工介绍本企业的概况，也可以将一些技能操作场景摄入其中，进行技能培训。

2. 参与式培训法

参与式培训法是调动培训对象积极性，使其在培训者与培训对象双方互动中学习的方法。这类方法的主要特征是：每个培训对象积极参与培训活动，从亲身参与中获得知识、技能和正确的行为方式。其主要方法有：

（1）角色扮演法。角色扮演法就是培训者给一组人或者某一个人提出一个情景，让参加者身处模拟的日常工作环境之中，并按照他在实际工作中应有的权责来担当与实际工作类似的角色，模拟性地处理工作事务，从而提高处理各种问题的能力。

（2）案例研究法。案例研究法是目前培训领域应用最多的培训方法之一。首先由培训顾问按照培训需求向培训对象展示真实性背景，提供大量背景材料并做出相关解释后，由培训对象依据背景材料来分析问题，提出解决问题的各种方案，找出最佳方案，达到训练人员解决企业实际问题能力的目的。

小知识

哈佛大学的案例研究法

目前世界上最有名的案例设计来自哈佛大学。早在1980年，哈佛大学法学院教授克利斯托弗·朗戴尔发明了个案研究方法，将法院的判例作为个案。后来，这种方法逐渐发展到医学、商业和社会工作等方面。

现在，哈佛大学的案例研究法的做法是：讲师先对故事作简要的介绍，并描述问题发生所需要的条件或可能的状况，学生自行思考过一遍后，再看资料，这样有利于激发学生的想像力，然后由学生个人从个案中去寻找答案。或者通过团体的训练方式，由于每个学生的想法不同，可能提出许多不同形式的解决方法，学员在训练中可以互相观摩学习。

任务四　绩效管理与薪酬管理

一、绩效管理

(一) 绩效相关定义

员工工作的好坏、绩效的高低直接影响着组织的整体效率和效益,因此,掌握和提高员工的工作绩效水平是企业经营管理者的一项重要职责,而强化和完善绩效管理系统是企业人力资源管理部门的一项战略性任务。

1. 绩效的含义

绩效是人们在管理活动中常用的概念之一,指员工在一定的环境和条件下通过努力所获得的工作成效。它包括了与组织目标相关的工作行为和结果,体现了员工履行工作职责的程度,也反映了员工能力与其职位要求的匹配程度。

2. 绩效的特点

绩效具有多因性、多维性、动态性等特点。

(1) 多因性。员工绩效受到多方面因素的影响,其中,主要有员工的技能、受到的激励、所处的环境和遇到的机会这四类因素。

(2) 多维性。绩效的表现形式是多维的,可以表现为产出、行为、态度和能力等。管理者也往往要从多个维度去评价员工的绩效。比如,评价一个生产工人的绩效时,可以衡量其生产产品的质量、数量、成本,还可以考察其在出勤、服从、协作等方面的表现。

(3) 动态性。随着时间的推移,员工的绩效是会发生变化的,绩效差的有可能改进变好,绩效好的也有可能退步变差。因此,管理者必须持续、动态地跟踪了解员工的工作表现,不能停滞僵化地看待员工的绩效。

(二) 绩效管理的内涵及设计

绩效管理是为了达到组织目标,通过持续交流,达成组织目标所期望的利益和产出,并推动团队和个人做出有利于目标达成的行为的一系列活动。它侧重于信息沟通与绩效提高,注重能力的培养。它强调沟通与承诺,贯穿管理活动的全过程。

绩效管理是企业管理系统的子系统,是组织管理各层级目标与计划执行情况的重要机制,是由绩效计划、绩效考核、绩效反馈与面谈、绩效改进以及绩效结果应用等环节构成的持续不断的循环过程。

绩效管理流程的设计,可包括五个阶段,即准备阶段、实施阶段、考评阶段、总结阶段和应用开发阶段。

1. 准备阶段

本阶段是绩效管理活动的前提和基础,需要解决四个基本问题。

（1）明确绩效管理的对象，以及各个管理层级的关系。正确地回答"谁来考评，考评谁"。

（2）根据绩效考评的对象，正确的选择考评方法。回答"采用什么样的方法"组织企业绩效管理活动，对员工进行全面的考评。

（3）根据考评的具体方法，提出企业各类人员的绩效考评要素（指标）和标准体系。明确地回答"考评什么，如何进行衡量和评价"。

（4）对绩效管理的运行程序、实施步骤提出具体要求，说明"如何组织实施绩效管理的全过程，在什么时间做什么事情"。

2. 实施阶段

实施阶段是在完成企业绩效管理系统设计的基础上，组织全体员工贯彻绩效管理制度的过程。在这个过程中，无论是主管上级，还是下级，他们作为绩效的考评者与被考评者，都必须严格地执行绩效管理制度的有关规定，严肃认真地完成各项工作任务。

3. 考评阶段

考评阶段是绩效管理的重心，它不仅关系到整体绩效管理系统运行的质量和效果，也将涉及员工当前和长远的利益，需要人力资源部门和所有参与考评的主管高度重视，并注意从以下几个方面做好考评的组织实施工作。

（1）考评的准确性。在绩效考评的工作阶段，如何保证并提高考评的精度是一个极为重要的关键问题。

（2）考评的公正性。在确保绩效考评准确性的同时，还应当重视考评的公正公平性，带有偏见、缺乏公正公平性的考评，可能滋生员工不良的思想情绪，还会对以后的绩效管理活动产生严重的干扰和破坏。

（3）考评结果的反馈方式。绩效反馈主要的目的是改进和提高绩效，被考评者应当知道自己在过去的工作中取得了何种进步，自己在哪些方面还存在不足，有待在今后的工作中加以改进提高。人们常说，"知人者智，自知者明"。但人们往往不自知，对自己的短处、劣势或不足看得过轻，或者根本看不清。

（4）考评方法的再审核。由于企业可采用的考评方法多种多样，各具特色，各有各的适用范围。在考评的过程中，企业会遇到很多在设计上没有考虑到的问题，如上所述，考评方法作为绩效考评的基本工具，应当在成本、适用性和实用性等三个方面符合企业的标准和要求，如果成本低，而适用性和实用性很差，这种方法就不宜再使用，需要总结经验教训，考虑设计新的工具和方法，以保障绩效管理活动的有效性和可靠性。

4. 总结阶段

总结阶段是绩效管理的一个重要阶段。在这个阶段上，各个管理的单元，即主管与下级（考评者和被考评者）之间需要完成绩效考评的总结工作，各个部门乃至全公司，应当根据各自的职责范围和要求，对绩效管理的各项活动进行深入全面的总结，完成绩效考评的总结工作，同时做好下一个循环期的绩效管理的准备工作。

绩效管理的总结阶段，不仅是在各个层面上下级之间进行绩效面谈、沟通管理信息、相互激励的过程，也是对企业整体绩效管理体系，乃至企业总体管理状况和水平进行必要的检测、评估和诊断的过程。

5. 应用开发阶段

应用开发阶段是绩效管理的终点，又是一个新的绩效管理工作循环的始点。在这个阶段，应从以下几个方面入手，进一步推动企业绩效管理活动的顺利开展。

（1）重视考评者绩效管理能力的开发。

（2）被考评者的绩效开发。考评者运用绩效管理的工具对下属的工作活动和所取得的绩效进行考评，其目的就在于激励员工不断增长自己的才干，在促进企业生产经营增长和发展的同时，使员工获得同步的提高和发展。

（3）绩效管理的系统开发。企业绩效管理体系是保证考评者和被考评者正常活动的前提和条件。一个绩效管理系统需要经过多次实践验证、多次修改和反复调整，才能成为一个具有可靠性、准确性和实用性的系统。

（4）企业组织的绩效开发。在绩效管理应用开发阶段，无论是对考评者、被考评者的开发，还是对绩效管理系统的深层开发，其最终目的是一致的，就是要推进企业组织效率和经济效益的全面提高和全面发展。

（三）绩效考核方法

1. 系统的绩效考核方法

系统的考核方法包括目标管理法、平衡计分卡法和关键绩效指标法。

（1）目标管理法。在目标管理方式中，管理者与员工会在一个绩效周期开始时共同制订该周期需要完成的工作目标。这种目标基于组织的战略目标，通常是可以量化的指标，可以在考核时加以测量。

（2）平衡计分卡法。平衡计分卡法是一种新型的战略性绩效管理工具和方法。它从组织的战略目标出发，从四个角度关注组织的绩效，即财务角度、客户角度、内部流程角度和学习发展角度。它的特点是更加全面反映组织的绩效，不仅包含财务指标来揭示组织的经营结果，还增加了组织长远发展所必备的客户指标、内部流程指标和学习与发展指标。

（3）关键绩效指标法。关键绩效指标法的目的是建立起一种机制，将组织的重大战略目标转化为各个层次的可量化或可行为化的指标和标准，以增强组织核心竞争力。其核心工作是建立起用于描述组织关键成功要素的关键绩效指标体系。

2. 非系统的绩效考核方法

非系统的考核方法包括排序法、配对比较法、强制分布法、关键事件法、行为锚定法。

（1）排序法是指将员工的业绩按照从高到低的顺序进行排列。运用排序法进行绩效考核，优点是简单、实用，缺点是容易给员工造成心理压力。

（2）配对比较法的基本做法是将每一位员工按照所有的评价要素与其他所有人进行若干次两两比较，然后根据比较结果排出绩效名次。配对比较法比排序法更加具体、科学；缺点是随着部门人数的增多，评价的工作量会几何级数递增。

（3）强制分布法要求评价者将被评价者的绩效结果放入一个类似于正态分布的标准中。它将员工的绩效表现划分为多个等级，并确定每个等级的人数比例。这种方法排除了评价者主观因素对考核结果的影响。但如果部门员工都同样优秀，其公平性可能就会大打折扣。

(4) 关键事件法要求评价者在绩效周期内,将发生在员工身上的关键事件都记录下来,作为绩效考核的事实依据。关键事件法的不足之处在于每个评价者对于关键事件的理解程度可能不尽相同,评价者也许抽不出大量的时间来逐一记录每一位员工的关键事件。

(5) 行为锚定法将每项工作的特定行为用一张等级表进行反应,该等级表将每项工作划为各种行为级别(从最积极的行为到最消极的行为),评价时评价者只需将员工的行为对号入座即可。

二、薪酬管理

(一) 薪酬的内涵

薪酬泛指员工获得的一切形式的报酬,包括薪资、福利和保险等各种直接或间接的报酬。从某种意义上说,薪酬是组织对员工的贡献,包括员工的态度、行为和业绩等所做出的各种回报。从广义上来说,薪酬包括工资、奖金、休假等外部回报,也包括参与决策、承担更大的责任等内部回报。

外部回报是指员工因为雇佣关系从自身以外所得到的各种形式的回报,也称外部薪酬。外部薪酬包括直接薪酬和间接薪酬。直接薪酬是员工薪酬的主体组成部分,它包括员工的基本薪酬,即基本工资,如周薪、月薪、年薪等;也包括员工的激励薪酬,如绩效工资、红利和利润分成等。间接薪酬即福利,包括公司向员工提供的各种保险、非工作日工资、额外的津贴和其他服务,比如单身公寓、免费工作餐等。

内部回报指员工自身心理上感受到的回报,主要体现为一些社会和心理方面的回报。一般包括参与企业决策,获得更大的工作空间或权限、更大的责任、更有趣的工作、个人成长的机会和活动的多样化等。

(二) 薪酬管理的内涵及基本原则

薪酬管理就是一个组织根据所有员工提供的劳务对本组织员工报酬的支付标准、发放水平、要素结构进行确定、分配和调整的过程,或者说,就是对工资、奖励、佣金和利润分成等薪酬要素的确定和调整过程。

1. 企业员工薪酬管理的基本目标

(1) 保证薪酬在劳动力市场上具有竞争性,吸引并留住优秀人才。

(2) 对各类员工的贡献给予充分肯定,使员工及时地得到相应的回报。

(3) 合理控制企业人工成本,提高劳动生产效率,增强企业产品的竞争力。

(4) 通过薪酬激励机制的确立,将企业与员工长期、中短期经济利益有机地结合在一起,促进公司与员工结成利益关系的共同体,谋求员工与企业的共同发展。

2. 企业薪酬管理的基本原则

(1) 对内具有公平性原则。根据斯达西·亚当斯的公平理论,员工首先思考自己收入与付出的比率,然后将自己的收入付出比与相关他人的收入付出比进行比较,如果员工感觉到自己的比率与他人相同,则为公平状态;如果感到两者的比率不相同,就会产生不公平感，因而就可能发泄不满，降低工作积极性，制造紧张人际关系等。因此，薪酬分配要公平，这是设计薪酬的首要考虑。

在企业内部，不同职务所获得的工资必须与它的贡献成正比，从事类似岗位所要求的技能、知识、经验相似，贡献差别不大，所获得的报酬也应该相似。员工工资的差异由工作的复杂程度、技能水平、责任大小、贡献大小决定，通过这种差异性来体现公平原则。

（2）对外具有竞争力原则。支付符合劳动力市场水平的薪酬，确保企业的薪酬水平与类似行业、类似企业的薪酬水平相当，虽然不一定完全相同，但是相差不宜太大，薪酬太低则使企业对人才失去吸引力。

（3）对员工具有激励性原则。适当拉开员工之间的薪酬差距。根据员工的实际贡献付薪，并且适当拉开薪酬差距，使不同业绩的员工能在心理上觉察到这个差距，并产生激励作用，使业绩好的员工认为得到了鼓励，业绩差的员工认为值得去改进绩效，以获得更好的回报。

（4）对成本具有控制性原则。企业应当充分考虑自己的财务实力和实际的支付能力，根据企业的实际情况，对人工成本进行必要的控制。一般来说，在企业全员劳动生产率以及经济效益没有明显提高的情况下，不能盲目地提高员工的薪酬水平，企业应当始终坚持"效率优先，兼顾公平，按劳付酬"的行为准则，才能有效地实施薪酬管理。

3. 制定薪酬管理制度需考虑的问题

一般而言，薪酬管理制度需要考虑以下问题：

（1）薪酬调查。确定员工薪酬原则时要做到保持一个合理的度，要做到这点，企业必须进行薪酬调查。了解市场薪酬水平25%点处、50%点处和75%点处，一般的企业应注意中点（50%点处）的薪酬水平。

（2）工作分析与评价。工作岗位评价是在岗位分析的基础上，对企业所设的岗位的难易程度、责任大小等相对价值的大小进行评价。

（3）明确掌握企业的劳动力供给与需求关系。了解企业所需要的人才在劳动力市场上的稀缺性，如果供大于求，薪酬水平可以低一些；如果供小于求，薪酬水平可以高一些。

（4）掌握竞争对手的人工成本状况。为了保持企业产品的市场竞争力，应进行成本与收益的比较，通过了解竞争对手的人工成本状况，决定本企业的薪酬水平。

（5）明确企业总体发展战略目标和要求。企业薪酬管理的目的是实现企业战略。为了使薪酬管理成为实现企业战略成功的关键因素，薪酬管理原则的制订应以企业战略为转移。

（6）掌握企业的财力状况。从企业财务实力的状况出发，切实合理地确定企业员工的薪酬水平。采用什么样的薪酬水平，不仅要根据薪酬市场调查的结果，明确把握不同地区、同行业同类或者不同行业同类岗位薪酬的市场总水平，还要充分分析各类岗位的实际价值，最终决定企业某类岗位薪酬水平的定位。

（7）掌握生产经营特点与员工特点。如果企业是劳动密集型企业，如物业公司等，大多数员工是生产工人，适宜以采用量化的指标来考核，工作业绩完全取决于个人的能力和主动性，那么企业薪酬管理的原则将是主要以员工的生产业绩（生产量、生产值或生产质量）决定其薪酬。

4. 员工福利管理

在企业员工的薪酬体系中,除了基本工资、绩效工资和激励工资外,还有比较重要的一部分内容就是福利。所谓福利,就是企业向所有员工提供的,用来创造良好工作环境和方便员工生活的间接薪酬。

(1) 福利的作用。

1) 福利能满足员工的某些需要,解决后顾之忧,为员工创造一个安全、稳定和舒适的工作和生活环境。

2) 福利能够增加员工对企业的认同感、忠诚度,从而激励员工充分发挥自己的潜能,为企业的发展作出贡献。

3) 可以塑造良好的企业形象,提高企业的知名度。

(2) 福利的主要形式。

1) 法定福利。法定福利又叫社会福利,是为了保障员工的合法权利而由政府通过立法要求企业提供的福利,主要包括基本养老保险、基本医疗保险、失业保险、工伤保险和各类休假制度等。

养老保险是指国家通过立法,使劳动者在因年老而丧失劳动能力时,可以获得物质帮助以保障晚年基本生活需要的保险制度。

医疗保险也称疾病保险,是国家、企业对员工在因病或因公负伤而暂时丧失劳动能力时,给予假期、收入补偿和提供医疗服务的一种社会保险制度。它属于福利性质和救济性质的社会保险。

失业保险是指国家和企业对因非主观意愿暂时丧失有报酬或有收益的工作的员工付给一定经济补偿,以保障其失业期间的基本生活、维持企业劳动力来源的社会保障的总称。失业保险的根本目的在于保障非自愿失业者的基本生活,促使其重新就业。

法定休假包括公休假日、法定休假日和带薪年休假。通过休假,使劳动者可以有一段时间离开繁重的工作,获得身体和心理上的调整,以便更好地投入到工作当中去。我国法定的节假日包括元旦、春节、国际劳动节、国庆节和法律法规规定的其他休假节日。

2) 企业福利。企业可以向员工提供的所有福利设施和服务,如员工食堂、工作餐、子女教育津贴、企业为员工缴纳的各类社会保险、工作服、通信和交通费、医疗费、带薪休假、带薪旅游、带薪培训等。

【小　　结】

通过本章的学习,了解人力资源管理的基本概念和内容。人力资源管理是企业管理的基本职能之一,它是指对人力这一资源进行有效开发、合理利用和科学管理。通过对人力资源的相关模块,如人力资源规划、工作分析、人员招聘与配置、人员的培训与开发以及绩效薪酬管理的学习,从一定程度上对人力资源管理的相关知识有所了解。人作为企业的第一资源,对企业管理的各个部门行为都产生深远影响,合理有效地利用企业现有的人力资源对企业未来的发展起着至关重要的作用。

【课后习题】

一、不定项选择题

1. 人力资源是（　　）的总和。
   A. 知识　　　　　　B. 智力　　　　　　C. 体力　　　　　　D. 脑力
2. 人力资源具有哪些特征（　　）。
   A. 能动性　　　　　B. 再生性　　　　　C. 有效性　　　　　D. 社会性
3. 工作岗位分析信息的主要来源（　　）。
   A. 书面资料　　　　B. 同事的观察　　　C. 任职者的报告　　D. 直接的观察
4. 人力资源管理的基本原理有（　　）。
   A. 同素异构　　　　B. 互补优化　　　　C. 动态适应　　　　D. 公平竞争
5. 企业人员的补充有（　　）两个渠道。
   A. 外部渠道　　　　B. 直接渠道　　　　C. 内部渠道　　　　D. 间接渠道
6. 内部招募的方法包括（　　）。
   A. 布告法　　　　　B. 推荐法　　　　　C. 借助中介　　　　D. 网络招聘
7. 绩效管理流程包括哪几个阶段（　　）。
   A. 准备阶段　　　　B. 实施阶段　　　　C. 考评阶段　　　　D. 总结和应用开发阶段
8. 非系统的绩效考核方法包括（　　）。
   A. 排序法　　　　　B. 配对比较法　　　C. 强制分布法　　　D. 目标管理法

二、简答题

1. 人力资源管理的含义是什么？它包括哪些模块？
2. 工作分析的方法有哪些？
3. 人员招聘的流程是什么？
4. 可以通过哪些渠道进行人员招聘？
5. 企业培训与开发的目的是什么？
6. 员工培训的方法有哪些？
7. 绩效考核有哪些方法？
8. 绩效管理流程的设计包括哪几个阶段？
9. 薪酬管理包括哪些原则？
10. 我国的法定福利包括哪些内容？

三、案例分析

某机械公司的培训疑惑

某机械公司新任人力资源部部长 W 先生，在一次研讨会上学到了一些他自认为不错的培训经验，回来后就兴致勃勃地向公司提交了一份全员培训计划书，要求对公司全体人员进行为期一周的脱产计算机培训，以提升全员的计算机操作水平。不久，该计划书获批准。公司还专门下拨十几万元的培训费。可一周的培训过后，大家对这次培训说三道四，议论纷纷。除办公室的几名文员和 45 岁以上的几名中层管理人员觉得有所收获外，其他员工要么觉得收效甚微，要么觉得学而无用，白费功夫。大多数人认为，十几万元的培训费只买来了一时的"轰动效应"。有的员工甚至认为，这次培训是新官上任点的一把火，是某些领导拿单位的钱往自己脸上贴金！听到种种议论的 W 先生则感到委屈，在一个有着传统意识的老国企，给员工灌输一些新知识，为什么效果这么不理想？当今竞争环境下，每人学点计算机知识应该是很有用的，怎么不受欢迎呢？他百思不得其解。

问题：
1. 导致这次培训失败的主要原因是什么？
2. 企业应当如何把员工培训落到实处？

项目八　财务管理

【学习目标】

【知识目标】
1. 理解财务管理的目标。
2. 掌握资金需求量预测的销售百分比法和资金习性预测法。
3. 掌握标准成本的制定方法、责任成本管理的评价指标。
4. 掌握因素分析法。

【技能目标】
1. 具备针对不同的投资项目进行投资决策评价的能力。
2. 具备运用所学的知识对企业期末财务工作进行分析、评价的能力。

【开篇案例】

田大妈借钱难

位于成都市近郊新津县，拥有2亿多资产，占有全国泡菜市场60%份额的新蓉新公司，近年来却被流动资金的"失血"折磨得困苦不堪。企业创始人、总经理田玉文（人称"田大妈"）日前在由成都市委宣传部、统战部和市工商联联合召开的一次座谈会上大倒苦水。这位宣称"除了'田玉文'外认不到多少字"的企业家当场发问："我始终弄不懂，像我们这样的企业，一年上税三四百万，解决了附近十几个县的蔬菜出路，安排了六七千农民就业，从来没有烂账，为啥就贷不到款？！"

新蓉新最近的流动资金状况的确很成问题。4、5月份正是蔬菜收购和泡菜出厂的旺季，该公司这段时间每天从农民手中购进价值70余万元的大蒜、萝卜等蔬菜，但田大妈坦言，她已经向农民打了400多万元的"白条"。

这种状况让田大妈非常苦恼。她能有今天——据她自己说——全靠她一诺千金。在她看来,"白条"所带来的信誉损失是难以接受的。新蓉新从零开始做到如今的2亿多,历史上只有工行的少量贷款,大部分资金是"向朋友借的"。也正是为了维护这种民间信用关系,田大妈近日一口气偿还了朋友的借款共2000多万元。据说,现在新蓉新的民间借款几乎已经偿清。

这也正是新蓉新目前面临流动资金困境的主要原因之一。此外,为了引进设备建一个无菌车间,田大妈新近花100多万元,购进土地110亩。近日,田大妈同她的长子、新蓉新董事长陈卫东为此发愁:如果弄不到800万元贷款,下一步收购四季豆就没办法实施了。田大妈说,一周前,公司已向工商银行提出了800万元贷款申请,但目前还没有动静。

据田大妈说,新蓉新现有资产2.63亿元,资产负债率10%左右。另据新津县委办公室负责人介绍,该公司目前已签了3亿多元的供货合同,在国内增加了几百个网点,预计年内市场份额能达到80%。像这样的企业,银行为何惜贷呢?

(案例来源于《成都商报》新闻报道)

【导入问题】
1. 导致像新蓉新公司这样的民办中小企业筹资难的因素有哪些?
2. 新蓉新公司的资本结构是否把握了现代企业财务管理的基本精神?

【基本原理】

任务一　财务管理概述

财务管理是基于企业再生产过程中客观存在的财务活动和财务关系而产生的,是企业组织财务活动、处理财务关系的一项价值管理工作。

财务管理是一项价值管理。社会产品是使用价值与价值的统一体。在生产过程中,劳动者将生产中所消耗的生产资料的价值转移到产品中去,并且创造出新的价值,通过实物商品的出售,使转移价值和新创造出来的价值得以实现。财务管理就是一项实现价值增值、增加股东财富而实施的价值管理工作。

一、财务管理的内容

财务管理的主要内容包括筹资管理、投资管理、营运资金管理、收益及其分配管理。

1. 筹资管理

资金筹集是企业财务管理中一项最基本的管理内容,而筹资决策又是筹资管理的核心。筹资决策所要解决的问题是筹资渠道、筹资方式、筹资风险和筹资成本问题，要求企业确定最佳的资本结构，选择最恰当的筹资方式，并在风险和成本之间做出合理权衡。

2. 投资管理

企业取得资金后，必须将资金投入使用，以实现企业价值最大化。投资管理要求其建立严密的投资管理程序，充分论证投资在技术上的可行性和经济上的合理性。在收益和风险同时存在的条件下，力求做好预测和决策，减少风险，提高收益。在做出投资决策时需要考虑投资的对象、投资的时期，投资的报酬和投资风险等问题，力求选择最佳的投资方案。

3. 营运资金管理

营运资金是指企业生产经营活动中占用在流动资产上的资金。企业营运资金主要是为了满足企业日常营业活动的需要而垫支的资金，营运资金的周转与生产经营周期具有一致性。在一定时期内，资金周转越快，资金的利用效率就越高。营运资金管理的基本要求是合理使用资金，加速资金周转，不断提高资金的利用效果。

4. 收益及其分配管理

收益分配管理包括企业销售收入管理、利润管理和收益分配管理。其基本的要求是认真做好销售预测和销售决策，开拓市场，扩大销售，确保资金回笼；认真做好利润的预测和计划，确保利润目标的实现，并合理分配收益，确保各方面的利益。

二、财务管理的目标

财务管理目标也叫理财目标，是指企业进行财务活动所要达到的根本目的，它决定着企业财务管理的基本方向。财务管理目标是一切财务活动的出发点和归宿，是评价企业理财活动是否合理的基本标准。根据现代企业财务管理理论和实践，最具有代表性的财务管理目标主要有以下几种观点：

1. 利润最大化目标

所谓利润最大化目标是指企业理财应以实现最大的利润为目标。利润最大化目标假定在企业的投资预期收益确定的情况下，财务管理行为将朝着有利于企业利润最大化的方向发展。但是，以利润最大化作为财务管理目标存在着如下缺点：

（1）没有考虑货币的时间价值，把不同时间实现的利润看作是无差别的量。

（2）没有考虑利润的实现和投入资本额之间的关系，不利于做出正确的财务决策。

（3）没有考虑风险问题，这可能会使财务人员不顾风险的大小盲目追求利润的最大化。

（4）利润最大化往往会使企业财务决策带有短期化的倾向，即只顾实现眼前的最大利润，而不顾企业长远的发展。

2. 以资本利润率最大化或每股利润最大化为目标

资本利润率是指税后净利润与投入的资本额的比率。

每股利润是指税后净利润与普通股股数的比值。

所有者作为企业的投资者，其投资的根本目的是取得资本收益，具体表现为税后净利润与其出资额或拥有的普通股股数的对比关系。该目标把企业实现的净利润与投入的资本或普通股股数进行对比，可以反映企业的获利能力以及对所有者（股东）的回报能力，同时还有利于比较不同资本规模的企业或同一企业不同时期的创收能力，从量的角度来讲是个较好的指标；但是这两个指标都没有考虑资金的时间价值和风险因素，片面强调所有者（股东）的利益，忽视了与企业相关团体的利益，易导致企业决策行为的短期化。

3. 股东财富最大化目标

股东财富最大化是指通过财务上的合理运营，为股东带来最多的财富。在股份制公司中，股东财富由其所拥有的股票数量和股票市场的价格两方面来决定。在股票数量一定的前提下，当股票价格达到最高时，股东财富也达到最大。所以，股东财富最大化又可演变为股票价格最大化。股票的市场价格体现着投资者对企业价值所作的客观评价，因而股票的市场价格可以全面地反映企业目前和将来的盈利能力、预期收益、资金的时间价值和风险等方面的因素及其变化。与利润最大化目标相比，股东财富最大化目标有以下优点：

（1）考虑了风险因素，因为风险的高低会对股票价格产生重要的影响。

（2）考虑了资金的时间价值，在一定程度上能够克服企业在追求利润上的短期行为。目前的利润不仅会影响股票价格，预期未来的利润对企业股票的价格也会产生重要影响。

（3）具有亲和力，容易被股东所接受。因为财务管理的各种决策均需通过股东的同意才可生效，否则无法开展财务管理工作。

4. 企业价值最大化

企业价值最大化是指企业的市场价值最大化，它反映了企业潜在或预期的获利能力。企业价值不是账面资产的总价值，而是企业资产作为一个整体的市场价值，即企业有形资产和无形资产总体的市场评价，这种评价体现在潜在或预期的获利能力或净现金流量上。

在确定企业价值时，应以企业未来各期预期产生的净现金流量的折现值之和为依据。其中，未来各期的净现金流量是按可能实现的概率来计算，折现率反映投资者对投资的风险报酬要求。企业价值最大化的优点主要表现在：

（1）企业价值最大化目标考虑了取得报酬的时间，并用资金时间价值的原理进行了计算。计算企业价值的公式，实际上是用每期的现金流量乘以复利现值系数再求和；而简化公式则是一个永续年金现值的计算。

（2）企业价值最大化目标科学地考虑了风险与报酬的关系。报酬的大小与企业价值的大小成正比，风险的高低与企业价值的大小成反比。进行企业财务管理，就是要正确权衡报酬增加与风险增加的得与失，努力实现两者之间的最佳平衡，使企业价值达到最大。

（3）企业价值最大化目标能克服企业在追求利润上的短期行为。因为不仅目前的利润会影响企业的价值，而且预期未来的利润对企业价值的影响更大。

（4）企业价值最大化目标扩大了财务管理考虑问题的范围。企业是多边关系的总和，股东、债权人、各级管理者和一般职工等，对企业的发展而言，缺一不可。

三、财务管理的原则

财务管理的原则是企业财务管理工作必须遵循的准则。它是从企业理财实践中抽象出来的并在实践中证明是正确的行为规范，它反映着理财活动的内在要求。企业财务管理的原则包括以下几项：

1. 系统原则

财务管理从资本筹集开始，到资金收回为止，经历了资金筹集、资金运用、资金收回和资金分配等几个阶段。这几个阶段互相联系、互相作用，构成一个有机整体，具有系统的性质。为此，做好财务管理工作，必须从财务管理的内部和外部的联系出发，从各组成部分的协调和统一出发，这就是财务管理的系统原则。

2. 平衡原则

平衡原则是指在财务管理中，要力求使资金的收支在数量上和时间上达到动态的协调平衡。

3. 弹性原则

弹性原则是指在财务管理中，必须在追求准确和节约的同时，留有合理的伸缩余地。

4. 比例原则

比例原则要求在财务管理中除了对绝对量进行规划和控制外，还必须通过各个因素之间的比例关系发现财务管理中存在的问题，采取相应的措施，使有关比例趋于合理。

5. 优化原则

优化原则指的是财务管理过程是一个不断进行分析、比较和选择，以实现最优的过程。

财务管理过程就是优化过程，离开了优化的原则，财务管理就失去了意义。在财务管理中，始终离不开优化的问题，决策中面临的多方案选择问题，企业最优总量的确定，以及最优比例关系的确定等都应贯彻优化原则。

四、财务管理的环节

财务管理的环节是指财务管理的工作步骤与一般程序。企业财务管理包括以下几个环节：

（一）财务预测

财务预测是根据企业财务活动的历史资料，结合企业的现实情况，对企业未来的财务状况作出预计和测算。财务预测是财务决策的依据，是编制财务计划的前提，也是提高企业经济效益的手段。

1. 财务预测的基本程序

（1）确定财务预测的目标，从而规定预测范围。

（2）收集和分析财务预测的资料，并加以分类和整理，使资料符合预测的需要。

（3）选择合适的预测方法，建立预测模型，有效地进行预测工作。

（4）检查和修正预测的结果，分析产生误差的原因，确保预测目标的实现。

2. 财务预测的主要方法

（1）定性预测法。定性预测法主要是利用直观材料，依靠个人经验进行主观判断和综合分析，对事物未来的状况和趋势作出预测的一种方法。这种方法适用于企业在缺乏完备、准确的历史资料的情况下采用，能够加快预测速度，但科学性、可靠性较差。

（2）定量预测法。定量预测法是根据变量之间存在的数量关系建立数学模型来进行预测的方法，定量预测法又可分为时间序列预测法和因果预测法。①时间序列预测法又称趋势预测法，是按时间顺序排列历史资料，根据事物发展的连续性来进行预测的一种方法。这种方法又可以具体分为移动平均法、指数平滑法、回归分析法等。②因果预测法是根据历史资料找出要预测的因素与其他因素之间存在的因果关系建立数学模型来进行预测的一种方法。

（二）财务决策

财务决策是指企业为实现财务目标，从若干个可以选择的财务方案中选择最优方案的过程。财务决策的正确与否，关系到企业的兴衰成败，所以财务决策是财务管理的核心。

财务决策的基本程序如下：

(1) 根据财务预测的信息，提出问题。
(2) 确定解决问题的备选方案。
(3) 对各个方案进行分析、评价、比较。
(4) 遵循优化原则，选择最佳方案。

（三）财务预算

财务预算是运用科学的技术手段和数量方法，对目标进行综合平衡，制订主要的计划指标，拟定增产节约措施，协调各项计划指标。财务预算是财务预测和财务决策的具体化，是控制财务活动的依据。编制财务预算的一般步骤如下：

(1) 根据财务决策的要求，分析主、客观条件，确定预算指标。
(2) 紧密结合企业各项计划，对各项指标进行协调，实现计划的综合平衡。
(3) 调整各种预算指标，编制财务预算。

（四）财务控制

财务控制是指在企业经营过程中，以计划的各项定额为依据，利用有关信息和措施，对财务活动进行计算和审核，以实现财务目标。财务控制主要有：

(1) 事前控制。
(2) 事中控制。
(3) 事后控制。

（五）财务分析

财务分析是根据有关信息资料，运用特定方法，对企业财务活动过程及其结果进行分析和评价的一项工作。一般而言，财务分析包括以下步骤：

(1) 明确目标，整理资料，掌握信息。
(2) 运用适当的方法，分析问题，揭露矛盾。
(3) 分析问题产生的原因，明确责任，抓住关键环节。
(4) 提出改进措施，促进财务管理的发展。

任务二　企业筹资管理

一、企业筹资分类

筹资是企业根据生产经营等活动对资金的需要，通过一定的渠道，采取适当的方式获取所需资金的一种行为。企业筹资的基本目的是为了自身的生存和发展。

企业筹资按不同的标准分为以下几类：

1. 按照资金的来源渠道不同，可将筹资分为权益筹资和负债筹资

（1）权益筹资是企业股东提供的资金。企业通常可通过发行股票、吸收投资、内部积累等方式筹集权益资本。权益资本不需要归还，筹资的风险小，但其期望的报酬率高，因而企业付出的资本成本也较高。

（2）负债筹资是指债权人提供的资金。企业通常可通过发行债券、借款、融资租赁等方式筹集借入资金。借入资金按期归还，有一定的风险，但其要求的报酬率比权益资本低，企业付出的资本成本较低。

2. 按照所筹资金使用期限的长短，可将筹资分为短期资金筹集和长期资金筹集

（1）短期资金是指使用期限在1年以内的资金，一般是为满足企业周转性资金的需要。短期资金主要通过短期借款、商业信用、发行短期债券等方式筹集。短期资金由于其期限较短，风险较小，其资金成本也相对较低。但是其较短的偿还期造成企业较大的偿本付息压力，在一定程度上又增大了企业的财务风险。

（2）长期资金是相对于短期资金的一个概念，指企业使用期限在1年以上的资金，一般为企业的长期经营发展提供可靠保证。它主要用于新产品的开发和推广，生产规模的扩大、厂房和设备的更新。一般需要几年甚至十几年才能收回。企业的长期资金主要通过吸收直接投资、发行股票、发行长期债券、长期借款、融资租赁等方式筹集。长期资金由于期限较长，风险较大，其资金成本也相对较高，但其到期还本付息压力较小，在一定程度上降低了企业的财务风险，并且，还可以长期稳定地使用，这是短期资金所无法具备的优点。

3. 按照是否通过金融机构，可将筹资分为直接筹资和间接筹资

（1）直接筹资是指企业不通过金融机构而是直接面对资金供应者进行的筹资活动。一般是通过吸收直接投资、发行股票、发行债券等方式进行筹集。随着金融法规的逐渐健全、证券市场的不断完善，我国居民、企业参与直接融资的机会大大增加，参与方式也日趋多样化。所以，直接筹资的范围会越来越广。

（2）间接筹资是企业通过金融媒介进行的筹资活动，一般是通过银行或其他金融机构完成。这种筹资具有筹资手续简单、效率高、费用低等优点，但筹资范围相对较窄，筹资渠道与方式相对单一。长期以来，间接筹资一直在我国企业的筹资活动中占主导地位。但是，随着金融市场的不断完善，间接筹资的地位比以前有所削弱，尤其是伴随着现代企业制度建设——股份制改造的深化，越来越多的企业把筹资方式转向资本市场，进行直接融资。

二、筹资的渠道与方式

在激烈的市场经济竞争中，企业只有选择正确的筹资方式来筹集生产经营活动中所需要的资金，才能保障生产经营活动的正常运行和扩大再生产的需要。由于企业所处的内外环境各不相同，因此所选择的筹资方式也有相应的差异。企业只有采取适合企业自身发展的筹资渠道和筹资方式才能够促进企业的长期发展。

（一）筹资渠道

筹资渠道是指筹集资金来源的方向与通道，体现了资金的源泉和流量。目前，我国企业的筹资渠道主要有以下几种：

1. 国家财政资金

国家财政资金，是代表国家投资的政府部门或者机构以国有资金投入企业的资金，形成国家资本金。国家财政资金是国有企业的主要资金来源，现有国有企业的资金来源大部分是国家以财政拨款方式投资形成。

2. 银行信贷资金

银行信贷资金是当前企业筹资的主要渠道之一。特别是对于具备良好信誉但又缺乏资金的企业，银行信贷资金更是其必不可少的资金来源。

3. 非银行金融机构资金

非银行金融机构的资金是指信托投资公司、保险公司、中小企业融资租赁公司、证券公司、企业集团所属的财务公司、典当行等为企业提供的信贷资金投放。非银行金融机构用各种不同的方式集中资金，也用多种方式向企业提供资金，同时还提供各种特定服务。如信托投资公司主要从事信托、委托、代理等中小企业融资业务；保险公司开办的金融业务主要是短期贷款、中长期投资、证券投资等；财务公司主要办理企业集团内部成员之间的存款、贷款、内部转账结算、票据贴现等中小企业融资业务；典当行是专门为中小企业（一般非国有企业较多）和个人提供短期中小企业融资服务的一种特殊金融机构。

4. 其他法人单位资金

其他法人单位资金是指其他法人单位以其可支配的资金在企业间相互融通而形成的资金。企业在生产经营过程中，往往形成部分暂时闲置的资金，并为一定的目的而进行相互投资；另外，企业间的购销业务可以通过商业信用方式来完成，从而形成企业间的债权债务关系。随着横向经济联合的发展，这种资金来源渠道得到越来越广泛的运用。

5. 民间资金

企业职工和居民个人的结余货币，作为"游离"于银行及非银行金融机构等之外的个人资金，可用于对企业进行投资，形成民间资金来源渠道，从而为企业所用。

6. 企业自留资金

企业自留资金主要是指提取盈余公积金和未分配利润而形成的资金，也称留存收益。这些资金的重要特征之一是，它们无需企业通过一定的方式去筹集，而直接由企业内部自动生成或转移。

（二）筹资方式

筹资方式是指企业取得资金的具体方法和形式。目前企业可以利用的筹资方式主要有以下几种：

1. 吸收直接投资

吸收直接投资是指企业以协议等形式吸收国家、其他法人单位、个人等直接投入资本，形成企业资本金的一种筹资方式。吸收直接投资是非股份制企业筹集权益资金的一种基本方式。

2. 发行股票

股票是股份有限公司为筹集权益资本而发行的有价证券，是持股人在公司投资股份数额的凭证，它代表持股人在公司拥有的所有权。发行股票是股份有限公司筹集权益资本的一种主要方式。

3. 借款

借款是企业根据借款合同向银行或非银行金融机构借入的、按规定期限还本付息的款项。借款是企业筹集长、短期借入资金的主要方式。

4. 发行债券

债券是企业为筹措资金而发行的、约定在一定期限向债权人还本付息的有价证券。发行债券是企业负债筹资的一种重要方式。

5. 商业信用

商业信用是指企业之间在商品交易中因延期付款或预收货款而形成的借贷关系，是企业之间的直接信用行为。商业信用是企业之间融通短期资金的一种主要方式。

6. 利用留存收益

留存收益是指企业从净利润中提留的盈余公积金和未分配利润等。通过内部积累方式筹集资金，手续简便，不仅有利于满足企业扩大生产经营规模的资金需要，又能减少企业的财务风险。

7. 租赁

租赁是出租人以收取租金为条件，在契约或合同规定的期限内，将资产租借给承租人使用的一种信用业务。租赁是企业筹资的一种特殊的方式。

（三）筹资渠道与筹资方式的对应关系

筹资渠道解决的是资金来源问题，筹资方式则解决通过何种方式取得资金的问题，它们之间存在一定的对应关系。一定的筹资方式可能只适用于某一特定的筹资渠道，但是同一渠道的资金往往可采用不同的方式取得，同一筹资方式又往往适用于不同的筹资渠道。因此，企业在筹资时，应实现两者的合理配合。

三、资金需求量预测

企业在筹资之前，应当采用一定的方法预测资金需要的数量，才能使筹集的资金能保证满足生产经营的需要，又不会有太多的闲置。资金需要量预测是指企业根据生产经营的需求，对未来所需资金的估计和推测，它是企业制订融资计划的基础。企业所需要的这些资金，一部分来自企业内部，另一部分通过外部融资取得。

（一）资金需求量预测的步骤

资金需求量预测一般按以下几个步骤进行：

1. 销售预测

销售预测是企业财务预测的起点。销售预测是财务预测的基础，只有销售预测完成后才能开始财务预测，因此，企业资金需求量的预测应当以销售预测为基础。

2. 估计需求的资产

资产通常是销售量的函数，根据历史数据可以分析出该函数关系。根据预测销售量和资产的销售函数，可以预测所需资产的总量，某些流动负债也是销售的函数，相应的也可以预测负债的自发增长率，这种增长可以减少企业外部融资的数额。

3. 估计收入、费用和留存收益

收入和费用与销售额之间也存在一定的函数关系，因此，可以根据销售额估计收入和费用，并确定净利润。净利润和股利支付率共同决定了留存收益所能提供的资金数额。

4. 估计所需的融资

根据预计资产总量，减去已有的资产、负债的自发增长和内部能够提供的资金便可得出外部融资的需求。

（二）资金需求量预测的方法

企业资金需要量的预测可以采用定性预测法、销售百分比法和资金习性预测法。

1. 定性预测法

定性预测法，是指利用直观的资料，依靠个人的经验和主观分析、判断能力，对未来资金需要量作出预测。定性预测法一般在企业缺乏准确的历史资料的情况下采用。但这种方法不能揭示资金需求量与有关因素之间的数量关系。

2. 销售百分比法

销售百分比法，是指以资金与销售额的比率为基础，预测未来资金需要量的方法。企业的销售规模扩大时，要相应增加流动资产；如果销售规模增加很多，还必须增加长期资产。为取得扩大销售所需增加的资产，企业需要筹措资金。这些资金，一部分来自留存收益，另一部分通过外部筹资取得。通常，销售增长率较高时，仅靠留存收益不能满足资金需要，即使获利良好的企业也需外部筹资。

销售百分比法，将反映生产经营规模的销售因素与反映资金占用的资产因素连接起来，根据销售与资产之间的数量比例关系，预计企业的外部筹资需要量。

运用销售百分比法预测资金需要量是建立在以下假定的基础上：①企业的部分资产和负债与销售额同比例变化；②企业各项资产、负债与所有者权益结构已达到最优。

运用销售百分比法的步骤如下：

（1）确定随销售额变动而变动的资产和负债项目（即敏感资产和敏感负债）。

资产是资金占有的结果，随着销售额的变动，经营性资产项目将占用更多的资金。同时，随着经营性资产的增加，相应的经营性短期债务也会增加，如存货增加会导致应付账款增加，此类债务称之为"自动性债务"，可以为企业提供暂时性资金。经营性资产与经营性负债的差额通常与销售额保持稳定的比例关系。经营性资产项目包括库存现金、应收账款、存货等项；而经营性负债项目包括应付票据、应付账款等项目，不包括短期借款、短期融资券、长期负债等筹资性负债。

（2）确定经营性资产与经营性负债有关项目与销售额的稳定比例关系。

如果企业资金周转的营运效率保持不变，经营性资产与经营性负债会随销售额的变动而呈正比例变动，保持稳定的百分比关系。企业应当根据历史资料和同业情况，剔除不合理的资金占用，寻找与销售额的稳定百分比关系。

（3）确定需要增加的筹资数量。

预计由于销售增长而需要的资金需求增长额，扣除利润留存后，即为所需要的外部筹资额。即：

$$外部融资需求量 = \frac{A}{S_1} \times \triangle S - \frac{B}{S_1} \times \triangle S - P \times E \times S_2$$

公式中，A——随销售而变化的敏感性资产；

B——随销售而变化的敏感性负债；

S_1——基期销售额；

S_2——预测期销售额；

$\triangle S$——销售变动额；

P——销售净利率；

E——利润留存率；

A/S_1——敏感资产与销售额的关系百分比；

B/S_1——敏感负债与销售额的关系百分比。

案例 8-1

A 公司 2010 年 12 月 31 日的资产负债表如下所示：

A 公司简要资产负债表

单位：元

资产		负债和所有者权益	
现金	5000	应付费用	5000
应收账款	15000	应付账款	10000
存货	30000	短期借款	25000
固定资产净值	30000	公司债券	10000
		实收资本	20000
		留存收益	10000
资产合计	80000	负债和所有者权益合计	80000

2010年公司的销售收入为100000元,目前还有剩余生产能力,即增加销售收入不需要进行固定资产方面的投资。假定销售净利率为10%,如果预计2011年的销售收入是120000元,用销售百分比法预测2011年需要增加的资金量。

解析:

1. 将资产负债表中预计随销售额变动而变动的项目分离出来

在本例中,资产负债表中现金、应收账款和存货随着销售量的增加而同比例增加。在负债和所有者权益一方,应付账款和应付费用也会随销售的增加而同比例增加。公司的利润如果不全部分配,留存收益也会适当增加。具体变动情况如下表,用比率表示的项目是变动项目,也即敏感资产和敏感负债。

A公司销售百分率表

资产	占销售收入(%)	负债和所有者权益	占销售收入(%)
现金	5	应付费用	5
应收账款	15	应付账款	10
存货	30	短期借款	不变动
固定资产净值	不变动	公司债券	不变动
		实收资本	不变动
		留存收益	不变动
资产合计	50	负债和所有者权益合计	15

表中的百分率由该项目的数字除以销售收入得到,如存货为:30000/100000=30%。

该表显示了与销售收入同比例变化的项目与销售收入之间存在的固定比例,也说明了销售收入每增加100元,在资产方必须增加50元的资金占用,同时产生15元的资金来源。

2. 确定需要增加的资金

从表中可以看出,每增加100元的销售收入,必须增加50元(即现金+存货+应收账款)的资金占用,同时也自动增加15元的资金来源。因此,公司每增加100元的销售收入必须增加35元(即35%)的资金来源才能满足资产的占用。如销售收入增加到120000元,增加了20000元,按照35%的比例预测要增加的资金为20000×35%=7000元。

3. 确定对外界资金需求的数量

上述的7000元资金来源首先可以从内部得到,公司2011年的净利润为12000元(即120000×10%),如果公司的利润分配比例为60%,则有40%的利润作为留存收益即4800元(12000×40%),那么将有2200元(即7000-4800)的资金需要从外界融通。根据上述过程可计算出对外资金需求量:

对外资金需求量=增加的资产-增加的负债-增加的留存收益
=20000×50%-20000×15%-120000×10%×40%
=2200元

3. 资金习性预测法

资金习性预测法，是指根据资金习性预测未来资金需要量的一种方法。所谓的资金习性，是指资金变动与产销量变动之间的依存关系。按照资金习性可将资金分为不变资金、半变动资金和变动资金。①不变资金是指在一定的产销量范围内，不受产销量变动的影响而保持固定不变的那部分资金。也就是说，产销量在一定范围内变动，这部分资金保持不变。②半变动资金是指虽然受产销量变化的影响，但不成同比例变动的资金，如一些辅助材料上占用的资金。半变动资金可采用一定的方法划分为不变资金和变动资金两部分。③变动资金是指随产销量的变动而同比例变动的那部分资金。它一般包括直接构成产品实体的原材料、外购件等占用的资金。

资金习性预测法有两种形式：一种是根据资金占用总额同产销量的关系来预测资金需要量；另一种是采用先分项后汇总的方式预测资金需要量。

（1）根据资金占用总额与产销量的关系来预测。这种形式是根据历史上企业资金占用总额与产销量之间的关系，把资金划分为不变资金和变动资金两部分，然后结合预计的销售量来预测资金需要量。

设产销量为自变量 x，资金占用量为因变量 y，它们之间的关系可用下式表示：

$$y = a + bx$$

式中，a——不变资金；

b——单位产销量所需变动资金，其数值可用高低点法求出。

高低点法的计算公式为：

$$b = \frac{最高收入期资金占用量 - 最低收入期资金占用量}{最高销售收入 - 最低销售收入}$$

$$a = 最高收入期资金占用量 - b \times 最高销售收入$$

$$或：a = 最低收入期资金占用量 - b \times 最低销售收入$$

（2）采用先分项后汇总的方式预测。这种方式是根据资金占用的各具体项目与产销量之间的关系，把各项目的资金都划分为变动资金和不变动资金两部分，然后汇总在一起，求出企业变动资金总额和不变资金总额，进而来预测资金需求量。其数值也可通过高低点法求得。

案例 8-2

某企业 2008—2011 年销售收入和各项资产、负债如下表所示：

单位：万元

年 度	销售收入	现 金	应收账款	存 货	固定资产	流动负债
2008	1550	1340	1020	340	500	1000

(续上表)

年　度	销售收入	现　金	应收账款	存　货	固定资产	流动负债
2009	1500	1500	1000	1000	500	1150
2010	1680	1620	830	800	500	1100
2011	1700	1600	1100	1100	500	1250

要求：采用高低点法建立资金预测模型，并预测当 2012 年销售收入为 1800 万元时，企业资金需要总量。

1. 方法一：根据资金占用总额与产销量的关系来预测

资金总额 = 资产合计 – 自发性负债合计

2009 年为低点，2011 年为高点

2009 年资金总额 = 1500 + 1000 + 1000 + 500 – 1150 = 2850 元

2011 年资金总额 = 1600 + 1100 + 1100 + 500 – 1250 = 3050 元

$b = (3050 - 2850) / (1700 - 1500) = 1$

$a = 3050 - 1 \times 1700 = 1350$

$y = 1350 + x$

当 2012 年销售收入预计达到 1800 万元时，预计需要的资金总额 = 1350 + 1800 = 3150 万元。

2. 方法二：采用先分项后汇总的方式预测

2009 年为低点，2011 年为高点

现金占用情况：

$b = (1600 - 1500) / (1700 - 1500) = 0.5$　　$a = 1600 - 0.5 \times 1700 = 750$

应收账款占用情况：

$b = (1100 - 1000) / (1700 - 1500) = 0.5$　　$a = 1100 - 0.5 \times 1700 = 250$

存货占用情况：

$b = 0.5$　　$a = 250$

固定资产占用情况：

$a = 500$

流动负债占用情况：

$b = (1250 - 1150) / (1700 - 1500) = 0.5$　　$a = y - bx = 1250 - 0.5 \times 1700 = 400$

汇总计算：

$b = 0.5 + 0.5 + 0.5 - 0.5 = 1.0$

$a = 750 + 250 + 250 + 500 - 400 = 1350$

因此：$y = a + bx = 1350 + x$

当 2012 年销售收入预计达到 1800 万元时，预计需要的资金总额 = 1350 + 1800 = 3150 万元。

任务三 企业投资与成本管理

筹资、投资和生产是公司企业的基本功能，投资是企业经营活动的重要内容之一。投资是指企业投入财力，以期在未来一定期间内获取报酬或收益的活动。它包括企业购买固定资产、开发利用资源、研制新产品、更新改造厂房设备等。

一、投资决策评价方法

（一）静态投资评价方法

静态投资指标是比较传统的评价方法，它指在评价投资项目的经济效益时，不考虑货币时间价值因素，而直接按投资项目形成的现金流量进行计算的指标。主要有静态投资回收期指标。它的基本特点是把不同时期的现金流量都看做是等效的。优点是简单、明了、易于计算和理解；缺点是没有考虑到货币时间价值，难以正确、全面地反映投资收益。

静态投资回收期是指一项投资项目所产生的收益偿还全部投资所需的时间，一般是以年为单位，其计算的公式如下：

（1）每年的 NCF 相等时：

$$静态投资回收期 = 原投资金额 / 平均每年现金净流量$$

（2）每年的 NCF 不相等时：

$$静态投资回收期 = 已收回投资的若干整年年数 + \left(原投资额 - 已收回的若干整年的年数的投资之和\right) / 已收回投资的若干整年年数下一年的投资回收额$$

案例 8-3

某企业投资一台设备，共需的款项是 140000 元，预计使用年限是 5 年，预计产生的净残值是 14000 元，现有 A、B 两个方案可供选择。

A 方案：每年产生的净现金流量是 40200 元。

B 方案：第一年产生的净现金流量是 40200 元，第二年产生的净现金流量是 43200 元，第三年产生的净现金流量是 44700 元，第四年产生的净现金流量是 37200 元，第五年产生的净现金流量是 35700 元。

计算两方案的静态投资回收期。

解析:
A 方案的静态投资回收期是: 140000/40200≈3.48 年
B 方案的静态投资回收期是: 3 + (140000 - 128100) /37200≈3.32 年
计算结果表明,B 方案比 A 方案的投资回收期缩短了 0.16 年,故应选择 B 方案。

(二) 动态评价方法

动态评价方法是结合货币时间价值来决定方案的取舍。其基本点是把现金流出量、现金流入量和时间这三个基本因素相互联系起来进行分析评价。最常用指标有净现值、净现值率和内部报酬率。它们都是将各个项目调整到同一时点上进行比较,使得得出的结果更加客观、更具说服力。

1. 净现值法

净现值是指一项长期投资方案的未来报酬的总现值超过原投资额的现值的差额。该方法利用净现金效益量的总现值与净现金投资量算出净现值,然后根据净现值的大小来评价投资方案。净现值为正值,投资方案是可以接受的;净现值是负值,投资方案就是不可接受的。净现值越大,投资方案越好。净现值的计算公式如下:

$$净现值(NPV) = 投资项目未来报酬总现值 - 投资项目原投资额的现值$$

$$= \sum_{k=1}^{n} A_k(1+i)^{-k} - A_0$$

式中,i——折现率;
A_0——表示原始投资额;
A_k——表示第 k 期的净现金流量。

净现值法的计算一般分三个步骤:
(1) 计算每年的现金流量。
(2) 根据资本成本折算现金流量现值。
(3) 计算净现值,并据以评价和选择投资决策方案。

案例 8-4

设折现率为 10%,有 A、B 两个投资方案。有关的数据如下表所示:

年份	A 方案现金净流量	B 方案现金净流量
0	-40000	-18000
1	23600	2400

(续上表)

年份	A方案现金净流量	B方案现金净流量
2	26480	12000
3		12000
合计	10080	8400

计算两方案的净现值。

解析：

A方案的净现值 =（23600×0.9091+26480×0.8264）-40000=3337.83元

B方案的净现值 =（2400×0.9091+12000×0.8264+12000×0.7513）-18000=3114.24元

A、B两方案的净现值相比较，A方案的净现值比B方案大，因此A方案更好些。

2. 净现值率法

净现值率法是指净现值与投资现值之比。净现值率小，单位投资的收益就低；净现值率大，单位投资的收益就高。

$$净现值率 = 项目的净现值 / 总投资的现值 \times 100\%$$

净现值率为正数，说明项目能为公司带来财富，该项目从财务上来看就是可行的。

案例 8-5

沿用案例8-4，计算两方案的净现值率。

解析：

A方案的净现值率=3337.83/40000×100%≈8.34%

B方案的净现值率=3114.24/18000×100%≈17.3%

A、B方案的净现值率均为正数，说明两方案都是可行的。但应该选择净现值率较大的，即B方案。

【想一想】

为什么上述同一题目不同方法计算出来的决策结论是不同的？

3. 内含报酬率法

内含报酬率（IRR）是指能够使未来现金流入现值等于未来现金流出现值的贴现率，

或者说是使投资方案净现值为零的贴现率。内含报酬率法是根据方案本身内含报酬率来评价方案优劣的一种方法。内含报酬率大于资金成本率则方案可行，且内含报酬率越高方案越优。内含报酬率的基本原理是根据这个报酬率对投资方案的全部现金流量进行折现，使未来报酬的总现值正好等于该方案原投资额的现值。

内含报酬率的计算步骤如下：

第一，计算年金现值系数。

$$年金现值系数 = 初始投资额 / 每年净现金流量$$

第二，查年金现值系数表，在相同的期数内，找出与上述年金现值系数相近的两个折现率。

第三，根据上述的两个临近的折现率和已求得的年金现值系数，采用内插法计算出该投资方案的内行报酬率。

案例 8-6

从案例8-4的计算可以得知，A方案的净现值为正数，说明它的内含报酬率大于10%，因此，应进一步测试。假设以18%为折现率进行测试，其净现值为-982元。净现值出现负数，说明折现率已经高于内含报酬率，下一步减低到16%重新测试，结果净现值为23.78元。已接近于0。再升高到17%进行测试，其净现值为-485元，这说明内含报酬率在16%到17%之间，之后用内插法评估。设内含报酬率为x，则

$$(x - 16\%)/(17\% - x) = (0 - 23.78)/(-485 - 0)$$
$$x \approx 16.05\%$$

如果资金成本是10%，那么A方案的内含报酬率高于资金成本，因此A方案是可以接受的。

二、标准成本管理

标准成本，是指在标准工作条件下，生产产品应当发生的成本。它通常是根据企业已经达到的生产技术水平，经过周密细致调查、分析和技术测定而制订的。标准成本既是成本控制的目标，又是衡量实际成本水平的尺度。

（一）标准成本的分类

标准成本是企业正常的生产经营条件下能够实现的，可以作为评价实际成本、衡量工作业绩和控制成本开支依据的一种目标成本。由于对标准成本的"标准"的看法不同，

标准成本主要有以下几种不同的分类:

1. 依据生产技术和经营管理水平，标准成本分为理想标准成本和正常标准成本

（1）理想标准成本是指在最优的生产条件下，利用现有的规模和设备能够达到的最低成本。这种标准完全基于理想主义，通常会因达不到而影响工人的积极性，因此很难达到控制成本的目的，不能作为考核的依据。

（2）正常标准成本是指在效率良好的条件下，要经过努力才能达到的一种标准。它是考虑了正常的耗用水平、正常的价格和机器故障停工等不可避免的成本而制订的成本，可以随时修订。它通常反映了过去一段时期实际成本水平的平均值，立足实际但又高于实际，因而可以调动职工的积极性。

2. 标准成本按其适用期，分为现行标准成本和基本标准成本

（1）现行标准成本是指根据其使用期间应该发生的价格、效率和生产经营能力利用程度等预计的标准成本。这种标准既先进又切实可行，是用以进行成本控制的最佳标准。

（2）基本标准成本是指一经确定，只要生产的基本条件无重大变化，就不予变动的一种标准成本。所谓生产的基本条件的重大变化是指产品的物理结构的变化，重要原材料和劳动力价格的重要变化，生产技术和工艺的根本变化，只有这些条件发生变化，基本标准成本才需要修订。由于基本标准成本不按各期实际修订，不宜用来直接评价工作效率和成本控制的有效性，缺乏先进性，在实际工作中很少采用。

（二）标准成本的制订方法

产品成本是由直接材料成本、直接人工成本、制造费用三个成本项目组成的，应按照这些项目的特点分别制订其标准成本。各有关项目的标准成本的基本形式是"价格"标准乘以"数量"标准。即：

$$单位产品标准成本 = 单位产品标准价格 \times 单位产品标准用量$$

下面分别根据产品成本的三要素，说明标准成本的制订方法。

1. 直接材料标准成本的制订

某单位产品耗用的直接材料的标准成本是由材料的用量标准和价格标准两项因素决定的。用公式表示为：

$$某产品的直接材料标准成本 = 该产品所需某种材料的价格标准 \times 该种产品的用量标准$$

材料的价格标准通常采用企业制订的计划价格。企业在制订计划价格时，通常是以订货合同的价格为基础，并考虑将来各种变化情况，按各种材料分别计算的。

材料的用量标准，是指单位产品耗用原料及主要材料的数量，通常也称为材料消耗定额。材料的用量标准应根据企业产品的设计、生产和工艺的现状，结合企业经营管理水平的情况和降低成本任务的要求，考虑材料在使用过程中发生的必要损耗，并按照产品的零部件来制订各种原料及主要材料的消耗定额。

2. 直接人工标准成本的制订

直接人工标准成本是由直接人工的价格标准和直接人工用量标准两项因素决定的。其

公式如下:

$$\text{某产品的直接人工标准成本} = \text{该产品的直接人工标准分配率} \times \text{该种产品耗用的直接人工标准工时}$$

直接人工的价格标准就是标准工资率,通常由劳动工资部门根据用工情况制订,当采用计时工资时,标准分配率就是单位工时标准工资率,它是由标准工资总额除以标准总工时来计算的。

人工用量标准就是工时用量标准,也称工时消耗定额,是指企业在现有的生产技术条件、工艺方法和技术水平的基础上,考虑提高劳动生产率的要求,采用一定的方法,按照产品生产加工所经过的程序,确定单位产品所需耗用的生产工人工时数。在制订工时消耗定额时,还要考虑生产工人必要的休息和生理上所需时间,以及机器设备的停工清理时间,使制订的工时消耗定额既合理又先进,从而达到成本控制的目的。

3. 制造费用标准成本的制订

制造费用的标准成本是由制造费用价格标准和制造费用用量标准两项因素决定的。

制造费用价格标准,也就是制造费用的分配率标准。它取决于两个因素,一是企业总的生产能力,也就是达到最大产量时的工时总额;二是制造费用的总预算,要把它区分为固定性和变动性两部分。

$$\text{单位工时变动费用分配率标准} = \text{变动费用预算总额} / \text{标准总工时}$$

$$\text{单位工时固定费用分配率标准} = \text{固定费用预算总额} / \text{标准总工时}$$

制造费用用量标准是指生产单位产品所需要的直接人工工时或机器小时数。

因此,制造费用的标准成本分为单位产品变动制造费用标准成本和单位产品固定制造费用标准成本。即:

$$\text{单位产品制造费用标准成本} = \text{单位产品变动制造费用标准成本} + \text{单位产品固定制造费用标准成本}$$

(三) 标准成本的差异分析

产品的标准成本是一种预期的成本目标,是用来控制实际成本的。但在实际的生产经营过程中,由于多方面原因,产品的实际成本与标准成本会有偏差,这种偏差称为成本差异。由于产品的成本依据成本性态分析分为固定成本和变动成本,因此,对于成本差异的分析也分为变动成本差异分析和固定成本差异分析。

1. 变动成本差异的分析

变动成本是由直接材料、直接人工和变动制造费用组成的。变动成本差异分析采用通用模式,先计算总差异,然后对差异构成的因素,即价格差异和数量差异进一步计算和分析。成本差异分析的通用模式如下:

$$\text{成本差异} = \text{实际成本} - \text{标准成本}$$

其中：

$$价格差异 = 实际数量 \times (实际价格 - 标准价格)$$

$$用量差异 = (实际数量 - 标准数量) \times 标准价格$$

(1) 直接材料成本差异分析。直接材料成本差异是指实际产量下的直接材料实际成本与直接材料标准成本之间的差异，是由价格差异和用量差异构成。

$$直接材料成本差异 = 直接材料价格差异 + 直接材料用量差异$$

$$直接材料价格差异 = 实际数量 \times (实际价格 - 标准价格)$$

$$直接材料用量差异 = (实际数量 - 标准数量) \times 标准价格$$

> **案例 8-7**
>
> 某企业生产 A 产品，单位产品标准材料成本为 500 元，其中材料标准用量为 50 千克，材料标准价格为 10 元，实际材料成本 495 元，其中，单位材料用量为 45 千克，实际材料价格为 11 元。
>
> **要求**：计算直接材料的成本差异。
>
> **解析**：
>
> 直接材料成本差异 = 495 - 500 = -5（元）
>
> 其中：
>
> 直接材料价格差异 = (11 - 10) × 45 = 45（元）
>
> 直接材料用量差异 = (45 - 50) × 10 = -50（元）
>
> 从上面的计算结果可以看出，直接材料的成本差异属于有利差异，是由材料价格差异（45 元）和材料用量差异（-50 元）共同作用影响的。

(2) 直接人工成本差异分析。直接人工成本差异是指在实际产量下的直接人工实际总成本与标准成本总额之间的差额，它可以分解为直接人工工资率差异和直接人工效率差异。

$$直接人工成本差异 = 直接人工工资率差异 + 直接人工效率差异$$

$$直接人工工资率差异 = 实际工时 \times (实际工资率 - 标准工资率)$$

$$直接人工效率差异 = (实际工时 - 标准工时) \times 标准工资率$$

> **案例 8-8**
>
> 某企业生产 A 产品，单位产品耗用工时标准为 20 小时，标准工资率为 8 元，实际每件产品耗用工时 18 小时，实际小时工资率为 9 元。
>
> **要求**：计算直接人工的成本差异。
>
> **解析**：
>
> 直接人工成本差异 = 162 - 160 = 2（元）
>
> 其中：
>
> 人工效率差异 =（18 - 20）× 8 = -16（元）
>
> 工资率差异 =（9 - 8）× 18 = 18（元）
>
> 计算结果表明，直接人工实际成本比标准成本提高了 2 元，表现为直接人工工资率提高了 1 元/小时，使得人工成本提高了 18 元；而人工效率提高使得人工成本下降了 16 元，两者合计，人工成本提高了 2 元。

（3）变动制造费用的差异分析。变动制造费用成本差异是指在实际产量下，变动制造费用实际发生总额与其标准发生总额之间的差额。它可以进一步分解为变动制造费用耗费差异和变动制造费用效率差异。

变动制造费用耗费差异 =（实际费用分配率 - 标准费用分配率）× 实际工时

变动制造费用效率差异 =（实际工时 - 标准工时）× 标准费用分配率

> **案例 8-9**
>
> 某企业本月投产 A 产品 100 件。单位产品标准工时 10 小时/件，变动制造费用标准分配率为 5 元/小时，实际总工时 1200 小时，实际变动制造费用 5400 元。
>
> **要求**：计算 A 产品变动制造费用成本差异。
>
> **解析**：
>
> 变动制造费用标准成本 = 100 × 10 × 5 = 5000（元）
>
> 变动制造费用实际分配率 = 5400/1200 = 4.5（元/小时）
>
> 变动制造费用成本差异 = 5400 - 5000 = 400（元）
>
> 变动制造费用耗费差异 =（4.5 - 5）× 1200 = -600（元）
>
> 变动制造费用效率差异 =（1200 - 1000）× 5 = 1000（元）

2. 固定制造费用的差异分析

固定制造费用差异是指一定时期内的实际固定制造费用与标准固定制造费用之间的差额。固定制造费用属于固定成本，其差异分析与变动制造费用差异分析不同。有二因素分析法和三因素分析法两种。在企业的实际工作中通常采用三因素分析法，三因素分析法是将固定制造费用的差异分为耗费差异、能力差异和效率差异。下面就三因素分析法的计算公式介绍如下：

耗费差异 = 实际分配率 × 实际工时 − 标准分配率 × 预算工时
       = 实际固定制造费用 − 预算固定制造费用

能力差异 = 标准分配率 × 预算工时 − 标准分配率 × 实际工时
       = 标准分配率 ×（预算工时 − 实际工时）
       = 预算固定制造费用 − 标准分配率 × 实际工时

效率差异 = 标准分配率 × 实际工时 − 标准分配率 × 标准工时
       = 标准分配率 ×（实际工时 − 标准工时）

> **案例 8-10**
> 某企业3月份的预算固定制造费用为120000元，预算工时为40000工时，本月生产产品1850件，单位产品的工时耗用标准为20工时/件。本月实际发生的固定制造费用为106400元，实际工时为38000工时。
> **要求：** 采用三因素分析法计算固定制造费用差异。
> **解析：**
> 标准分配率 = 120000 ÷ 40000 = 3（元/工时）
> 实际分配率 = 106400 ÷ 38000 = 2.8（元/工时）
> 耗费差异 = 106400 − 120000 = −13600（元）
> 能力差异 = 3 ×（40000 − 38000）= 6000（元）
> 效率差异 = 3 ×（38000 − 37000）= 3000（元）
> 差异合计 = −13600 + 6000 + 3000 = −4600（元）
> 固定制造费用标准 = 3 × 20 × 1850 = 111000（元）
> 固定制造费用差异 = 106400 − 111000 = −4600（元）

三、作业成本管理

（一）作业成本管理的相关基本概念

1. 作业

作业是为完成既定任务而进行的一项活动或工作。这里的作业是指企业为生产产品或提供劳务进行的某项生产经营活动或某道生产工序，是企业为提供一定量的产品或劳务所消耗的原材料、人力、技术、方法和环境等的集合体。如：机器制造企业中有材料采购作业、零件加工作业、质量检验作业和装配作业等；汽车修配企业中有开单作业、调度作业、修理作业、备品供应作业和会计结算作业等。

2. 资源

作业成本管理中的资源，实质上是指为了产出作业或产品而进行的费用支出，换言之，资源就是指各项费用总体。作为分配对象的资源就是消耗的费用，或可以理解为每一笔费用。资源如果直接面向作业和成本对象分配，就是传统成本法的直接材料。

3. 成本对象

成本对象是企业需要计量成本的对象。根据企业的需要，可以把每一个生产批作为成本对象，也可以把一个品种作为成本对象。在顾客组合管理等新的管理工具中，需要计算出每个顾客的利润，以此确定目标顾客群体，这里的每个顾客就是成本对象。

成本对象可以分为市场类成本对象和生产类成本对象。市场类成本对象的确定主要是按照不同的市场渠道不同的顾客确定的成本对象，它主要衡量不同渠道和顾客带来的实际收益，核算结果主要用于市场决策，并支持企业的产品决策。生产类成本对象是在企业内部的成本对象，包括各种产品和半成品，用于计量企业内部的生产成果。

4. 成本动因

成本动因是指导致成本发生的原因，也就是说分配各种成本的标准。成本动因可分为资源动因和作业动因。资源动因是引起作业成本变动的因素。资源动因被用来计量各项作业对资源的耗用，运用资源动因可以将资源成本分配给各有关作业。例如，产品质量检验工作（作业）需要有检验人员、专用设备，并耗用一定的能源等。检验作业作为成本对象，耗用的各项资源构成检验作业的成本。其中，检验人员的工作、设备折旧费等成本，一般可以直接计入检验作业；而能源成本往往不能直接计入，需要根据设备额定功率来分配。

作业动因是引起产品成本变动的因素。作业动因计量各种产品对作业耗用的情况，并被用来作为作业成本的分配基础。比如，某车间生产若干种产品，每种产品又分为若干批次生产，每批产品完工后都需要进行质量检验。假定对任何产品的每一批次进行质量检验所发生的成本相同，则检验次数就是检验成本的作业动因，它是引起产品检验成本变动的因素。

一般而言，成本动因支配着成本行动，决定着成本的产生，并可作为分配成本的标准。作业和成本动因的区别在于作业是为达到组织的目的和组织内部各部门的目标所需的种种行为，而成本动因是导致成本升降的因素。

成本动因是导致对于资源消耗变化、影响质量和周期时间的任何事件和情形。一个作业可能具有多个动因。成本动因并不需要数量化，但是它对于作业动因和资源动因的选择有重要影响。简言之，成本动因就是导致生产中成本发生变化的因素，只要能导致成本发生变化，就是成本动因。

5. 作业成本管理

作业成本法是以作业为核算对象，作为确定分配间接费用的基础，通过成本动因来确认和计量作业量，进而以作业量为基础分配间接费用的成本计算方法。作业成本法在于引导管理者将注意力集中在成本发生的原因及成本动因上，而不仅仅是关注成本计算结果本身，通过对作业成本的计算和有效控制，就可以较好地克服传统制造成本法中间接费用责任不清的缺点，并且使以往一些不可控的间接费用在作业成本管理系统中变为可控。作业成本法不仅仅是一种成本计算方法，更是一种成本控制和企业管理手段。在其基础上进行的企业成本控制和管理，称为作业成本管理（activity‑based management，简称 ABM）。

（二）作业成本法的基本原理

作业成本法计算成本的基本原理是将资源成本通过资源成本动因追溯到作业，再将作业成本通过作业成本动因追溯到产品、服务和用户等成本对象，如下图 8‑1 所示：

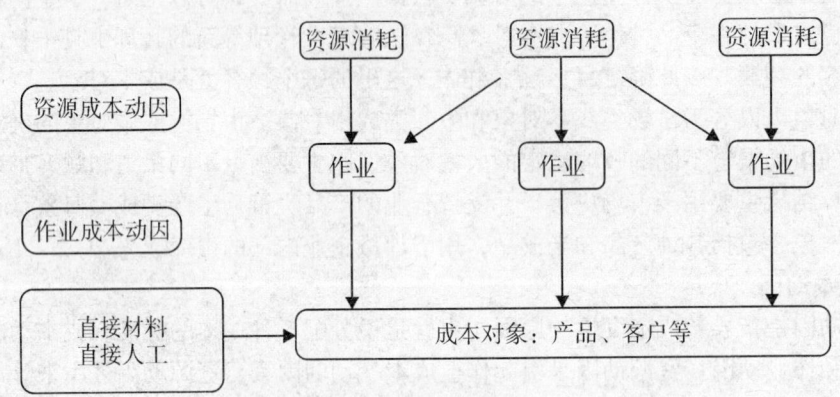

图 8‑1　作业成本法的基本原理

（三）作业成本管理的实施程序

尽管作业成本管理在不同行业、不同经济技术条件、不同规模的企业实施各具特点，但是根据作业成本管理的基本原理，借鉴西方企业的实施经验，我国企业具体实施时，一般应遵循下列程序进行操作。

1. 分析累积顾客价值的最终商品的各项作业，建立作业中心

既然企业最终商品的顾客价值均由作业链创造，那么作业成本管理的着眼点就应放在这条作业链上，对构成作业链的各项作业进行分析，确认主要作业和作业中心。一个作业中心即是生产程序的一部分，按照作业中心汇集和披露成本信息，便于管理当局控制作业，考评绩效。

2. 归类汇总企业相对有限的各种资源，并将资源合理分配给各项作业

企业的生产经营活动消耗作业，作业则消耗资源，而企业的资源总是有限的。因此，作业成本管理强调要对企业的各种资源分类汇总，建立资源库，根据需要科学合理地对各项作业进行资源配置，并对各项作业资源耗费所创造的顾客价值大小进行跟踪的动态分析，尽可能降低必要作业的资源消耗，杜绝不必要作业的资源浪费。

3. 对生产经营的最终商品或劳务分类汇总，明确成本对象

成本对象的确定必须包括所有的最终商品或劳务，不能遗漏某种商品或劳务，否则，其他商品或劳务就会承担过高的成本，从而造成成本信息的失真。但是，作业成本管理并不是直接以最终商品或劳务为成本管理的对象，而是将其相关的作业、作业中心、顾客和市场纳入成本管理体系，这样就抓住了资源向成本对象流动的关键。

4. 发掘成本动因，加强成本控制

发掘成本动因，就是摈弃传统的狭隘的成本分析方式，代之以宽广的与战略相结合的方式进行成本动因分析，并以成本动因为标准，将各项成本聚集到终极商品或劳务。加强成本控制，主要强调两个方面：一是控制成本动因，只有了解了主要价值链活动的成本动因，才能真正控制成本；二是通过改造和优化企业的主要作业链活动，如商品设计与研制开发、生产、营销等，来取得成本竞争优势。

5. 建立健全业绩评价体系，加强成本管理的绩效考评

实施作业成本管理，必须结合责任会计制度建立健全成本管理的绩效评价体系，将作业中心的确立与责任中心的划分衔接一致，明确经济责任和权限范围。通过使用合适的成本动因，保证成本指标和经营绩效的真实性与可靠性，从而有助于管理当局从非财务的角度进行业绩评价，进一步从理论上完善责任会计制度。

作业成本管理将控制成本、降低成本的视野由以"商品"为中心转移到以"作业"为中心，它不是以"成本"论成本，而是联系成本发生的前因（成本动因）与后果（成本耗费）来寻求控制成本的途径和方法；它不是简单、盲目地削减成本，而是通过对作业的跟踪和动态反映，通过事前、事中、事后的作业链及价值链分析，实现企业持续低成本、高效益目标。

四、责任成本管理

责任成本管理是指将企业内部划分成不同的责任中心，明确责任成本，并根据各责任中心的权、责、利关系，来考核其工作业绩的一种成本管理模式。其中，责任中心也叫责任单位，是指企业内部具有一定权力并承担相应工作责任的部门或管理层次。责任成本管理的流程如图8-2所示。

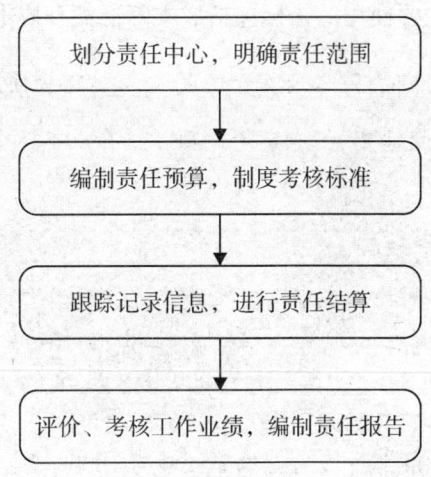

图8-2 责任成本管理流程图

(一) 责任中心及考核指标

建立责任中心是建立责任成本管理的首要问题。如何建立责任中心，建立多少责任中心，完全取决于企业内部组织机构、职能分工、业务控制和业绩考核等具体情况。按照企业内部责任中心的权责范围以及业务活动的不同特点，责任中心一般可以划分为成本中心、利润中心和投资中心三类。每一类责任中心均对应着不同的决策权力及不同的业绩评价指标。

1. 成本中心

成本中心是指有权发生并控制成本的单位。成本中心的工作成果不会形成可以用货币计量的收入，或其工作成果不便于或不必要进行货币计量，通常只计量考核发生的成本。成本中心是责任中心中应用最为广泛的一种形式，只要是对成本的发生负有责任的单位或个人都可以成为成本中心。例如负责生产产品的车间、工段、班组等生产部门或确定费用标准的管理部门等。成本中心具有以下特点：

(1) 成本中心不考核收益，只考核成本。一般情况下，成本中心不能形成真正意义上的收入，故只需衡量投入，而不衡量产出，这是成本中心的首要特点。

(2) 成本中心只对可控成本负责，不负责不可控成本。可控成本是指成本中心可以控制的各种耗费，它应具备三个条件：①该成本的发生是成本中心可以预见的；②该成本是成本中心可以计量的；③该成本是成本中心可以调节和控制的。凡不符合上述三个条件的成本都是不可控成本。可控成本和不可控成本的划分是相对的。它们与成本中心所处的管理层级别、管理权限与控制范围大小有关。例如，材料单位成本变动而形成的成本差异，对于负责材料采购的责任中心来说是可控成本，而对于耗用材料的责任中心而言则是不可控成本。对于一个独立企业而言，几乎所有的成本都是可控的。

(3) 责任成本是成本中心考核和控制的主要内容。成本中心当期发生的所有可控成本之和就是其责任成本。

成本中心考核和控制主要使用的指标包括成本降低额和成本降低率。计算公式为：

$$成本降低额 = 预算责任成本 - 实际责任成本$$

$$成本降低率 = 成本降低额 / 预算成本 \times 100\%$$

> **案例 8-11**
>
> 某企业家具生产车间为成本中心，生产桌子，预算产量4000件，单位成本100元/件；该产品实际产量为5000件，单位成本98元/件。则有：
>
> 成本降低额 = 5000件 × 100元/件 − 5000件 × 98元/件 = 10000元
>
> 成本降低率 = 10000 / (5000 × 100) × 100% = 2%
>
> 计算结果表明，该成本中心的成本降低额为10000元，成本降低率为2%。

2. 利润中心

利润中心是指既能控制成本，又能控制收入和利润的责任单位。它不但有成本发生，而且还有收入发生。因此，它要同时对成本、收入以及收入与成本之间的差额即利润负责。利润中心是比成本中心更高一级的责任中心。利润中心适用于企业管理中具有独立收入来源的较高层次，如分公司、分厂、有独立经营权的各部门，包括辅助生产部门或封闭式生产车间等。各利润中心自成一体，独立经营，但相互协调，共同实现企业的总目标。

利润中心有两种形式：一是自然利润中心，它是自然形成的，直接对外提供劳务或销售产品以取得收入的责任中心；二是人为利润中心，它是人为设定的，通过企业内部各责任中心之间使用内部结算价格来结算半成品内部销售收入的责任中心。

通常情况下，利润中心采用利润作为业绩考核指标，分为边际贡献、可控边际贡献和部门边际贡献。相关公式为：

$$边际贡献 = 销售收入总额 - 变动成本总额$$

$$可控边际贡献 = 边际贡献 - 该中心负责人可控固定成本$$

$$部门边际贡献 = 可控边际贡献 - 该中心负责人不可控固定成本$$

（1）边际贡献是将收入减去变动成本总额，反映了该利润中心的盈利能力。

（2）可控边际贡献也称部门经理边际贡献，它衡量了部门经理有效运用其控制下的资源的能力，是评价利润中心管理者业绩的理想指标。但是，该指标一个很大的局限就是难以区分可控和不可控的与生产能力相关的成本。如果该中心有权处置固定资产，那么相关的折旧费是可控成本；反之，相关的折旧费用就是不可控成本。可控边际贡献忽略了应追溯但又不可控的生产能力成本，不能全面反映该利润中心对整个公司所作的经济贡献。

（3）部门边际贡献，又称部门毛利，它扣除了利润中心管理者不可控的间接成本，因为，对于公司最高层来说，所有成本都是可控的。部门边际贡献反映了部门为企业利润和弥补与生产能力有关的成本所作的贡献，它更多地用于评价部门业绩而不是利润中心管理者的业绩。

> **案例 8-12**
> 某企业的A车间是一个人为利润中心。本期实现销售收入总额为700000元，变动成本总额为400000元，该中心负责人可控固定成本总额为40000元，中心负责人不可控但应当由中心负担的固定成本为60000元。则该中心利润考核指标为：
> 边际贡献 = 700000 - 400000 = 300000元
> 可控边际贡献 = 300000 - 40000 = 260000元
> 部门边际贡献 = 260000 - 60000 = 200000元

3. 投资中心

投资中心是指既对成本、收入和利润负责，又对投资及其投资收益负责的责任单位。它本质上也是一种利润中心，但它拥有最大程度的决策权，同时承担最大程度的经济责任，属于企业中最高层次的责任中心，如事业部、子公司等。从组织形式上看，投资中心一般具有独立法人资格，而成本中心和利润中心往往是内部组织，不具有独立法人地位。

对投资中心的业绩进行评价时，不仅要使用利润指标，还需要计算、分析利润与投资的关系，主要有投资报酬率和剩余收益等指标。

投资报酬率是投资中心获得的利润与投资额的比率，其计算公式为：

$$投资报酬率 = 营业利润 / 平均营业资产 \times 100\%$$

$$平均营业资产 = (期初营业资产 + 期末营业资产) / 2$$

其中，营业利润是指扣减利息和所得税之前的利润，即息税前利润。由于利润是整个期间内实现并累积形成的，属于期间指标，而营业资产属于时点指标，因此取其平均数。

投资报酬率主要说明了投资中心运用公司的每单位资产对公司整体利润贡献的大小。它能够反映投资中心的综合获利能力，并具有横向可比性，因此，可以促使经理人员关注营业资产运用效率，并有利于资产存量的调整，优化资源配置。然而，过于关注投资利润率也会引起短期行为的产生，追求局部利益最大化而损害整体利益最大化目标，导致经理人员为眼前利益而牺牲长远利益。

剩余收益是指投资中心的营业收益扣减营业资产按要求的最低投资报酬率计算的收益额之后的余额。其计算公式为：

$$剩余收益 = 经营利润 - 经营资产 \times 最低投资报酬率$$

公式中的最低投资报酬率是根据资本成本来确定的。它一般等于或大于资本成本，通常可以采用企业整体的最低期望投资报酬率，也可以是企业为该投资中心单独规定的最低投资报酬率。

剩余收益指标弥补了投资报酬率指标会使局部利益与整体利益相冲突的不足，但由于它是一个绝对指标，故而难以在不同规模的投资中心之间进行业绩比较。另外，剩余收益同样仅反映当期业绩，单纯使用这一指标也会导致投资中心管理者的短期行为。

（二）内部转移价格

内部转移价格是指企业内部有关责任单位之间提供产品或劳务的结算价格。内部转移价格直接关系到不同责任中心的获利水平，其制订可以有效地防止成本转移引起的责任中心之间的责任转嫁，使每个责任中心都能够作为单独的组织单位进行业绩评价，并且可以作为一种价格信号引导下级采取正确决策，保证局部利益和整体利益的一致。内部转移价格的制订，可以参照以下几种类型：

1. 市场价格

市场价格是根据产品或劳务的市场现行价格作为计价基础。市场价格具有客观真实的特点，能够同时满足部门和公司的整体利益，但是它要求产品或劳务有完全竞争的外部市场，以取得市价依据。

2. 协商价格

协商价格即内部责任中心之间以正常的市场价格为基础，并建立定期协商机制，共同确定双方都能接受的价格作为计价标准。采用该价格的前提是中间有非竞争性的市场可以交易，在该市场内双方有权决定是否买卖这种产品。协商价格的上限是市场价格，下限则是单位变动成本。当双方协商僵持时，会导致公司高层的行政干预。

3. 双重价格

双重价格即由内部责任中心的交易双方采用不同的内部转移价格作为计价基础。采用双重价格，买卖双方可以选择不同的市场价格或协商价格，能够较好地满足企业内部交易双方在不同方面的管理需要。

4. 成本价格

成本价格是以成本为基础的转移定价，是指所有的内部交易均以某种形式的成本价格进行结算，它适用于内部转移的产品或劳务没有市场价格的情况。

任务四　财务分析

一、财务分析的意义

财务分析是以企业财务报告反映的财务指标为主要依据，对企业的财务状况和经营成果进行评价和剖析，以反映经营业绩、财务状况及发展趋势，为改进企业财务管理工作和优化经济决策提供重要的财务信息。财务分析既是已完成的财务活动的总结，又是财务预测的前提，在财务管理的循环中起着承上启下的作用。财务分析的意义体现在以下三个方面：

（1）财务分析是评价财务状况、衡量经营业绩的重要依据。
（2）财务分析是挖掘潜力、改进工作、实现理财目标的重要手段。
（3）财务分析是合理实施投资决策的重要步骤。

二、财务分析的方法

财务分析的方法主要有趋势分析法、比率分析法和因素分析法。

（一）趋势分析法

趋势分析法又称水平分析法，是将两期或连续数期财务报告中的相同指标进行对比，确定其增减变动的方向、数额和幅度，以说明企业财务状况或经营成果的变动趋势的一种方法。采用这种方法，可以分析引起变化的主要原因、变动的性质，并预测企业未来的发展前景。趋势分析法的优点是简便、直观。但在采用时，应注意以下问题：

（1）用于进行对比的各个时期的指标，在计算口径上必须一致。
（2）剔除偶发性项目的影响，使分析的数据能反映正常的经营状况。
（3）应运用例外原则，对某项有显著变动的指标作为重点分析，研究其产生的原因，以便采取对策，趋利避害。

（二）比率分析法

比率分析法是把某些彼此存在关联的项目加以对比，计算出比率，据以确定经济活动变动程度的分析方法。比率是相对数，采用这种方法，能够把某些条件下的不可比较指标变为可以比较的指标，以利于进行分析。

比率分析法的优点是计算简便，计算结果也必将容易判断，而且可以使某些指标在不同规模的企业之间进行比较，甚至也能在一定程度上超越行业间的差异进行比较；但在采用的时候，应注意对比项目的相关性、对比口径的一致性。

（三）因素分析法

因素分析法是用来确定几个相互联系的因素对分析指标影响方向和影响程度的一种方法。采用这种方法的出发点在于，当有若干因素对象发生影响作用时，假定其他各个因素都无变化，顺序确定每一个因素单独变化所产生的影响。常用的因素分析法有连环替代法和差异分析法。

1. 连环替代法

连环替代法是将分析指标分解为各个可以计量的因素，并根据各个因素之间的依次关系，顺次用各因素的比较值（即实际值）替代基准值（即标准值或计划值），据以测定各因素对分析指标的影响。

案例 8-13　某种产品的材料费用是由材料耗用量、材料单价和产品产量三个因素的乘积构成的。产品产量、材料单耗和材料单价的计划数与实际数如下表：

项目	单位	计划数	实际数	差异
产品产量	件	120	140	20
材料单耗	千克/件	9	8	-1
材料单价	元/件	5	6	1
材料费用	元	5400	6720	1320

要求：采用连环替代法计算各因素对材料费用总额的影响程度。

解析：材料费用总额实际数比计划数增加 1320 元，这是分析的对象。而产品材料费用指标分解为产品产量、材料单耗、材料单价三个因素。

计划指标：$120 \times 9 \times 5 = 5400$ 元　　　　（式1）
第一次替换：$140 \times 9 \times 5 = 6300$ 元　　　　（式2）
第二次替换：$140 \times 8 \times 5 = 5600$ 元　　　　（式3）

第三次替换：140×8×6=6720元　　　　（式4）
实际指标：
产量增加的影响：式2－式1＝6300－5400＝900元
材料节约的影响：式3－式2＝5600－6300＝－700元
价格提高的影响：式4－式3＝6300－5400＝1120元
全部因素的影响：900－700＋1120＝1320元

2. 差额分析法

差额分析法是连环替代法的一种简化形式，它利用各个因素的比较值与基准值之间的差额，来计算各因素对分析指标的影响。

案例 8-14

沿用案例8-13，采用差额分析法计算各因素对材料费用变动的影响。

解析：
由于产量增加对材料费用的影响为：（140－120）×9×5＝900元
由于材料消耗节约对材料费用的影响为：（8－9）×140×5＝－700元
由于价格提高对材料费用的影响为：（6－5）×140×8＝1120元

三、财务指标分析

财务指标分析是指总结和评价企业财务状况与经营成果的分析指标，包括偿债能力指标、运营能力指标、盈利能力指标和发展能力指标。

（一）偿债能力分析

偿债能力是指企业偿还到期债务（包括本息）的能力。偿债能力分析包括短期偿债能力分析和长期偿债能力分析。

1. 短期偿债能力分析

短期偿债能力是指企业流动资产对流动负债及时足额偿还的保证程度，是衡量企业当前财务能力，特别是流动资产变现能力的重要标志。企业短期偿债能力分析主要采用比率分析法，衡量指标主要有流动比率、速动比率和现金流动负债率。

（1）流动比率。流动比率是流动资产与流动负债的比率，表示企业每1元流动负债有多少流动资产作为偿还的保证，反映了企业的流动资产偿还流动负债的能力。其计算公式为：

$$流动比率 = 流动资产/流动负债 \times 100\%$$

一般情况下，流动比率越高，反映企业短期偿债能力越强。因为该比率越高，不仅反映企业拥有较多的营运资金（即流动资产减去流动负债的余额）抵偿短期债务，而且表明企业可以变现的资产数额较大，债权人的风险越小。但是，过高的流动比率并不均是好现象。

从理论上讲，流动比率维持在 2∶1 是比较合理的。但是，由于行业性质不同，流动比率的实际标准也不同。所以，在分析流动比率时，应将其与同行业平均流动比率以及本企业历史的流动比率进行比较，才能得出合理的结论。

（2）速动比率。速动比率是企业速动资产与流动负债的比率。它假设速动资产是可以用于偿债的资产，表明每 1 元流动负债有多少速动资产作为偿还保障。所谓速动资产，是指可以在较短时间内变现的资产，包括货币资金、交易性金融资产和各种应收款项等。其计算公式为：

$$速动比率 = 速动资产 / 流动负债 \times 100\%$$

其中：

$$速动资产 = 流动资产 - 存货$$

或者：

$$速动资产 = 流动资产 - 存货 - 预付账款 - 待摊费用$$

计算速动比率时，流动资产中扣除存货，是因为存货在流动资产中变现速度较慢，有些存货可能滞销，无法变现。至于预付账款和待摊费用根本不具有变现能力，只是减少企业未来的现金流出量，所以理论上也应加以剔除，但实务中，由于它们在流动资产中所占的比重较小，计算速动资产时也可以不扣除。

传统经验认为，速动比率维持在 1∶1 较为正常，它表明企业的每 1 元流动负债就有 1 元易于变现的流动资产来抵偿，短期偿债能力有可靠的保证。

速动比率过低，企业的短期偿债风险较大，速动比率过高，企业在速动资产上占用资金过多，会增加企业投资的机会成本。

（3）现金流动负债比率。现金流动负债比率是企业一定时期的经营现金净流量与流动负债的比率，它可以从现金流量角度来反映企业当期偿付短期负债的能力。其计算公式为：

$$现金流动负债比率 = 年经营现金净流量 / 年末流动负债 \times 100\%$$

式中年经营现金净流量指一定时期内，由企业经营活动所产生的现金及现金等价物的流入量与流出量的差额。

该指标是从现金流入和流出的动态角度对企业实际偿债能力进行考察。用该指标评价企业偿债能力更为谨慎。该指标较大，表明企业经营活动产生的现金净流量较多，能够保障企业按时偿还到期债务。但也不是越大越好，太大则表示企业流动资金利用不充分，收益能力不强。

2. 长期偿债能力分析

长期偿债能力是指企业偿还长期负债的能力。它的大小是反映企业财务状况稳定与否及安全程度高低的重要标志。其分析指标主要有四项。

（1）资产负债率。资产负债率又称负债比率，是企业的负债总额与资产总额的比率。它表示企业资产总额中，债权人提供资金所占的比重，以及企业资产对债权人权益的保障程度。其计算公式为：

$$资产负债率 = 负债总额 / 资产总额 \times 100\%$$

资产负债率高低对企业的债权人和所有者具有不同的意义。债权人希望负债比率越低越好，因此负债比率越低，其债权的保障程度就越高。对所有者而言，最关心的是投入资本的收益率。只要企业的总资产收益率高于借款的利息率，举债越多，即负债比率越大，所有者的投资收益越大。一般情况下，企业负债经营规模应控制在一个合理的水平，负债比重应掌握在一定的标准内。

（2）产权比率。产权比率是指负债总额与所有者权益总额的比率，是企业财务结构稳健与否的重要标志，也称资本负债率。其计算公式为：

$$产权比率 = 负债总额 / 所有者权益总额 \times 100\%$$

该比率反映了所有者权益对债权人权益的保障程度，即在企业清算时债权人权益的保障程度。该指标越低，表明企业的长期偿债能力越强，债权人权益的保障程度越高，承担的风险越小，但企业不能充分地发挥负债的财务杠杆效应。

（3）负债与有形净资产比率。负债与有形净资产比率是负债总额与有形净资产的比例关系，表示企业有形净资产对债权人权益的保障程度。其计算公式为：

$$负债与有形净资产比率 = 负债总额 / 有形净资产 \times 100\%$$

$$有形净资产 = 所有者权益 - 无形资产 - 递延资产$$

企业的无形资产、递延资产等一般难以作为偿债的保证，从净资产中将其剔除，可以更合理地衡量企业清算时对债权人权益的保障程度。该比率越低，表明企业长期偿债能力越强。

（4）利息保障倍数。利息保障倍数又称为已获利息倍数，是企业息税前利润与利息费用的比率，是衡量企业偿付负债利息能力的指标。其计算公式为：

$$利息保障倍数 = 税息前利润 / 利息费用 \times 100\%$$

上式中，利息费用是指本期发生的全部应付利息，包括流动负债的利息费用，长期负债中进入损益的利息费用以及进入固定资产原价中的资本化利息。

利息保障倍数越高，说明企业支付利息费用的能力越强；该比率越低，说明企业难以保证用经营所得来及时足额地支付负债利息。因此，它是企业是否举债经营，衡量其偿债能力强弱的主要指标。若要合理地确定企业的利息保障倍数，需将该指标与其他企业，特别是同行业平均水平进行比较。根据稳健原则,应以指标最低年份的数据作为参照物。但是,一般情况下,利息保障倍数不能低于1。

(二) 营运能力分析

营运能力分析是指通过计算企业资金周转的有关指标分析其资产利用的效率,是对企业管理层管理水平和资产运用能力的分析。

1. 应收款项周转率

应收款项周转率也称应收款项周转次数,是一定时期内商品或产品主营业务收入净额与平均应收款项余额的比值,是反映应收款项周转速度的一项指标。其计算公式为:

$$应收款项周转率(次数) = 主营业务收入净额 / 平均应收账款余额$$

其中:

$$主营业务收入净额 = 主营业务收入 - 销售折让与折扣$$

$$平均应收账款余额 = (应收款项年初数 + 应收款项年末数) \div 2$$

$$应收款项周转天数 = 360 \div 应收账款周转率$$
$$= (平均应收账款 \times 360) \div 主营业务收入净额$$

应收账款包括"应收账款净额"和"应收票据"等全部赊销账款。应收账款净额是指扣除坏账准备后的余额,应收票据如果已向银行办理了贴现手续,则不应包括在应收账款余额内。

应收账款周转率反映了企业应收账款变现速度的快慢及管理效率的高低,周转率越高表明:①收账迅速,账龄较短;②资产流动性强,短期偿债能力强;③可以减少收账费用和坏账损失,从而相对增加企业流动资产的投资收益。同时借助应收账款周转期与企业信用期限的比较,还可以评价购买单位的信用程度,以及企业原订的信用条件是否适当。但是,在评价一个企业应收款项周转率是否合理时,应与同行业的平均水平相比较而定。

2. 存货周转率

存货周转率也称存货周转次数,是企业一定时期内的主营业务成本与存货平均余额的比率。它是反映企业的存货周转速度和销货能力的一项指标,也是衡量企业生产经营中存货营运效率的一项综合性指标。其计算公式为:

$$存货周转率(次数) = 主营业务成本 / 存货平均余额$$

$$存货平均余额 = (存货年初数 + 存货年末数) \div 2$$

$$存货周转天数 = 360 \div 存货周转率$$
$$= (平均存货 \times 360) \div 主营业务成本$$

存货周转速度快慢,不仅反映出企业采购、供应、生产、销售各环节管理工作状况的好坏,而且对企业的偿债能力及获利能力产生决定性的影响。一般来说,存货周转率越高越好,存货周转率越高,表明其变现的速度越快,周转额越大,资金占用水平越低。存货占用水平低，存货积压的风险就越小，企业的变现能力以及资金使用效率就越好。但是存货周转率分析中，应注意剔除存货计价方法不同所产生的影响。

3. 总资产周转率

总资产周转率是企业主营业务收入净额与资产总额的比率。它可以用来反映企业全部资产的利用效率。其计算公式为：

$$总资产周转率 = 主营业务收入净额 / 平均资产总额$$

$$平均资产总额 = （期初资产总额 + 期末资产总额）\div 2$$

平均资产总额应按分析期的不同分别加以确定，并应当与分子的主营业务收入净额在时间上保持一致。

总资产周转率反映了企业全部资产的使用效率。该周转率高，说明全部资产的经营效率高，取得的收入多；该周转率低，说明全部资产的经营效率低，取得的收入少，最终会影响企业的盈利能力。企业应采取各项措施来提高企业的资产利用程度，如提高销售收入或处理多余的资产。

4. 固定资产周转率

固定资产周转率是指企业年销售收入净额与固定资产平均净值的比率。它是反映企业固定资产周转情况，从而衡量固定资产利用效率的一项指标。其计算公式为：

$$固定资产周转率 = 主营业务收入净额 / 固定资产平均净值$$

$$固定资产平均净值 = （期初固定资产净值 + 期末固定资产净值）\div 2$$

固定资产周转率高，不仅表明企业充分利用了固定资产，同时也表明企业固定资产投资得当，固定资产结构合理，能够充分发挥其效率。反之，固定资产周转率低，表明固定资产使用效率不高，提供的生产成果不多，企业的营运能力欠佳。

在实际分析该指标时，应剔除某些因素的影响。一方面，固定资产的净值随着折旧计提而逐渐减少，因固定资产更新，净值会突然增加。另一方面，由于折旧方法不同，固定资产净值缺乏可比性。

（三）盈利能力分析

盈利能力就是企业资金增值的能力，它通常体现为企业收益数额的大小与水平的高低。

1. 主营业务毛利率

主营业务毛利率是销售毛利与主营业务收入净额之比，其计算公式为：

$$主营业务毛利率 = 销售毛利 / 主营业务收入净额 \times 100\%$$

$$销售毛利 = 主营业务收入净额 - 主营业务成本$$

主营业务毛利率指标反映了产品或商品销售的初始获利能力。该指标越高，表示取得同样销售收入的销售成本越低，销售利润越高。

2. 主营业务利润率

主营业务利润率是企业的利润与主营业务收入净额的比率，其计算公式为：

$$主营业务利润率 = 利润 / 主营业务收入净额 \times 100\%$$

根据利润表的构成，企业的利润分为主营业务利润、营业利润、利润总额和净利润四种形式。其中利润总额和净利润包含着非销售利润因素，所以能够更直接地反映销售获利能力的指标是主营业务利润率和营业利润率。通过考察主营业务利润占整个利润总额比重的升降，可以发现企业经营理财状况的稳定性、面临的危险或可能出现的转机迹象。主营业务利润率指标一般要计算主营业务利润率和主营业务净利润率。

主营业务利润率指标反映了每元主营业务收入净额给企业带来的利润。该指标越大，说明企业经营活动的盈利水平越高。

主营业务毛利率和主营业务利润指标分析中，应将企业连续几年的利润率加以比较，并对其盈利能力的趋势作出评价。

3. 资产净利率

资产净利率是企业净利润与平均资产总额的比率。它是反映企业资产综合利用效果的指标。其计算公式为：

$$资产净利率 = 净利润 / 平均资产总额$$

平均资产总额为期初资产总额与期末资产总额的平均数。资产净利率越高，表明企业资产利用的效率越高，整个企业盈利能力越强，经营管理水平越高。

4. 净资产收益率

净资产收益率，亦称净值报酬率或权益报酬率，它是指企业一定时期内的净利润与平均净资产的比率。它可以反映投资者投入企业的自有资本获取净收益的能力，即反映投资与报酬的关系，因而是评价企业资本经营效率的核心指标。其计算公式为：

$$净资产收益率 = 净利润 / 平均净资产 \times 100\%$$

$$平均净资产 = (所有者权益年初数 + 所有者权益年末数) \div 2$$

其中，净利润是指企业的税后利润，是未作分配的数额。平均净资产是企业年初所有者权益与年末所有者权益的平均数。

净资产收益率是评价企业自有资本及其积累获取报酬水平的最具综合性与代表性的指标，反映企业资本营运的综合效益。该指标通用性强，适用范围广，不受行业局限。在我国上市公司业绩综合排序中，该指标居于首位。通过对该指标的综合对比分析，可以看出企业获利能力在同行业中所处的地位，以及与同类企业的差异水平。一般认为，企业净资产收益率越高，企业自有资本获取收益的能力越强，运营效益越好，对企业投资人、债权人的保障程度越高。

（四）发展能力分析

发展能力是企业在生存的基础上，扩大规模、壮大实力的潜在能力。分析发展能力主要考察以下四项指标,即营业收入增长率、资本保值增值率、总资产增长率和营业利润增长率。

1. 营业收入增长率

营业收入增长率是企业本年营业收入增长额与上年营业收入总额的比率,反映企业营业收入的增减变动情况。其计算公式为:

$$营业收入增长率 = 本年营业收入增长额 / 上年营业收入总额 \times 100\%$$

$$本年营业收入增长额 = 本年营业收入总额 - 上年营业收入总额$$

营业收入增长率大于零,表明企业本年营业收入有所增长。该指标值越高,表明企业营业收入的增长速度越快,企业市场前景越好。

2. 资本保值增值率

资本保值增值率是企业扣除客观因素后的本年末所有者权益总额与年初所有者权益总额的比率,反映企业当年资本在企业自身努力下实际增减变动的情况。其计算公式为:

$$资本保值增值率 = \frac{扣除客观因素后的本年末所有者权益总额}{年初所有者权益总额} \times 100\%$$

一般认为,资本保值增值率越高,表明企业的资本保全状况越好,所有者权益增长越快,债权人的债务越有保障。该指标通常应当大于100%。

3. 总资产增长率

总资产增长率是企业本年总资产增长额同年初资产总额的比率,反映企业本期资产规模的增长情况。其计算公式为:

$$总资产增长率 = 本年总资产增长额 / 年初资产总额 \times 100\%$$

$$本年总资产增长额 = 年末资产总额 - 年初资产总额$$

总资产增长率越高,表明企业一定时期内资产经营规模扩张的速度越快。但在分析时,需要关注资产规模扩张的质和量的关系,以及企业的后续发展能力,避免盲目扩张。

4. 营业利润增长率

营业利润增长率是企业本年营业利润增长额与上年营业利润总额的比率,反映企业营业利润的增减变动情况。其计算公式为:

$$营业利润增长率 = 本年利润增长额 / 上年营业利润总额 \times 100\%$$

$$本年营业利润增长额 = 本年营业利润总额 - 上年营业利润总额$$

【小 结】

财务管理是企业组织财务活动、处理财务关系的一项价值管理工作。它主要包括筹资管理、投资管理、营运资金管理、收益及其分配管理等内容。根据现代企业财务管理理论和实践，最具有代表性的财务管理目标有四种不同观点。企业财务管理活动的开展包括财务预测、财务决策、财务预算、财务控制、财务分析等环节。

筹资管理是财务管理中的首要问题，有效的筹资管理在于合理预测企业资金需求量；合理、有效地利用有限资源，在保值的基础上实现增值，对于不同投资项目有不同的评价方法，投资决策评价主要有静态和动态等分析方法；成本是企业经营中的各种耗费，严格进行成本控制是竞争的优势，对于成本管理主要有标准成本管理、作业成本管理和责任成本管理等方法；财务分析是企业财务活动的总结，又是财务预测的前提。财务分析的方法主要有趋势分析法、比率分析法和因素分析法。财务指标分析是指总结和评价企业财务状况与经营成果的分析指标，包括偿债能力指标、运营能力指标、盈利能力指标和发展能力指标。

【课后习题】

一、选择题

1. 每股收益最大化作为财务管理目标，其优点是（　　）。
   A. 考虑了资金的时间价值
   B. 考虑了投资的风险价值
   C. 有利于企业克服短期行为
   D. 反映了投入资本与收益的对比关系
2. 财务管理作为一项综合性管理工作，其主要职能是企业组织财务、处理与利益各方的（　　）。
   A. 筹资关系　　　B. 投资关系　　　C. 分配关系　　　D. 财务关系
3. 在计算速动比率时，要把存货从流动资产中剔除的原因不包括（　　）。
   A. 可能存在部分存货已经损坏但尚未处理的情况
   B. 部分存货已抵押给债权人
   C. 存货的周转能力最差
   D. 存货可能采用不同的计价方法
4. 若流动比率大于1，则下列结论成立的是（　　）。
   A. 速动比率必大于1　　　　　　　B. 营运资本大于0
   C. 资产负债率大于1　　　　　　　D. 短期偿债能力绝对有保障
5. 某投资项目的原始投资额为500万元，建设期为2年，投产后每年的净现金流量为80万元，则该项目包括建设期的静态投资回收期为（　　）
   A. 6.25年　　　B. 8.25年　　　C. 8.15年　　　D. 7.25年
6. 一般而言，短期偿债能力与（　　）关系不大。
   A. 资产变现能力　　　　　　　　B. 企业再融资能力

C. 企业获利能力　　　　　　　D. 企业流动负债

7. 若净现值为负数，说明该投资项目（　　）。
   A. 它的投资报酬率小于零，不可行
   B. 为亏损项目，不可行
   C. 它的投资报酬率不一定小于零，因此也有可能是可行项目
   D. 它的投资报酬率没有达到预定的贴现率，不可行

8. 假定某企业的权益资金与负债资金的比例为 60∶40，据此可断定该企业（　　）。
   A. 只存在经营风险　　　　　　B. 经营风险大于财务风险
   C. 经营风险小于财务风险　　　D. 同时存在经营风险和财务风险

二、简答题

1. 财务管理目标有哪些？如何评价这些目标？
2. 简述财务管理的原则。
3. 评价净现值法、净现值率法和内部报酬率法各自的优缺点和使用范围。
4. 简述作业成本法的实施过程。
5. 成本中心、投资中心、利润中心各是指什么？举例说明。

三、案例分析

青鸟天桥的财务管理目标

天桥商场是一家老字号商业企业，成立于1953年，20世纪50年代，天桥商场是全国第一面"商业红旗"。80年代初，天桥商场第一个打破中国30年工资制，将商业11级改为新8级。1993年5月，天桥商场股票在上海证券交易所上市。1998年12月30日，北大青鸟有限责任公司和北京天桥百货股份有限公司发布公告，宣布北大青鸟通过协议受让方式受让北京天桥部分法人股股权。北大青鸟出资6000多万元，拥有了天桥商场16.76%的股份，北大天桥百货商场更名为"北京天桥北大青鸟科技股份有限公司（简称"青鸟天桥"）。此后，天桥商场的经营滑落到盈亏临界点，面对严峻的形势，公司决定裁员，控制成本，以谋求长远发展。于是就有了下面一幕。

1999年11月18日下午，北京天桥商场里面闹哄哄的，商场大门也挂上了"停止营业"的牌子。11月19日，很多顾客惊讶地发现，天桥商场在大周末居然没开门。据一位售货员模样的人说："商场管理层年底要和我们终止合同，我们就不给他们干活了。"员工不仅不让商场开门营业，还把货场变成了群情激愤的论坛。1999年11月18日至12月2日，对北京天桥北大青鸟科技股份有限公司管理层和广大员工来说，是黑色的15天。在这15天里，天桥商场经历了46年来第一次大规模裁员；天桥商场被迫停业8天之久，公司管理层经受了职业道德与人道主义的考验，作出了在改革的道路上是前进还是后退的抉择。

经过有关部门的努力，对面临失业职工的安抚有了最为实际的举措，公司董事会开会决定，同意给予终止合同职工适当的经济补助，同意参照解除劳动合同的相关规定，对283名终止劳动合同的职工给予人均1万元、共计300万元左右的一次性经济补助。这场

风波总算平息。这次停业让公司丢掉了 400 万元的销售额和 60 万元的利润。

问题：
1. 从案例介绍的情况看，你能否推断该公司的财务目标？
2. 你认为青鸟天桥的最初决策是合理的吗？以后的让步是否合适？
3. 青鸟天桥案例给你什么启示？

项目九　企业文化

【学习目标】

【知识目标】
1. 掌握文化、企业文化、企业形象的基本概念。
2. 熟悉企业文化的特征，企业文化建设的主旨、任务和原则，企业形象的层次。
3. 掌握企业文化建设的程序、企业形象内外部建设的内容。

【技能目标】
1. 具备运用所学原理进行企业文化建设的基本能力。
2. 具备运用所学知识对某一小型企业撰写一份企业形象建设策划书的能力。

【开篇案例】

Microsoft：别具一格的文化个性

微软公司令人吃惊的成长速度，引起世人的广泛关注。透过辉煌业绩，我们不难发现其成功不仅在于科技创新和优异的经营管理，更重要的是创设了知识型企业独特的文化个性。

1. 比尔·盖茨缔造了微软文化个性

比尔·盖茨独特的个性和高超技能造就了微软公司的文化品位。这位精明的、精力充沛且富有幻想的公司创始人，极力寻求并任用与自己类似的既懂得技术又善于经营的经理人员。他向来强调以产品为中心来组织管理公司，超越经营职能，大胆实行组织创新，极力在公司内部和应聘者中挖掘同自己一样富有创新和合作精神的人才并委以重任。比尔·盖茨被其员工形容为一个幻想家，是一个不断积蓄力量和疯狂追求成功的人。他的这种个人品行，深深地影响着公司。他雄厚的技术知识存量和高度敏锐的战略眼光以及在他周围汇集的一大批精明的软件开发和经营人才，使自己及其公司蠢立于这个迅速发展的行业的最前沿。盖茨善于洞察机会,紧紧抓住这些机会,并能使自己个人的精神风范在公司内贯彻到底,从而使整个公司的经营管理和产品开发等活动都带有"盖茨色彩"。

2. 管理创造性人才和技术的团队文化

知识型企业的一个重要特征就是拥有一大批具有创造性的人才。微软文化能把那些不喜欢大量规则、组织、计划,强烈反对官僚主义的 PC 程序员团结在一起,遵循"组建职能交叉专家小组"的策略准则;授权专业部门自己定义他们的工作,招聘并培训新雇员,使工作种类灵活机动,让人们保持独立的思想性;专家小组的成员可在工作中学习,从有经验的人那里学习,没有太多的官僚主义规则和干预,没有过时的正式培训项目,没有"职业化"的管理人员,没有耍"政治手腕"、搞官僚主义的风气。经理人员非常精干且平易近人,从而使大多数雇员认为微软是该行业的最佳工作场所。这种团队文化为员工提供了有趣的不断变化的工作及大量学习和决策机会。

3. 始终如一的创新精神

知识经济时代的核心工作内容就是创新,创新精神应是知识型企业文化的精髓。微软人始终作为开拓者——创造或进入一个潜在的大规模市场,然后不断改进一种成为市场标准的好产品。微软公司不断进行渐进的产品革新,并不时有重大突破,在公司内部形成了一种不断的新陈代谢的机制,使竞争对手很少有机会能对微软构成威胁。其不断改进新产品,定期淘汰旧产品的机制,始终使公司产品成为或不断成为行业标准。创新是贯穿微软经营全过程的核心精神。

4. 创建学习型组织

世界已经进入学习型组织的时代,真正创建学习型组织的企业,才是最有活力的企业。微软人为此制订了自己的战略,通过自我批评、信息反馈和交流而力求进步,向未来进军。微软在充分衡量产品开发过程的各要素之后,极力在进行更有效的管理和避免过度官僚化之间寻求一种新平衡;更彻底地分析与客户的联系,视客户的支持为自己进步的依据;系统地从过去和当前的研究项目与产品中学习,不断地进行自我批评、自我否定;通过电子邮件建立广泛的联系和信任,盖茨及其他经理人员极力主张人们保持密切联系,加强互动式学习,实现资源共享;通过建立共享制影响公司文化的发展战略,促进公司组织发生变化,保持充分的活力。建立学习型组织,使公司整体结合得更加紧密,效率更高地向未来进军。

(摘自代凯军编著:《管理案例博士评点》,中华工商联合出版社 2000 年版)

【导入问题】

1. 微软的企业文化特色有哪些?
2. 通过本案例,你对企业文化有哪些认识?

【基本原理】

任务一　企业文化概述

一、文化的定义

了解什么是"文化",弄清其基本内涵,是研究企业文化的逻辑起点。

"文化"(culture)一词来源于拉丁文,原意有耕作、培养、教育、发展、尊重的意思。文化是一个内涵深邃、外延宽广的概念,既有广义与狭义之分,也有宏观与微观之别。从广义去理解,人类有史以来,凡是与人的思想、行为及人工制品相联系的都是文化;从狭义去理解,又特指精神产品及行为方式。从宏观上看,文化可以指民族的、宗教的、社会的;从微观上看,它又可以指社会中的某一特定群体。从不同的角度看都有各自的道理。

二、企业文化的界定

现代企业是一个经济实体,它从事经济活动,生产出各种有形产品或提供无形的服务,为社会创造财富。但现代企业又是一个组织,是一个由各种各样的人聚集成的集体。而人作为一种社会存在,他们时刻都要有一种文化来调节和规范自身的行为。人群的活动必然造就文化,现代企业的经营活动也是如此,相应就产生"企业文化"。

企业文化作为一种微观文化现象,依据全息理论,无疑也应有广义企业文化和狭义企业文化之别。从广义来说,它既包括一个企业的物质文化,即有形的"显文化"或"硬文化",也包括一个企业的精神文化,即无形的"隐文化"或"软文化",如生产经营的环境、设备和产品,企业的组织结构和各种规章制度,企业的经营管理哲学、经营风格、群体内部相互沟通的方式、相互制约的规范,企业员工的共同价值观念、历史传统、生活习惯、办事准则,等等。正因为对企业文化涉及范围理解的差异,企业文化学界产生了不同的流派,目前理论界对企业文化的理解众说纷纭,莫衷一是。

《Z理论》的作者威廉·大内认为:一个公司的文化由其传统和风气所构成。这种公司文化包括一整套象征:仪式和神话。

《公司文化》的作者迪尔和肯尼迪则指出:公司文化由价值观、神话、英雄和象征凝聚而成,这些价值观、神话、英雄和象征对公司的员工具有重大的意义。

《追求卓越》的作者托马斯·彼得斯和小罗伯特·沃特曼认为:成绩卓越的公司能够

创造一种内容丰富、道德高尚，而且为大众接受的文化准则，一种紧密相连的环境结构，使职工们情绪饱满、互相适应和协调一致……一个伟大的组织能够长久生存下来，最主要的条件并非结构形式或管理技能，而是我们称之为信念的那种精神力量，以及这种信念对于组织的全体成员所具有的感召力。

霍曼斯则从组织文化的角度来阐述：组织文化是在工作群体中逐步形成的规范。

我国国内自20世纪80年代后期开始引进并研究有中国特色的现代企业文化理论以来，学者们提出了对企业文化的不同理解。主要有以下几种代表性观点：

（1）企业文化，就是企业的经营理念、价值体系、历史传统和工作作风，表现为企业成员的整体精神、共同的价值标准、符合时代的道德规范和追求发展的文化素质。

（2）作为一种文化现象，企业文化通常是指企业职工在经营实践过程中创造的物质和精神财富的总和；而作为一种新管理理论，企业文化是企业内部物质、制度和精神各要素之间内在结构达到均衡的动态平衡，以及各要素之间取得最佳组合，并实现企业外部需要和内在需求协调的理性设想。

（3）企业文化就是指企业内部将各种力量统一于共同方向上所形成的某种文化观念、历史传统、共同价值准则、道德规范和生活观念等，也就是增强企业职工的内聚力、向心力和持久力的意识形态总和。

（4）此外，还有一种"经营管理哲学"认为，企业文化是企业经营管理的一种哲学，是一种管理的新思想、新观念。

以上中外学者与管理者对企业文化定义的界定和理解，尽管表面上似乎五花八门，但究其实质，其实不过是从不同的角度来进行论述，同时也反映了不同的阶段人们对于企业文化这一新生事物的理解层次的加深。可以说在对现代企业文化的概念理解上，绝大多数学者都认同这一点，即企业文化不仅包括企业中所存在的员工的意识形态总和，包括职工的思想、心理、精神、风貌等，还包括与员工意识形态相联系的文化活动，这些活动直接影响企业文化的形成与发展，因而构成企业文化的特质内容。

鉴于上述理解，我们对企业文化作如下表述：企业文化是指在一定的社会大文化环境影响下，经过企业领导者的长期倡导和全体员工的积极认同、实践与创新所形成的整体价值观念、信仰追求、道德规范、行为准则、经营特色、管理风格以及传统和习惯的总和。

三、企业文化的内容

1. 企业文化的构成

现代企业文化从其本质上来说，是一个公司的整体人生，其构成是有层次的。从管理的角度看，一般认为企业文化由两部分构成。

（1）企业文化的显性部分，即管理的对象、手段、结果等；

（2）企业文化的隐性部分，即隐藏在管理手段背后的管理思想，包括企业哲学、价值观、道德规范等。

要完整地理解现代企业文化的概念，必须结合不同的层次进行分析。

2. 企业文化的层次

现代企业文化的整体概念由三个层次构成，如图9-1所示，由深层、中介层、表层三个层次由里及表所构成。我们根据其具体内容，可以把它们分别称为精神层、制度层和物质层。

```
                    ┌ 物质层（表层）
企业文化整体概念  ┤ 制度层（中介层）
                    └ 精神层（深层）
```

图9-1 现代企业文化整体概念的三个层次

（1）物质层是企业中凝聚着本企业精神文化的生产经营过程和产品的总和，还包括实体性的文化设施，如带有本企业文化色彩的生产环境、图书馆、俱乐部、公园等。物质层是现代企业文化结构中最表层的部分，是人们可以直接感受到的，也是从直观上把握不同企业文化的依据。企业识别标志也属于现代企业文化的物质层部分。

（2）制度层是具有本企业文化特色的各种规章制度、道德规范和职工行为准则的总和，包括厂规、厂纪及生产经营过程中的交往方式和行为准则等。制度层是企业文化的第二层，或称为中介层，它构成了各个企业在管理制度上的文化个性特征。

（3）精神层是企业文化构成要素的最深层次。它是企业职工共同的意识活动，包括企业经营哲学、价值观念、美学意识、管理思维方式等。精神层是企业文化的源泉，构成了企业文化稳定的内核。日本四大电器公司之一的日立公司，将日立精神归结为"诚、和、开拓精神"，以此作为公司行动的指南，其实质就是日立文化的精神层内容。

3. 企业文化的内容

与企业文化三个层次相对应的是企业文化包括的四个部分，即企业整体价值观念、企业精神、企业伦理道德、企业形象。

（1）企业整体价值观念主要指企业的基本信仰、追求和经营管理的基本理念。主要解决办企业是为了什么，企业追求什么样的目标，企业提倡什么、反对什么，企业以什么样的指导思想进行经营管理等方面的问题。

（2）企业精神与企业整体价值观念是紧密相联的，是企业规范化和信念化了的意识的表现，反映企业经营管理中积极的主导意识。企业整体价值观念及企业精神是员工团结一心、努力工作的精神源泉，也是企业赖以生存和发展的精神支柱，对企业的成败兴衰起决定作用。

（3）企业伦理道德是企业人与人之间关系的行为规范的总和。它根源于企业员工的群体意识，表明人们对善良与邪恶、正义与非正义、公正与偏私、诚实与虚伪、美与丑等问题的基本看法，并以此为标准评价员工的行为，调整企业与员工以及员工与员工之间的关系。企业的伦理道德以公众舆论、规章制度等形式表现出来，对规范员工的个体行为，协调大家的行动，保证个人目标同企业目标的一致性起到教育、引导和制约作用。

（4）企业形象是企业从事生产经营活动和管理活动所表现出来的外部行为特征、视觉特征以及企业风格、风气等，表现为企业在社会上的知名度、美誉度、忠诚度的大小和企业内部精神面貌的好坏。企业形象决定于企业的整体价值观念和伦理道德。一个企业是否具有良好的形象,对企业员工的工作追求、工作干劲、凝聚力、创造力及企业整体竞争力都有直接影响。

四、企业文化特征

现代企业文化首先是一种特殊形态的文化,它必然有一切文化都具备的特征,如社会性、集合性、一致性等。这是企业文化作为一种文化区别于企业的其他现象或活动的特征。但要研究现代企业文化的特征,还必须揭示企业文化作为一种管理手段和作为一种独特的文化区别于其他文化和其他管理理论的根本特征。这些特征有:

1. 现代企业文化的亚文化特性

它是组织区别于其他组织的特征,是一个企业的"个性"。企业文化是企业的整体人生,不同的企业就像不同的人一样,具有不同的性格,从而代表了不同的企业文化。同样是国际性的著名跨国公司,不同企业文化背景的公司形成迥然不同的经营风格。如IBM追求"服务至上",3M公司则以成千上万的新产品来赢得市场。同时,不同社会的不同宏观文化环境也会对作为亚文化层次的企业文化产生影响。如西方社会传统的独立自主精神使得大多数西方企业在管理中强调个人决策的形式;而东方的文化传统也影响着日本的企业,使得他们采用集体决策、共同执行的管理方式。

2. 现代企业文化的长期存在性

正如一个人的个性那样,不论意识到与否,企业文化其实都客观存在着,并融合于企业的经营管理实践中。一个企业就算没有明确的归纳出来的文化观念,这本身其实就是一种"文化"。成功的企业有优秀的文化,而失败的企业往往是由于不良的文化造成的。当企业文化观念在职工的心目中影响比较深刻,经过系统的建设,就称为强企业文化,反之为弱企业文化。强的现代企业文化需要经过长期的有意识地培养才能逐渐形成,但这并不意味着具有强文化的企业就能在竞争中取得优势,而只有在企业文化与外部环境和企业发展战略相吻合的情况下,才能对企业产生强有力的推动。

3. 现代企业文化具有系统性

作为一个系统,企业文化是由企业内互相联系、互相依赖、互相作用的不同层次和不同部分组成的有机整体。在企业文化系统中还存在着不同的"子系统",即存在着不同文化差别的员工群体。尽管在3M公司的企业文化中总的精神是创新——以新产品来满足顾客的追求,但在其不同的部门仍有不同的文化风格。市场部和研发部门可能对主流文化的倾向更明显些,热衷于根据市场进行产品创新;但财务部门和生产部门则可能要保守得多。

4. 现代企业文化的可塑性

作为一种文化,企业文化的确具有一定的稳定性,相对来说不容易变动。但作为一种管理手段,它又是可塑的。企业文化的形成不仅受传统和历史的影响,也要依靠人们的能动创造。后者比前者往往更显得重要,优秀的企业文化大都是人为地塑造出来的。国际经济的一体化倾向和人们交往的增多,使得这种可塑性越来越大。

五、企业文化的功能

企业文化作为一种新的管理方式，不仅强化了传统管理方式的一些功能，而且还具有很多传统管理方式不能完全替代的功能。这些功能主要是：

1. 凝聚功能

由于企业文化体现着强烈的"群体意识"，可以改变原来那种从个人角度建立价值观念的一盘散沙状态，体现了世界上流行管理方式的要求。世界上一度流行的三种管理方式——和拢管理、走动式管理和抽屉式管理中，和拢管理是最重要的。企业文化像一根纽带，把员工个人的追求和企业的追求紧紧联系在一起，像磁石一般，将分散的员工个体力量聚合成团队的整体力量。这是实现和拢管理最重要的途径。企业文化比企业外在的硬性管理方法本能地具有一种内在凝聚力和感召力，使每个员工产生浓厚的归属感、荣誉感和目标服从感。企业文化的这种凝聚功能尤其在企业的危难之际和创业之时更显示出其巨大的力量。

2. 导向功能

企业文化的导向功能主要表现在企业价值观对企业主体行为，即企业领导者和广大员工行为的引导上。由于企业价值观是企业多数人的"共识"，因此，这种导向功能对多数人来讲是建立在自觉的基础之上的。他们能够自觉地把自己的一言一行经常对照企业价值观进行检查，纠正偏差，发扬优点，改正缺点，力求使自己的行为符合企业目标的要求。对少数未取得"共识"的人来讲，这种导向功能就带有某种"强制"性质，企业的目标、规章制度、传统、风气等迫使他们按照企业整体价值取向行事。企业文化的导向功能是十分明显的。如美、日企业的价值观中都把顾客看得很重要，都有着强烈的创新意识，这种价值观就引导员工为顾客提供一流的产品和服务，引导员工在工作中不怕风险和失败，勇于打破旧框框，实现产品和技术的革新。中国企业的价值观中也有诸如集体意识、创业意识和勤俭意识等，这些意识对中国企业员工的行为也起到相应的引导作用。

3. 激励功能

管理的核心是人，管理的目的是要把蕴藏在人肌体内的聪明智慧和才能充分挖掘出来。积极的企业文化强调尊重每一个人，相信每一个人，凡事都以员工的共同价值观念为尺度，而不是单纯以领导者个人的意识为尺度，员工在企业中受到重视，参与愿望能够得到充分满足。因此，企业文化能够最大限度地激发员工的积极性和首创精神，使他们以主人翁的姿态，关心企业的发展，贡献自己的聪明才智。实际上，在企业文化的激励下，员工积极工作，将自己的劳动融化到集体事业中去，共同创造，分享企业的荣誉和成果，本身又会得到自我实现及其他高层次精神需要的满足，从中受到激励。所以，一种积极的企业文化具有良好的激励功能，能够使员工士气步入良性循环轨道，并长期处于最佳状态。日本人提出"车厢理论"，即强调在一个目标轨道上，每节车厢（个人）都有动力，这样的列车动力强劲，速度就快。这种理论比单纯强调"火车头"的作用更科学。

4. 约束功能

企业文化对员工行为具有无形的约束力。它虽然不是明文规定的硬性要求，但它以潜移默化的方式，形成一种与群体道德规范相似的行为准则（即非正式规则体系）以后，某种违背企业文化的言行一经出现，就会受到群体舆论和感情压力的无形约束，同时使员工产生自控意识，达到内在的自我约束。企业文化把以尊重个人感情为基础的无形的外部控制和以群体目标为己任的内在控制有机融合在一起，实现外部约束和自我约束的统一。

5. 协调功能

企业文化的形成使得企业员工有了共同的价值观念，对众多问题的认识趋于一致，增加了相互间的共同语言和信任，使大家在较好的文化氛围中相互交流和沟通，减少各种摩擦和矛盾，使企业上下左右的关系较为密切、和谐，各种活动更加协调，个人工作也比较心情舒畅。企业文化充当着企业"协调者"的角色。

6. 维系功能

企业文化像一根无形"纽带"，维系一个企业的正常运行。应该说，维系一个企业的正常运行的有三根"纽带"，即资本纽带、权力纽带和文化纽带。在这三根"纽带"中，文化纽带是韧性最强、最能突出企业个性的纽带，同时也是维系企业内部力量统一，维系企业与社会良好关系，保持企业持久繁荣的最重要的精神力量。

7. 教化功能

人的素质是企业素质的核心，人的素质能否提高，很大程度取决于他所处的环境和条件。优秀的企业文化体现卓越、成效和创新意识。具有优秀文化的集体是一所"学校"，为人们积极进取创造良好的学习、实践环境和条件，具有提高人员素质的教化功能。它可以使人树立崇高理想，培养人的高尚道德，锻炼人的意志，净化人的心灵，使人学到为人处事的艺术，学到进行生产经营及管理的知识、经验，提高人的能力，有助于人的全面发展。

8. 优化功能

优秀的企业文化一旦形成，就会产生一种无形力量，对企业经营管理的方方面面起到优化作用。如当企业目标、决策偏离企业价值观轨道时，它可以自动加以纠正；当企业组织机构不合理或运转失灵时，它可以自动进行调节；当领导者的行为和员工的行为有悖于企业道德规范时，它可以自动加以监督和矫正。实际上，企业文化的优化功能，不仅体现在"过程"之后，即对错误结果进行修正，而且也体现在"过程"之前和"过程"之中，对组织活动和个人行为起到必要的预防、警示和监督作用。

9. 辐射功能

企业文化比较集中地体现了企业的基本宗旨、经营哲学和行为准则。优秀的企业文化通过企业与外界的每一次接触，包括业务洽谈、经济往来、新闻发布、参加各种社会活动和公关活动，甚至通过企业制造的每一件产品、企业员工在社会上的每一次言行，向社会大众展示着本企业成功的管理风格、良好的经营状态和积极的精神风貌，从而为企业塑造良好的整体形象，树立信誉，扩大影响。企业文化是企业一项巨大的无形资产，为企业带来高美誉度和高生产力。

任务二　企业文化建设

一、企业文化建设的主旨

（一）以人为本

"以人为本"是企业文化建设的主旨。人是具有自然属性、社会属性和精神属性的复合体，但本质是社会性和劳动性。人作为社会环境和时代的产物，对集体（或社会）具有依赖性；同时，人是自己命运的主人，在适应环境过程中改造环境，在承载文化的同时也创造文化。因此，现代企业只有坚持以人为本，确立员工在企业管理中的主体地位，相信群众并依靠群众，才能把企业办好。

在现代企业生产经营活动中，或者说在生产力的进步中，人是最积极最活跃最关键的因素，是创造力的源泉。人的主观能动性发挥得如何，直接关系到企业生产经营效率的大小和经济效益的高低。尤其是在剧烈的市场竞争环境里，在决策正确的前提下，哪个企业能够最大限度地调动员工的积极性，开发员工的潜力，哪个企业就能争取主动，就能获得长足发展。

（二）"以人为本"的内涵与实践途径

所谓"以人为本"，即把人作为企业管理的根本出发点，把做人的工作，充分调动人的积极性作为企业文化建设的重要任务。也就是提倡尊重人，相信人，激励人，开发人，使人能动地发挥其无限的创造力。

坚持"以人为本"的企业文化建设主旨，其主要实践途径是要解决好以下相互联系的四个问题：

（1）充分地重视人，把企业管理的重心转移到如何做人的工作上来。实践证明，在管理活动中，只见物不见人，重物轻人，只重视运用行政手段和经济手段进行外部强制，不重视发挥人的主观能动性，只把人作为外在文化约束的对象，不尊重员工的文化创造，是无法实现管理的预期目的的，也不可能增强企业的生机和活力。为此，管理者只有把管理的重心转移到调动员工的积极性上来，增强员工的主动精神，才能使企业形成一种人人关心经营，为经营尽职尽责，人人关心文化，为文化建设尽心尽力的局面。

（2）正确地看待人，切实处理好管理者与员工之间的关系。在社会主义企业里，管理者与员工之间的矛盾不再具有根本利害冲突的性质，他们之间只是分工的不同，其关系是平等、互助的关系。员工是企业的主人，是企业管理和企业文化的主体。这一结论，是对企业人的看法的质的突破。如果简单地把员工置于"雇佣者"的地位，不尊重，不信任员工，忽视员工在精神上尤其是文化上的需求，其后果是削弱企业文化的功能。所以，企业文化建设必须高度重视其主体，重视企业员工素质的培养与提高，使企业文化的主体成为有高度素养的文化人，成为关注自身与社会双重价值的现代企业人。

(3) 有效地激励人，使人的积极性和聪明才智得到最大限度的发挥。即在重视人和正确看待人的基础上，确保员工在企业管理中的主体地位，充分调动员工的工作积极性，把蕴藏在员工中的聪明才智充分挖掘出来。为了达到这一目的，第一，必须进一步完善企业的民主管理制度，保障员工的民主权益，使员工能够广泛地参与企业的各种经营管理活动。第二，改变压迫型的管理方式，变高度集权式的管理为集权与分权相结合式的管理；变善于使用行政手段进行管理为多为下级提供帮助和服务；变自上而下的层层监督和控制为员工的自我监督和自我控制。第三，为员工制造良好的工作条件和发挥个人才能、实现个人抱负的条件，完善人才选拔、晋升、培养制度和激励机制，帮助员工进行个人职业生涯设计，注意满足员工物质和精神上的各种需求。

(4) 全面地发展人，努力把员工培养成为有理想、有道德、有文化、有纪律的新型劳动者。好企业一定是一所好学校，它不光是人的使用者，而且也是人的培育者。企业管理者只有重视对员工的培养，提高员工的道德修养，提高员工的科学文化素质，丰富员工的物质和精神生活，全面提高人的素质和能力，才能使员工得到全面的发展。企业员工全面发展、素质提升的过程，即成为企业文化创造的过程，或称企业文化创新的过程。

二、企业文化建设的中心任务

提高员工素质是企业文化建设的中心任务。企业员工是推动企业生产力发展的最活跃的因素，也是企业文化建设的基本力量。企业文化建设的过程，本质上就是企业认同、自觉实践的过程，员工实践的好坏，直接决定着企业文化建设成果的优劣。企业文化建设是需要通过一定的提炼、灌输和宣传推广等活动来进行的，但这些活动都是手段，目的是实践。经过实践的文化才是真实的文化，否则只能是可能的文化而已。

从企业文化的创造和实践两个环节看，企业员工都起到关键性作用。人创造文化，文化也改造人。员工创造并实践企业文化，企业文化作为员工成长和发展最重要的环境，反过来也改造并提高了员工思想素质、道德素质和文化素质。企业文化与员工素质在相互推动中共同得以提高。

在市场竞争日益激烈、科学技术迅速发展的今天，企业员工队伍的素质，越来越明显地成为企业能否生存和发展、能否成功地进行企业文化创新与变革的决定因素，成为企业竞争力强弱的主要标志。微软成为世界软件业的先锋，得益于它拥有高智慧和头脑灵活的名牌员工。名牌员工是需要具备事业心、忠诚心和责任感的，是具有高超的技术、熟练的操作技能的，是守纪律和讲协作的，并且是具有创造性的。只有具备这些素质和能力，才能适应现代企业生产经营活动的需要，方能真正成为企业文化发展和创新的主体。因此，企业文化建设必须围绕提高员工的素质来进行。

三、企业楷模与企业文化建设

(一) 企业楷模的个性特征和作用

企业楷模，也称企业英雄，是指在企业生产经营活动中涌现出来的一批具有较高思想水平、业务技术能力和优秀业绩的劳动模范、先进骨干分子和英雄人物。他们是集中体现企业主流文化、被企业推崇、被广大员工一致仿效的特殊员工。这些人在企业正常的生产经营活动中总是走在前面，是企业先进文化的体现者，是企业文化建设不可多得的主力军。

企业楷模是企业价值观的化身，他们的观念、品格、气质与行为特征都是特定价值观的具体体现。企业楷模对企业文化的形成和强化起着决定性作用。在他们身上体现出企业追求的真谛，处于企业文化的中心位置，因而企业楷模对企业文化的形成和强化起着关键作用。楷模们是人们心目中崇敬的偶像和有形的精神支柱。如果没有他们，企业文化就会由于缺乏凝聚力而涣散与支离破碎。

(二) 企业楷模在企业文化形成中的具体作用

1. 榜样作用

企业楷模具有时代特点，体现现实文化的主导精神。他们能以其优秀的品德、模范的言行、生动感人的现实文化形象感染人们。他们的为人、功绩是群众直接体验的，容易使群众产生感情共鸣，因而乐意去仿效。

2. 聚合作用

企业楷模产生于群众之中，他们的理想、信念、追求具有广泛的群众基础，易于为群众所认同和敬佩，于是产生独特的魅力，吸引着周围的员工，使整个组织同心同德，形成整体力量。

3. 舆论导向作用

在一个良好的组织文化环境中，企业楷模的公正主张和远见卓识能够控制舆论导向，能够起到引导员工言行、强化企业价值观的作用。

4. 调和作用

企业楷模以自身在企业中的地位和优势，在解决企业内部各类矛盾、冲突时起着调和作用。如以公正的态度提出调停条件，判定是非，充分诠释企业处理冲突的立场、原则和手段，化解冲突。企业楷模的调节往往能够起到企业行政方法、法律方法和规章制度等所起不到的作用。

5. 创新作用

企业楷模着迷于把自己的幻想变成现实，其观念、言行常常突破惯例。迪尔和肯尼迪也说，企业楷模"就像古典文学作品中的英雄，每个英雄都有一条龙在等着他去搏斗，或是有些障碍需要他们去克服"。因此，企业楷模本身的创新之举，往往代表着积极的企业文化因子。他们通过自身的榜样作用把先进的文化因子传递给组织其他成员，点燃大家的创新激情，带动着整个企业文化的创新。

四、企业家与企业文化建设

企业家是企业文化的倡导者和培育者。在市场经济社会里，企业家不但是市场舞台上的主角，企业的掌舵人，而且在建设企业文化中具有突出的地位与作用。企业家在现代社会经济发展中具有重要的地位和作用。具有以下特征：

（1）企业家作为经商办实业的优秀人才，作为市场经济的主角，不是天生的，也不应该是靠哪一级政府任命的，而是在市场经济的竞技场上，遵循和服从优胜劣汰的市场规则，靠开拓经营事业锻炼出来的。

（2）企业家拥有现代科学技术和经营管理的知识和才能，不是投机商，而是经营管理的专家，是冒险精神和创新精神的积极体现者。

（3）企业家的行为自觉接受一定的商业文化的引导和制约。这种商业文化包括一套适应市场经济发展的价值观念及行为准则。比如企业家以增加利润为荣，但不谋求暴利，不见利忘义，而是诚实经营，以义取利，讲究商业信用，敢于承担巨大的经营风险，但又不盲目从事，不走仕途，甘愿以办企业为一生的追求等。

（4）企业家能够通过自主地经营企业，通过本身的经营活动，开辟市场，满足社会需求，引导消费潮流；执行国家法规政策，承担社会责任和义务，关心和支持社会文化事业和公益事业，加强精神文明建设，推动社会进步；培养有理想、有道德、有文化、有纪律的员工队伍，塑造先进的企业文化。

案例 9-1

（一）

某民营企业，为了打造自己的百年老店，引入咨询公司开展企业文化建设，花费数百万元进行企业 CIS 设计，对员工行为进行规范，统一着装等。但是，让老板伤心的是，自己的企业文化建设好像并没有起作用，反倒把一些核心员工给"化"出去了。

（二）

某国有企业，为了改变人们心目中国有企业的印象，为了转变企业职工的思维，也引进咨询公司进行企业文化建设。他们在政工部门内设计了专门的企业文化工作人员，全公司也成立了由老总牵头各部门领导参与的企业文化建设领导小组。他们举办各种活动，进行各种比赛，但是，企业老总发现，当回到各自的岗位后，好像人们依然没有什么变化，而活动和咨询费却已经花了好几百万元。

五、企业文化建设的基本原则

(一) 目标原则

在管理学中,目标是指人们通过自身的各种活动,在一定时期内所要达到的预期结果(即工作内容+达到程度)。目标管理是一种重要的管理思想和方法。人们从事任何管理活动,都应该有设想、有目标。没有设想和目标的管理是盲目的管理,盲目的管理导致事倍功半,造成巨大的资源浪费,或者完全走到事物的反面,给组织带来在短时期内不可挽回的损失。企业文化建设作为企业管理活动的高层次追求更不可缺少目标。

在企业文化建设中,坚持目标原则的目的在于:一是有效地引导企业员工的认识与行为。告诉人们工作应如何做、做成什么样才是企业文化所要求的,避免因强调个人价值、个人目标和眼前利益而忽视企业整体价值、整体目标和长期利益的倾向。二是激励人们的工作热情和创新精神。目标本身就具有激励性,更何况企业文化目标直接反映着企业全员的理想信念和价值追求,为人们展示着企业美好的发展前景和良好的文化状态,因此,对员工会产生巨大的激励作用。三是为考核与评价企业成员的工作业绩和文化行为提供依据,使考核与评价过程成为总结经验、杜绝"第二次失误"、推进工作良性循环和文化进步的过程。

(二) 共识原则

所谓"共识",是指共同的价值判断。创造共识是企业文化建设的本质。企业文化建设强调共识原则,是由以下三点所决定的:

1. 由企业文化的特性所决定

人是文化的创造者,每个人都有独立的思想和价值判断,都有自己的行为方式,如果在一个企业中,任由每个人按自己的意志和方式行事,企业就可能成为一盘散沙,不能形成整体合力。企业文化不是企业中哪个人的文化,而是全体成员的文化,因此,只有从多样化的群体及个人价值观中抽象出一些基本信念,然后再由企业在全体成员中强化这种信念,进而达成共识,才能使企业产生凝聚力。可以说,优秀的企业文化本身即是"共识"的结果,因此,建设企业文化必须不折不扣地贯彻这一原则。

2. 由现代企业发展的内外环境所决定

企业作为一个开放系统,其经营活动的成效如何,受到企业内外多种复杂因素的影响与制约,尤其是在信息爆炸时代,企业所面临的科技环境、市场环境和管理环境都异常复杂且瞬息多变,单靠一个人的知识、智慧、经验和判断力,很难保证做出正确的决策,防范企业遇到的各种风险,很难保证在经营管理中寻找到最佳的途径和办法,避免企业资源的浪费。因此,只有强调共识,全员参与,集思广益,使决策与管理都建立在全员智慧与经验的基点上,才能实现最科学的决策与管理。

3. 由人的心理规律所决定

在现代企业中,员工受教育的程度越来越高,脑力劳动者在全体劳动者中所占的比例越来越大,人们的主动精神和参与意识也越来越强。只有把握员工的这种心理需求特点,创造更多的使员工参与管理的机会和条件，才能激发人们把实现自我价值与奉献企业结合起来，促使全员共同信念的形成。

（三）一体原则

所谓一体原则，即坚持企业管理人员和一线员工之间的关系一体化。在企业文化建设中坚持一体原则能够有效地建立起组织内部人与人之间相互信赖的关系，为实现价值体系"一体化"创造条件。传统的管理模式人为地把管理人员与一线员工分割开来，企业就像一座金字塔，从上到下实行严格的等级管理。这种管理模式的前提是把管理人员视为管理主体，把一线员工视为管理客体，管理的含义即管理主体如何去控制管理客体按照主体的意图和规划目标去行事。依照这种管理思路，为了研究如何管好人，管理学家对企业员工的"人性"做过多种假设，如"经济人"、"社会人"、"自我实现人"等，以不同的假设为前提，提出若干相应的管理理论与方法，但都未从根本上缓解管理主体和管理客体紧张对立的关系状态，也未能解决管理效率的最大化问题。尤其是在现代社会，随着科技进步、生产自动化和现代化程度越来越高，脑力劳动越来越占主导地位。脑体劳动者之间、管理者和被管理者之间的界限越来越模糊。坚持一体原则建设企业文化有助于打破管理人员和一线员工之间的人为"文化界限"，使两者融为一体，建立共同目标和相互支持、相互信赖的关系，组织上的一体化最终促成精神文化上的一体化。

（四）卓越原则

卓越是一种心理状态，也是一种向上精神。追求卓越是一个优秀的人，也是一个优秀的企业之所以优秀的生命与灵魂。竞争是激发人们卓越精神的最重要的动力，一种竞争的环境，促使一个人或一个企业去努力学习、努力适应环境、努力创造事业上的佳绩。显而易见，坚持卓越原则是企业文化的内在要求，因为任何企业在竞争的环境里都不甘于做平庸者，构建文化的目的都是创造卓越的精神，营造卓越的氛围。

卓越是人的社会性的反映，人生活在社会上，相互之间比较、竞争，都有追求最佳的意愿，也可以说这是人的本性。但人的这种本性不一定在所有的情况下都能完全释放出来，这取决于他所处的环境给予他的压力大小，取决于有没有取得最好最优的条件。企业文化建设的任务之一就在于创造一种机制、一种氛围，强化每个人追求卓越的内在动力，并把他们引导到一个正确的方向。有无强烈的卓越意识和卓越精神，是区别企业文化良莠的标志之一。

（五）绩效原则

绩效是一项工作的结果，也是一项新工作的起点。在企业文化建设中坚持绩效原则，不光是要善于根据人们工作绩效大小进行奖励，以鼓励他们以更好的心理状态、更大的努力投入下一轮工作当中，而且目的还在于把人们的着眼点从"过程"转向"结果"，避免形式主义、教条主义。传统的管理与其说重视目标，不如说更重视完成目标的过程，这种管理把主要精力放在过程的标准化和规范化上，不仅告诉组织成员做什么，而且告诉他们"怎么做"，把工作程序和方法看得比什么都重要。传统管理的思维逻辑是："只要过程正确，结果就一定正确。"在传统的管理模式下，员工在工作中必须严格执行既定的规程、方法，接受来自自上而下的严密监督与控制，员工的工作个性和创新精神受到压抑。确立绩效原则的最终目的是要改变员工在管理中的被动性，增强其主动性及创造精神。

（六）亲密原则

1. 由企业的人性化本质所决定

现代市场经济所奉行的等价交换原则以及科学管理所倡导的严密分工原则带来的一个最大危害就是人与人关系淡漠，缺少和谐，缺乏人情味。企业作为人的集合体，不同于机器各部件之间的机械组合，它是一种有机组合。人是有思想、有感情的，人与人之间的关系在企业中除了在总体目标旗帜下进行分工协作，即处理工作关系外，还保持着感情联系，即体现"亲密性"。美国管理学者威廉·大内在《Z理论》一书中所提出的Z型管理模式，其关键词为："信任、微妙性和人与人之间的亲密性。"可以说，企业内部保持亲密性，能够带来和谐与效率；企业与社会保持亲密性，能够相互推动，共同繁荣。倡导亲密性，是一切成功企业或者说是一切优秀企业文化所具备的共同特性。

2. 由人的社会属性决定

人不同于动物就在于有社会性，人除了生理和安全上的需求外，还有社会交往、相互尊重的需求，即亲密性需求。对亲密性的需求是人类高层次的需求之一。亲密，意味着相互理解、相互关心，它是爱的给予与获得。企业有了亲密性，才能产生和谐的人际关系，员工在其中才能得到最大限度的精神满足。

3. 取决于现代企业对员工所承担的责任

现代企业除了合理使用人力资源和其他资源为社会制造产品、提供服务外，还有责任使员工在企业中受到教育、获得发展。实际上，企业依赖员工获得发展，员工也依赖企业获得发展，两者在相互依赖之中，关系也就愈加紧密。企业为员工发展铺设阳光大道，员工对企业才能产生归属感和忠诚心，进而产生敬业和献身精神。

4. 企业谋求融于社会，与社会同步发展的需要

企业作为社会的一个开放的经济组织，每天都与供应商、经销商、顾客及其他社会公众打交道，企业文化即是在这种开放的环境中成长起来的。因此，企业文化建设客观上就要求企业与社会公众之间保持亲密性，这不仅有助于企业经营活动的通达顺畅，而且有助于从社会文化中吸收营养，提升文化品位，提高文化竞争力。

六、企业文化建设的基本程序

一种优秀的企业文化的构建不像制定一项制度、提一个宣传口号那样简单，它需要企业有意识、有目的、有组织地进行长期的总结、提炼、倡导和强化。因此，企业可依据建设企业文化的原则，按照表9-1所列程序来培育优秀企业文化。

表9-1　建设企业文化程序

步　骤	备　注
准备阶段　1. 调查	调查了解企业现状
准备阶段　2. 分析与规划	分析内部、外部环境和职工队伍基本情况，并做总体规划
准备阶段　3. 组建企业文化机构	利用企业文化发展中心、企业文化办、企业文化项目小组等，负责企业文化建设工作
确立初级阶段　4. 选择适当的企业价值观念	根据企业属性、行业特点、企业历史特点、职工状况进行选择
确立初级阶段　5. 提炼企业精神	企业精神应具有独特性，能够反映企业个性，鲜明再现企业的价值观念，简明生动，准确而深刻
确立初级阶段　6. 强化职工企业意识	确定企业生产目标和方针以及每个成员应遵循的行为准则和义务，加强民主管理
确立初级阶段　7. 确定企业领导自身的模范行为	着重塑造领导的角色形象
推广阶段　8. 开展各种文化仪式活动	如：唱厂歌、穿厂服、戴厂徽、演讲比赛等
推广阶段　9. 树立企业英雄人物	挑选群众公认的品德高尚、工作成绩显著、在职工中享有威信的人物；利用英雄人物的号召力、影响力、感染力进行企业文化推广，使企业文化深入人心
推广阶段　10. 深化内部管理改革，建立企业利益共同体	包括制定合理的企业内部分配制度、加强职工民主管理等
推广阶段　11. 重视和完善文化网络	充分认识非正式组织在企业中的意义，成立各种协会、兴趣小组等，举办各种联谊会，深化企业文化建设
深化阶段　12. 实施企业形象战略，塑造企业良好的企业形象	这是检验企业文化建设成果的标尺，企业可以通过导入CI实施CS战略，有计划地塑造良好的企业形象
深化阶段　13. 培育优秀的企业家	

七、企业文化的完善与创新

企业文化在实践中得到推展和巩固以后，尽管其核心的和有特色的内容不易改变，但随着企业经营管理实践的发展、内外环境的改变，企业文化还是需要不断充实、完善和发展的。企业领导者要依靠群众，积极推进企业文化建设，及时吸收社会文化和外来文化中的精华，剔除本企业文化中沉淀的消极成分，不断对现有文化进行提炼、升华和提高，从而更好地适应企业变革与发展的需要。

企业文化的完善与创新寓于企业经营管理活动之中，市场突变的一个信息、客户提出的一项重大投诉、生产中的一次严重质量事故、员工提出的一条尖锐的批评意见等来自企业内外的各种信息和人们经历的各种意外事件，都会使人们的心灵受到某种冲击，自觉不自觉地审视和检验企业的文化理念，尤其是企业所奉行的价值观、经营理念、管理理念和服务理念，如果发现企业文化理念的某些内容已经落伍，不适应企业发展的需要，就会产生完善、变革企业文化的意愿和冲动。企业适时地通过组织企业文化研究会进行研讨，组织各种民主会、总结会、演讲会等进行交流，组织员工献计献策、开展合理化建议活动等，就可以接收到来自各个方面的新思维、新思想、新观点、新建议，从而促进企业对原有的文化进行完善和变革，修改原有文化理念的表述，推动文化的创新。

企业文化的完善提高，既是企业文化建设一个过程的结束，又是下一个过程的开始，是一个承上启下的阶段。企业文化建设与企业文化的演变规律相适应，是一个不断积累、传播、冲突、选择、整合、变革的过程，循环往复，永无休止。企业文化建设不是经过一两次循环就能完成的，是没有止境的。但需要说明的是，一种积极的企业文化体系和模式一旦构建完成以后，就会在一个较长的时期内发挥作用。企业文化建设的任务在更多的情况下是积极积累、传播、充实、完善，只有当企业内外环境发生了急剧变化，企业文化产生了激烈冲突，需要选择、整合和变迁的时候，企业文化建设的任务才是对原有文化实行彻底的扬弃，重新构建和创造新型的企业文化。

任务三　企业形象建设

一、企业形象的界定

企业形象（corporate image，CI）是指人们通过企业的各种标志（如产品特点、行销策略、人员风格等）而建立起来的对企业的总体印象，是企业文化建设的核心。

企业形象是企业精神文化的一种外在表现形式，它是社会公众与企业接触交往过程中所感受到的总体印象。这种印象是通过人体的感官传递获得的。企业形象能否真实反映企业的精神文化，以及能否被社会各界和公众舆论所理解和接受，在很大程度上决定于企业自身的主观努力。

二、企业形象层次划分

企业形象的组成因素虽然非常复杂，但我们可以将其归纳为三个层次，即理念形象、行为形象和视觉形象。

1. 企业理念形象（MI）

MI 在 CI 中处于核心地位，是 CI 的基本精神所在，也是 CI 运作的原动力。企业更新、完善、统一自己的理念，就是设计和实施 MI，MI 反映的是企业在经营过程中形成的一种指导企业整体行为的特殊精神文化，是由企业哲学、企业宗旨、企业精神、企业发展目标、经营战略、企业道德、企业风气等精神因素构成的企业形象子系统。

2. 企业行为形象（BI）

BI 以 MI 为核心，表现为企业的各种活动识别。建立 BI，就是统合行为，展现理念，根据不同时期的不同要求，设计合适的员工行为模式和企业经营模式。BI 是由企业组织及组织成员在内部和对外的生产经营管理及非生产经营性活动中表现出来的员工素质、企业制度、行为规范等因素构成的企业形象子系统。内部行为包括员工招聘、培训、管理、考核、奖惩，各项管理制度、责任制度的制订和执行，企业风俗习惯，等等；对外行为包括采购、销售、广告、金融、公益等公共关系活动。

3. 企业视觉形象（VI）

VI 是 CI 的静态识别符号，是具体化、视觉化的传达形式。即借助视觉传播媒体，将企业理念、规范等抽象语意，转换为社会公众可以识别和记忆的具体符号，进而强化其对企业理念、规范的认识与理解。VI 是由企业的基本标识及应用标识、产品外观包装、厂容厂貌、机器设备等构成的企业形象子系统。其中，基本标识指企业名称、标志、商标、标准字、标准色，应用标识指征图案、旗帜、服装、口号、招牌、吉祥物等，厂容厂貌指企业自然环境、店铺、橱窗、办公室、车间及其设计和布置。

在企业形象的三个子系统中，理念形象是最深层次、最核心的部分，也最为重要，它决定行为形象和视觉形象；而视觉形象是最外在、最容易表现的部分，它和行为形象都是理念形象的载体和外化；行为形象介于上述两者之间，它是理念形象的延伸和载体，又是视觉形象的条件和基础。如果将企业形象比作一个人的话，理念形象好比是他的头脑，行为形象就是其四肢，视觉形象则是其面容和体型。

三、企业形象的表达手段

企业形象表达的手段主要包括以下几个方面：

1. 物质形象

这是指反映企业精神文化的物化形态，而不是指物质本身。比如企业的店徽、店旗、商标和特定的店面装饰、布置等可以反映企业个性和精神面貌的直观形象。

2. 人品形象

这里也不是指人的先天条件，而是指企业人员从后天学习的待人接物和工作上的行为态度等方面的表现。

3. 管理形象

这是指管理行为的表现形式。如组织形态、工作程序、交接班制度、奖惩方式、领导指挥方式等。

4. 礼仪礼节

这是指企业中人际关系的礼貌格式和庆典集会上的礼节规范。

5. 社会公益形象

为社会服务和赞助公益事业，包括支持关心文教、科研、慈善、卫生等事业的具体表现。

四、企业形象建设

(一) 企业形象内部建设

考察一个公司的企业形象，可以洞察文化的系统概貌和整体水平，也可以评估它在市场竞争中的真正实力。一个企业良好的形象主要表现在企业环境形象、产品形象、领导和员工的形象。

1. 科学的企业理念，是塑造良好企业形象的灵魂

当前，企业理念已成为知名企业最深入人心的概念，已在悄悄地引起一场企业经营管理观念的革命。在这种情况下，许多企业都制订了本企业的口号，反映企业的理念，显示企业的目标、使命、经营观念和行动准则，并通过口号鼓励全体员工树立企业良好形象。"口号"通常是指企业理念的表现形式。海尔集团"日事日毕、日清日高"和"有缺陷的产品就是废品"、三洋制冷有限公司"创造无止境的改善"等，都说明精神理念在企业中的重要性。实践证明，培育和弘扬企业精神，是塑造企业良好形象的一种很有效的形式，对企业的发展能起到不可低估的作用。当然，培育企业精神不能单一化，要与现代企业制度建设、企业的经营管理目标、过细的思想政治工作结合起来，使其成为企业发展的精神动力。

2. 优美的环境形象，是塑造良好企业形象的外在表现

企业环境代表着企业领导和企业职工的文化素质，标志着现代企业经营管理水平，影响着企业的社会形象。

（1）企业环境是企业文化最基本的反映。如果说企业是职工赖以劳动和生活的地方，那么，就要有一个适合职工劳动和生活的保障设施，使职工能够合理地、安全地、文明地进行劳动和生活。

（2）建设优美的企业环境，营造富有情意的工作氛围是塑造企业形象的重要组成部分。企业的厂区、生活区、办公设施、生产车间、产品、现场管理、生产服务等都是企业形象的窗口。因此，每个企业要精心设计厂区的布局，严格管理厂区的环境和秩序，不断提高企业的净化、绿化、美化水平，努力创造优美高雅的企业文化环境，寓管理于企业文化建设之中，陶冶职工情操，提高企业的社会知名度，为企业增光添彩。

3. 优质的产品形象，是塑造良好企业形象的首要任务

产品形象是企业形象的综合体现和缩影。在现代企业制度中，企业自己掌握自己的命运，自谋生存，自求发展。而生存发展的出路，则往往取决于企业的产品所带来的社会效益的好坏。首先，企业要提供优质产品形象，就要把质量视为企业的生命。产品的好坏不仅是经济问题，而且是关系到企业声誉、社会发展进步的政治问题，是企业文化最直接的反映。抓好产品形象这个重点，就能带动其他形象的同步提高。要把抓产品形象渗透到质量管理体系当中去，在干部职工中形成人人重视质量，个个严把质量关的良好风气。其次，要在竞争中求生存，创名牌，增强企业的知名度，创造出企业最佳效益。在市场经济中，随着统一、开放、竞争、有序的全国大市场的逐步形成，企业必须自觉地扩大自己的知名度，强化市场竞争。多出精品，使产品在市场中形成自身的文化优势。同时，要加强产品的对外宣传，富于个性的宣传是塑造企业形象的重要手段。例如辽宁省食品集团公司提出"一切为了美味、营养和健康"作为公司的定语，是对企业特性产品形象的高度概括，又具有很好的引申和升华作用。

4. 清正的领导形象，是塑造良好企业形象的关键

企业领导在企业中的主导作用和自身示范能力是领导形象的具体体现，也是塑造良好企业形象的关键。首先，企业领导的作风，是企业形象的重要标志。有什么样的领导者，就有什么样的企业文化和企业形象。因此，企业领导干部要不断提高自身素质，既要成为真抓实干、精通业务与技术、善于经营、勇于创新的管理者，也要成为廉洁奉公、严于律己、具有献身精神的带头人。其次，要提高企业领导对企业文化的认识程度，成为企业文化建设的明白人。一是企业领导要将自己塑造成具有高品位的文化素养和现代管理观念的企业家，适应市场经济的需要，使企业在竞争中立于不败之地。二是要把握好企业文化的方向和基本原则，在学习、借鉴优秀企业经验的基础上，拓宽视野、不断创新。

5. 敬业的职工形象，是塑造良好企业形象的重要基础

职工的整体形象是企业内在素质的具体表现，应把培养有理想、有道德、有文化、有纪律的"四有"新人作为企业文化建设的重要内容。培养职工干一行、爱一行、钻一行、精一行的爱岗敬业精神；树立尊重知识、尊重人才的观念；创造一种有利于各类人才脱颖而出的环境和平等、团结、和谐、互助的人际关系，从而增强企业的凝聚力、向心力，以职工良好的精神风貌，赢得企业良好的社会形象和声誉。

坚持"以人为本"的原则，使企业文化建设为提高全员素质，调动全员积极性服务。豪华的装修，雄厚的财力，并不能解决企业发展问题，其关键还是人。发动职工全员参与企业文化的实践，应做到"三个满足"，即满足员工参与民主管理的需要，满足员工渴望成才的需要，满足员工物质文化生活的需要，以此适应职工实现个人价值和物质、精神需要的意向，创造一种适应企业发展的良好文化氛围。企业要不失时机地采用岗位练兵、技术竞赛、脱产轮训和党校、政校学习等形式，从政治、技术、业务上培训职工，进一步健全以基础教育、技术等级教育、学历教育为主要内容的全员培训网络和考核管理办法。同时，要开展各种有益于职工身心健康的娱乐活动，达到寓教于乐的目的，努力造就一支适应市场经济需要的思想好、纪律严、业务强、作风硬的职工队伍。

（二）企业形象外部建设

1. 参加公益活动

以企业的名义，参加多个公益活动，是提升企业形象的有效途径。通过对公益性事业的捐赠与扶持，显示企业在创造社会财富的同时也在创造社会效益，显示企业的社会责任心与承担力。一个有社会责任心的企业更能取得社会公众的信任，从而更容易稳固地建立起在公众面前的形象与品牌。赞助文化娱乐等方面的事业如果做的好也可以达到提升企业形象的作用，这需要有充分的论证与设计。

2. 借助网络推广

借助网络推广来塑造企业形象也是提升企业形象的有效方式。目前网络推广的方式有多种，企业要想有好的效果，就要从多种渠道、多个方面实现覆盖式推广。可以是手工进行，也可以借助辅助工具。如用营销软件来辅助网络推广，更高效更轻松。

五、树立企业形象的原则

任何企业要想在公众中建立信誉，保持良好的形象，并不是一件容易的事，因而必须注意遵循以下几条原则。

1. 整体性原则

即树立一种全局观念。对于一个组织来说，建立信誉和树立形象是一项全方位的工作，它不只是靠某一个部门去独立完成。因此，企业的公共关系部门要从全局出发，制订统一的公共关系政策来协调企业的公共关系活动，使之统一化、整体化和科学化，使企业各个部门的公关工作能相互促进、相辅相成、协调一致，否则会出现相互重复，甚至自相矛盾的不良后果。

2. 长期性原则

建立信誉、树立形象是一项持久性的战略目标。它不是一朝一夕之事，而是企业公关人员及全体员工长期努力的结果。这是一种"聚生"的过程，要靠平时一点一滴的积累，这样的形象才有比较坚实的基础，否则一直以来塑造的形象，很可能在一夜之间倒塌。另一方面，随着社会的不断进步，公众的需求会在许多方面发生相应的变化，因此，企业要不断适应变化着的公众对企业评价标准的改变，不断改进和更新自己，使得本企业的形象总是处于适应社会潮流的比较高的层次上。从这一点上看，树立形象更是一项长期的任务，它要求公关人员不断努力，不可懈怠。

3. 竞争性原则

企业形象的树立是竞争的结果，同时也是加强企业竞争力的一个相当重要的手段。所以，企业建立信誉、树立形象不能靠弄虚作假和排挤对方，而是要靠企业自己的实力，如妥善的经营、优质的服务、得力的宣传方法、真诚的社会交往和良好的职业道德。企业只有认真了解对手的长处，在不断改变、完善自我的同时，吸收他人的优秀经验，才能在信誉和形象上赶上和超过竞争对手，在竞争中立于不败之地。

【小　结】

企业文化是指在一定的社会大文化环境影响下，经过企业领导者的长期倡导和全体员工的积极认同、实践与创新所形成的整体价值观念、信仰追求、道德规范、行为准则、经营特色、管理风格以及传统和习惯的总和。提高员工素质是企业文化建设的中心任务。企业文化建设的过程，本质上就是企业认同、自觉实践的过程，员工实践的好坏，直接决定着企业文化建设成果的优劣。企业文化建设是需要通过一定的提炼、灌输和宣传推广等活动来进行的，但这些活动都是手段，目的是实践。企业形象是指人们通过企业的各种标志（如产品特点、行销策略、人员风格等）而建立起来的对企业的总体印象。企业形象是企业精神文化的一种外在表现形式，它是社会公众在与企业接触交往过程中所感受到的总体印象。

【课后习题】

一、选择题

1. （　　）是企业文化构成要素的最深层次。
   A. 制度层　　　　　B. 物质层　　　　　C. 精神层　　　　　D. 表层
2. 企业文化建设的主旨是（　　）。
   A. 以企业效益为本　B. 以人为本　　　　C. 以文化为本　　　D. 以科技为本
3. （　　）是企业文化的倡导者和培育者。
   A. 厂长　　　　　　B. 员工　　　　　　C. 企业家　　　　　D. 经理
4. （　　）是 CI 的基本精神所在，也是 CI 运作的原动力。
   A. VI　　　　　　　B. MI　　　　　　　C. BI　　　　　　　D. AI

二、简答题

1. 如何理解企业文化的含义？
2. 企业文化建设的基本原则有哪些？
3. 如何理解企业形象的含义？
4. 企业形象包括哪些层次和内容？
5. 企业形象建设包括哪些内容？
6. 利用网络和其他途径收集一两家企业的企业形象建设资料，分析其企业文化建设的内容、企业形象建设的内容，并提出相关建议。

三、案例分析

新加坡航空公司是一个在全球范围内享有良好声誉的航空服务公司。尽管规模不算太大，影响力也比较小，但公司赢得了广大乘客心口一致的称赞。其根本原因在于公司强调服务客户，强调无论如何都应该以客户需求作为经营和管理的出发点。在客户服务方面，公司向部门定期提供简报。例如，《非常时刻》是针对所有的机内人员，包括舱内的和驾驶舱人员的一份简报；还有《高基点》是特别为地面服务人员提供的。《非常时刻》每个月发行一次，包括有 12～16 页的新闻和评论，简报的目标是使 8000 名机内人员了解航空公司最近为乘客们所做的一切，简报注重报道团队合作、最近所出现的问题和解决情况以及上个月的活动资料等事宜。《非常时刻》也包括一个固定的栏目——摘录 8 篇或 9 篇信件，一半是投诉一半是赞扬信，公司很严肃地采纳正当的批评意见。《高基点》是双月刊，有 8～12 页，主要针对地面上的服务群体，包括售票、预订、登记以及包裹处置、后勤和运输。一个固定的栏目是"服务建议"，主要说明雇员是公司的眼睛和耳朵，而且每个成员都有责任代表公司去观察、去聆听，从而提高公司的形象。对服务质量的竞争和奖励也有固定的栏目。

新加坡航空公司通过机内杂志使乘客们信息灵通。这个月刊包括一个"执行董事训言"和一个来自 Cheong 博士的私人留言的栏目，Cheong 博士概述有关服务方面的新计划、新打算，通知乘客们关于新加坡航空公司最新的投资项目，例如，飞机库、飞行员训练设施，著名的度假胜地和合资联营旅馆。Cheong 博士说："我们一直很重视乘客的信息反馈，重新检验服务程序；研究新的科技对我们事业的作用，进一步提高我们的服务水平。我们采用多样的、系统的方法来获取乘客的信息。每季度对乘客进行调查并且和一些常客进行小组集中讨论。我们确实收集到了一些投诉，但值得骄傲的是，我们能够迅速地解决它们，并且把信息反馈给相关人员。我们非常重视投诉，投诉能提高我们的工作。我们很重视服务的完美，而不是补救。"

问题讨论：

试对新加坡航空公司服务文化进行分析，提出自己的看法。

项目十　企业管理信息化

【学习目标】

【知识目标】
1. 掌握企业管理信息化、企业资源计划（ERP）的基本概念。
2. 熟悉企业管理信息化的意义和主要内容，企业资源计划的管理思想和结构特点。

【技能目标】
1. 具备运用所学原理进行企业信息化管理的基本能力。
2. 具备运用所学知识进行 ERP 操作的能力。

【开篇案例】

中小企业人力资源管理信息化案例分析

X 公司是一家外向型股份制企业，经过多年的发展，生产与销售能力居国内同行业的前列。该公司现有员工 2000 余人，其中大中专以上文化程度者 200 多人，各专业工程技术人员百余人。公司现有多个生产车间，其设备及配置的先进程度堪称国内一流。在北京、上海、香港及欧洲等地设有分公司或办事机构，拥有多渠道的营销网络，使产品尽产尽销。

然而，尽管 X 公司设备和技术都非常先进，但管理比较落后，信息化程度较低。面对行业竞争，企业的高层管理者意识到解决企业的管理问题迫在眉睫。

那么，如何解决企业管理问题？从哪里入手？经过慎重的思考和多方面考察，企业决定先从人力资源管理入手做些尝试，并由专人负责。考虑到公司原有人力资源管理基础薄弱、信息化程度低的现状，该公司总经理 W 决定，工作通过三步来实现：

第一步，完善人力资源管理体系，并应用到企业的实际管理操作中去。

第二步，在管理体系规范、稳定运行的情况下，归纳、提炼企业人力资源管理信息化的需求，并结合当前 EHR 软件功能，确定企业信息化的内容及范围，并选定合适的 EHR 软件。

第三步，将人力资源信息化的需求做到软件中去，并且通过对软件实施过程的关键点的控制，实现预期的效果。

为平稳高效地实现这三步，总经理 W 选择了一家咨询公司来帮助自己完成这项工作。

X 公司最终能够圆满地完成企业的人力资源管理和信息化建设，一要归功于企业领导者的一步一步稳扎稳打的作风；二是归功于企业很好地借助外力，借助第三方咨询机构来帮助自己完成一些专业性较强的工作。借鉴 X 公司成功的经验，您的企业也将顺利实现管理和信息化的对接，使企业的人力资源管理水平跨上一个新台阶！

【导入问题】

X 公司为什么要进行人力资源管理信息化建设？

【基本原理】

任务一　企业管理信息化概述

一、企业管理信息化

（一）企业管理信息化

企业管理信息化是指企业在生产、经营、管理各个环节、各个层次、各个领域采用计算机、通信和网络等现代信息技术，充分开发、广泛利用企业内外信息资源，逐步实现企业运营的全面自动化，不断提高生产、经营、管理、决策、服务的效率和水平，进而提高企业经济效益和企业竞争力的过程。具体到一个企业，企业管理信息化就是要实现企业生产过程和业务处理的计算机化、自动化，管理方式的网络化，决策支持的智能化和商务运营的电子化。

企业管理信息化以企业业务流程改进为基础，在一定的深度和广度上应用智能网络工具，对企业生产、经营、管理活动中的所有数据、信息和知识进行集成和管理，实现企业内外部信息的共享和有效利用，不断提高企业的经济效益和市场竞争能力。

（二）企业信息来源

信息来源不仅仅局限于企业内部，还包括企业外部，即与企业生产、销售、竞争相关的外部信息源。信息源采集范围和质量受多种因素影响：企业的信息战略指向，企业内部负责生产、决策等的工作者对信息的需求，信息获得的难易程度，信息质量水平，等等。

（三）企业管理信息化的精髓

企业管理信息化的精髓是信息集成，其核心要素是数据平台的建设和数据的深度挖掘，通过信息管理系统把企业的设计、采购、生产、制造、财务、营销、经营、管理等各个环节集成起来，共享信息和资源，同时利用现代的技术手段来寻找自己的潜在客户，有效地支撑企业的决策系统，达到降低库存、提高生产效能和质量、快速应变的目的，增强企业的市场竞争力。

（四）企业管理信息化的范畴

ERP、OA、CRM、BI、PLM、电子商务等都已经成为企业在管理信息化过程中不可或缺的应用系统。在这其中，ERP正在向高度整合的全程管理信息化迈进。例如，某软件系统由几十个子模块高度集成，不仅包含了ERP传统应用内容，还涉足企业集团财务、内部资源、供应链、客户资源、知识库、商业智能、物联网与SAAS服务应用等，满足在移动商务环境下集团型企业的创新需求及全球化应用需要，紧密连接企业间以及企业与客户、供应商、合作伙伴的商务协同，实现集团企业管理价值最大化。

二、企业管理信息化的意义

企业管理信息化是国家信息化的重要内容，是国民经济信息化的基础，也是企业改善管理、适应市场和技术发展变化的重要举措，其意义十分重大。下面分别从宏观和微观角度分析企业管理信息化建设的意义。

（一）从宏观层面分析企业管理信息化的意义

1. 增强国家经济的可持续性快速发展，增强国家的综合实力

党的十五届五中全会指出，信息化是我国产业优化升级和实现工业化、现代化的关键环节，要把推进国民经济和社会信息化放在优先位置。要大力推进国民经济和社会信息化，以信息化带动工业化，发挥后发优势，实现社会生产力的跨越式发展。企业管理信息化建设将促进信息技术本身的发展，实现智能网络工具的快速演变，为中国进入信息化社会提供必要的工具支持和数据支持。

2. 企业管理信息化建设将促进商业模式的变化

企业信息化为社会带来两种商业模式：运用智能网络工具的商业模式（即电子商务）和提供智能网络工具的商业模式（如信息化基础设施和网络服务提供商）。信息技术能够为这两种商业模式提供竞争优势，商业模式的改变可扩大企业的生存空间，加速企业的发展和现代化。

3. 有利于企业适应国际化竞争

信息化是企业实现跨地区、跨行业、跨所有制，特别是跨国经营的重要前提，是企业提高核心竞争力，参与国际竞争的迫切需要和与国际接轨的重要途径。

4. 有利于抓住新世纪的良好发展机遇

只有实现信息化，企业才有可能抓住机遇，实现快速健康的持续发展。

5. 增加企业间的技术流通，总体提升整个行业的技术水平

信息化可以使企业间的合作和协作更加容易。网络的沟通使许多企业结成战略联盟和信息伙伴关系，优势互补，实现双方或多方的资源共享和利益分享，从而提升整个行业的技术水平。

（二）从微观层面分析企业信息化的意义

1. 企业管理信息化可以改变企业的价值观念

我们已经进入信息经济时代，信息将成为企业不断增值的无形资产，企业的全面信息化，将促进企业有形资产和无形资产的有效配置，"财富＝信息＋经营"的价值观正在改变着世界的经济格局。

2. 实施企业管理信息化将会改变企业的管理模式和组织结构

企业管理信息化可以使企业利用计算机网络进行信息传递和管理，通过网络，企业员工不一定要在本地及办公室时才能处理工作任务，各种资源可以从异地获取，使企业的组织外延和经营外延得以扩展；许多上传下达的信息和任务可通过网络完成，从而有可能减少一些不必要的垂直管理层次，使组织结构更加扁平化。

3. 企业管理信息化可以提高企业的竞争力和经济效益

企业制订生产经营目标，进行市场分析、方案比较、决策优化都可以从信息系统获得及时、准确的有价值信息，提高决策的时效性和可靠性；信息化会提高企业的技术创新能力，改进生产工艺和开发出更多新产品，这些都会提高企业的市场竞争力和经济效益。

（1）提高内部运营效率和质量。表现为：内部业务流程明显改善，成本节约；提高了产品和服务质量；缩短生产、研发、销售的循环周期，增强了资产的增值能力。

（2）提高员工的业绩，增强企业的学习能力。企业信息化可降低技术人才的劳动强度，用计算机实现繁杂或重复的体力劳动，从而改善职工的工作环境，提升技术人才的脑力价值；提高企业作为一个整体应对机遇和危机的反应能力、协调能力和快速学习能力。

（3）提高员工的满意度和忠诚度。表现为：员工业绩考核评价和选择优秀员工更公开、公平、公正，所需要的时间大为缩短，员工积极向上，互相信赖，有共同的价值观和目标。

（4）提高企业的管理水平和经济效益，增强企业的核心竞争力和参与国际竞争的能力。管理信息化能够大大提高企业收集、传递、处理、利用信息的能力，为决策提供充分、可靠的依据，增强制度的约束性，提高管理的透明度，是解决企业管理突出问题的有效措施。推进管理信息化是促进企业管理创新和各项管理工作升级的重要突破口。

4. 企业管理信息化的作用和意义

企业信息化是一种不可抗拒的历史潮流，企业在这一潮流中逆水行舟，不进则退。只有奋勇前进，主动地努力应用信息技术，实现企业管理信息化，才能在这一大潮流中立于不败之地，否则就会逐步落后于人而最终被淘汰。因此，我们从比较简明、实际、通俗的观点总结企业信息化的作用和意义为：

（1）提高管理水平。
（2）提高决策科学性。
（3）降低库存投资。
（4）降低采购成本。
（5）提高生产率。
（6）提高客户服务水平。
（7）增加利润。
（8）增强企业竞争力，跟上社会发展，不掉队，不落后。

三、企业管理信息化的主要内容

一般地，从企业整个生产和经营管理过程来看，企业管理信息化应包括4个层次的内容，即运作层、运作管理层、战术管理层和战略管理层。具体地讲，企业管理信息化应包括：办公自动化、信息化；企业经营管理业务处理的自动化、信息化；企业产品设计和生产过程的自动化、信息化；企业重大决策信息化等。相应的信息化系统或应用可分为：

1. 办公自动化（OA）系统

在企业建立一套规范统一的自动化和信息化的办公系统。它可以实现信息资源共享、内部电子邮件、网上公文审批和自动流转、工作日程安排、小组协同办公、工作流程自动化。目前常用的办公自动化主流软件有 Lotus notes/Lotus domino，后者是前者的 Internet 版本。办公自动化的软件称为群件（groupware），因为它们适合于一群人一起协同工作。

2. 管理信息系统（MIS）

企业业务处理、管理的信息化是指在企业经营管理的各个活动环节中，充分利用现代信息技术、信息资源，建立信息网络系统，实现对企业信息流、资金流、物流、工作流的集成和综合，实现对管理资源的优化配置，由此不断提高企业管理的效率和水平，进而提高企业经济效益和竞争能力的过程。它可以实现企业业务管理中的以计划管理、项目管理、进销存管理、财务管理、人力资源管理、供应链管理、客户关系管理等为主要内容的基本管理业务处理活动自动化和运作级、中层战术管理级决策的信息化，并为企业高层的战略决策提供基本支持，是企业信息化建设的核心部分，通称为管理信息系统。企业管理信息系统可以是 MIS/MRP II/ERP/CRM/SCM 中的某个或某几个系统，目前以 ERP 最具代表性和最为盛行，是企业信息化的核心和标志性系统。

3. 设计、生产过程自动化、信息化系统

利用 CAD、CAE、CAPP、CAM、PDM、FMS 和数控技术等，改造企业的产品设计和生产过程，改进和提升企业的产品研制、技术开发能力和生产能力，实现技术创新。在新产品设计和试制过程中，广泛应用计算机辅助设计（CAD）技术，缩短产品的开发和试制周期，实现产品设计自动化；同时，在生产过程中应用计算机辅助工艺流程（CAPP）、计算机辅助制造（CAM）技术和产品数据管理系统（PDM），利用智能化仪表进行控制、监测、处理，以确保产品质量，降低成本，提高生产效率，实现产品生产过程自动化。有

条件的大中型企业，可以实施制造资源规划（MRP II）、企业资源规划（ERP），甚至计算机集成制造系统（CIMS）的建设。

4. 建立企业 Intranet 或网站，开展电子商务（ECB）

这是目前企业信息化的高级形式。

5. 发展 DSS（Decision Support System）、ESS（Executive Support System）、ES（Expert System）等高层领导的决策支持系统

这是企业信息化更深入发展的方向。

四、中小企业实施信息化注意事项

1. 分析和规划自身企业信息化建设的需求

在选择信息软件之前，企业必须首先明确自己的需求，也就是企业实现信息化要解决什么问题。当前，很多企业还是处在传统的手工管理模式，还处在由计划经济向市场经济转换的过渡阶段，企业管理有很多不足和缺陷。解决这些问题，正是引进信息系统的主要目的。因此，企业在购买信息软件之前，必须对自身的管理进行诊断和冷静的思考。在对现状进行认真分析的基础上，做好企业信息化建设的规划，在规划中确定管理信息系统建设的目标、系统涉及的范围、要解决的关键问题、系统建设的阶段划分和进度要求，并对企业在现行条件下可投入的人力、物力、财力进行可行性分析。在此基础上提出信息软件选型的需求任务书，提供给信息服务提供商，作为软件选型的依据。这种信息化建设的前期规划是非常重要的，它将成为企业信息化建设全过程的指导性文件，是各阶段实施工作的依据。"规划"的正确性是非常重要的。"规划"既要保持一定的先进性，又要具有实用性。因此，"规划"的编制是一件非常重要和严肃的事。企业决策层要领导和参与此事，并抽调各部门的领导和业务骨干及信息化技术人员组成专门小组。如果企业缺乏对信息了解的人员，可以聘请社会上专业的 IT 咨询专家参与此项工作。

2. 确定软件功能是否满足企业自身的需求

在明确了企业的需求以后，使软件的选择有了依据。选择的 ERP 软件的功能与企业的需求相符合，是 ERP 软件实施成功的关键因素。当前，在国内 ERP 软件市场上，ERP 商品化软件种类繁多，令人眼花缭乱。有些大型信息软件（特别是一些国外著名的信息软件公司开发的软件）具有强大的功能，能较好地适合各类企业的需求。但是由于种种原因，不是所有的企业都能购买这些大型 ERP 软件。特别是占企业总数中绝大多数的中小企业，由于规模小、财力有限等原因，只能在国内信息市场上选择那些中小型信息软件。这些软件虽然都冠以信息的牌号，但由于软件开发商的历史、技术背景、应用的程度、投入的力度等的差别很大，软件功能和性能上的差异也很大。因此，企业在选择这些软件时，不能仅仅停留在表面上，被口头上的宣传所迷惑，要对软件的功能结构进行认真地研究和考察。要避免 ERP 软件选择方面的风险，企业必须做好需求分析，找到自己的特点和关键问题，做到心中有数。这样才能有针对性地考察软件，选准软件，减少由于软件与企业不匹配而造成系统实施的失败。

3. 考察并评估 ERP 的成熟度

ERP 软件包是一个大型的、复杂的软件，程序中的关联错综复杂。任何一个软件包都不可避免地存在着缺陷和错误，只是程度不同。企业应用 ERP 能否顺利地取得成功，与 ERP 软件的质量和软件的可靠性有很大的关系。因此，企业在选择 ERP 软件的时候，要认真考虑该软件是否成熟可靠，这是企业选择 ERP 软件的一个重要标准。ERP 是一个管理应用软件，它的成熟度自然与它在企业实际应用的程度有关。ERP 软件在开发成功以后，除了要经过严格的试验室测试以外，更重要的是要经过在企业中的反复应用的过程中进行不断的磨练，通过对错误和缺陷的不断修改和补充，使软件的可靠性和成熟度不断得到提高。试验室测试通常是通过人为设计的程序和模拟数据进行的，具有一定的局限性。而在企业现场中的实际应用，软件会经受到大量的实际数据和复杂的业务流程的考验，这是试验室条件不能比拟的。所以，企业在选择 ERP 软件时，必需考察该软件公司的历史和经历，考察该软件包的形成和发展过程，以及应用的客户数和应用效果的评价，并且考察该软件商软件版本维护的机制。一般来讲，通过大量客户工程化考验软件的质量和可靠性要高一些，企业要尽量避免成为不成熟产品的试验场。

4. 考察服务提供商的实施经验和能力

但是，更重要的一点，企业在考查这些软件功能的时候，千万不要忽视该软件商实施这些软件的经验和这些模块应用的效果。有些服务提供商在功能清单上虽然也列出了这些模块的介绍，但并没有在客户现场中应用，技术服务人员对这些模块的理解还局限在概念上，对这些新兴功能在企业现场应用缺乏实践经验。这对该系统成功实施造成一定困难。

任务二　企业资源计划（ERP）

一、企业资源计划的定义

企业资源计划（Enterprise Resource Planning，ERP）是在先进的企业管理思想基础上，应用信息技术实现对整个企业资源的一体化管理。ERP 是一种可以提供跨地区、跨部门，甚至跨公司整合实时信息的企业管理信息系统。它在企业资源最优化配置的前提下，整合企业内部主要或所有的经营活动，包括财务会计、管理会计、生产计划及管理、物料管理、销售与分销等主要功能模块，以达到效率化经营的目的。ERP 系统集信息技术与先进的管理思想于一身，成为现代企业的运行模式，反映时代对企业合理调配资源、最大化地创造社会财富的要求。ERP 为企业在信息时代生存、发展的基石。如图 10-1 所示。

目前国际上普遍被采用的 ERP 系统软件都是总结几十年国际各行业的先进管理思想和经验开发出来的，并且经过了众多领先企业的实践证明。

图 10-1　ERP 的主要功能模块

二、ERP 管理思想

(一) 体现对整个供应链资源进行管理的思想

在知识经济时代，仅靠自己企业的资源不可能有效地参与市场竞争，还必须把经营过程中的有关各方，如供应商、制造工厂、分销网络、客户等纳入一个紧密的供应链中，才能有效地安排企业的产、供、销活动，满足企业利用全社会一切市场资源快速高效地进行生产经营的需求，以期进一步提高效率，在市场上获得竞争优势。换句话说，现代企业竞争不是单一企业与单一企业间的竞争，而是一个企业供应链与另一个企业供应链之间的竞争。ERP 系统（如图 10-2 所示）实现了对整个企业供应链的管理，适应了企业在知识经济时代市场竞争的需要。

(二) 体现精益生产、同步工程和敏捷制造的思想

ERP 系统支持对混合型生产方式的管理，其管理思想表现在两个方面：

(1) "精益生产"的思想。企业按大批量生产方式组织生产时，把客户、销售代理商、供应商、协作单位纳入生产体系，它们已不再简单地是业务往来关系，而是利益共享的合作伙伴关系，这种合作伙伴关系组成了一个企业的供应链，以最优品质、最低成本和最高效率对市场需求作出最迅速的响应。

(2) "敏捷制造"的思想。当市场发生变化，企业会组织一个由特定的供应商和销售渠道组成的短期或一次性供应链，形成"虚拟工厂"，把供应商和协作单位看成是企业的一个组成部分，运用"同步工程"，组织生产，用最短的时间将新产品打入市场，时刻保持产品的高质量、多样化和灵活性。

(三) 体现事先计划与事中控制的思想

ERP 系统中的计划体系主要包括生产计划、物料需求计划、能力计划、采购计划、

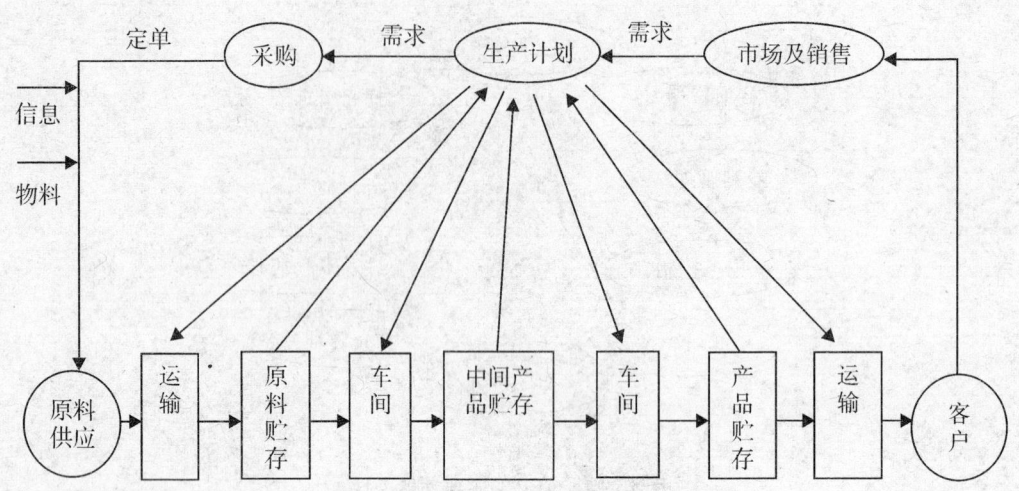

图 10-2　ERP 系统的供应链管理思想

销售执行计划、利润计划、财务预算和人力资源计划等，而且这些计划功能与价值控制功能已完全集成到整个供应链系统中。此外，计划、事务处理、控制与决策功能都在整个供应链的业务处理流程中实现，要求在每个流程业务处理过程中最大限度地发挥每个人的工作潜能与责任心，流程与流程之间则强调人与人之间的合作精神，以便在有机组织中充分发挥每个人的主观能动性与潜能。实现企业管理从"高耸式"组织结构向"扁平式"组织机构的转变，提高企业对市场动态变化的响应速度。

三、ERP 的结构和特点

（一）ERP 的结构

ERP 系统通常由下面三个关键部分构成：

1. 客户/服务器系统

ERP 系统使用客户/服务器技术，它的各应用模块通常以分布式或非常分散的方式部署。尽管服务器可能集中安装，但客户通常分布在企业组织的各职能部门。

2. 企业范围的数据库

ERP 系统都是通过系统的核心数据库来实施的，这个数据库为系统的所有应用模块共享，因此没有数据冗余并保证了数据的完整性。

3. 应用模块

ERP 厂商为用户提供不同的 ERP 应用模块，这些模块作为集成软件包的一部分应用于各职能单位，如财务、人力资源和订单处理等。大多数系统都是以一套核心模块为起点，并提供许多附加模块供用户选择。

ERP 系统要求用户遵循应用系统所描述的流程和规则，同时，ERP 厂商也为给定行业中的独特流程和工序提供专门的应用模块。

ERP 系统的三个主要成分之间的关系可以体现在两种常见的 ERP 实施结构中，即两层和三层的客户/服务器结构。

20 世纪 90 年代中期前广泛使用的是单层结构，单层结构的典型特点是 GUI（图形用户接口）、处理逻辑（即应用程序）和数据存储作为一个整体包含在系统中。

20 世纪 90 年代中期盛行两层结构，这种结构把应用程序分成两层：客户层和服务器用户接口和处理逻辑驻留在客户端，而与其相关的所有数据则存放在服务器端。两层系统与单层系统相比，主要好处是这种客户/服务器结构使客户端的程序变小，因此处理速度比单层结构更快。其缺点是当应用程序比较复杂时，客户端程序依然显得庞大，这将减慢服务器的响应和处理速度。

1996 年初，三层结构的出现使计算机网络的应用发生了根本的变化。这里的分布对象的方法把客户端庞大的程序又分成了两个部分：用户接口和处理逻辑。后者存放于单独的应用服务器中。这种三层结构（数据库服务器—应用服务器终端）加快了对用户请求的响应和处理，用户端程序大大减少，方便了程序的维护、更新和升级。

（二）ERP 的基本特点

ERP 系统有下面几个基本的特点：

（1）标准化的数据定义。ERP 的商业流程在所有 ERP 应用模块中共享相同数据定义。

（2）共同访问单一的数据集。ERP 的一个基本设计目标就是要使一个企业所有业务流程维护单一的数据集。在实施 ERP 之前，企业通常要维护和处理多种数据版本，这使得企业的决策通常基于不精确或非标准的数据。

（3）系统柔性。ERP 系统具有能满足企业变化需要的柔性，客户/服务器 ERP 能通过 ODBC（开放数据库连接）运行在各种后端数据库上。

（4）开放的系统结构。这意味着 ERP 系统中的任何模块可以在需要的时候增加或取消而不影响其他模块。ERP 系统支持多硬件平台和来自第三方的可加载模块。

（5）跨越公司范围。ERP 系统支持一个企业对外部实体的在线服务。

ERP 的初级阶段是物料需求计划（MRP），它是通过计算机软件来产生生产和控制的技术，主要集中在对装配的零部件、物料计划和采购的时间要求上。1980 年，制造资源计划（MRP II）被开发出来，它把 MRP 的功能扩展到车间和分销领域，其焦点集中在制造流程。ERP 的成熟期是在 20 世纪 90 年代中期，软件包把 MRP II 扩展到涵盖财务、工程、人力资源和项目管理等其他领域。

四、近期 ERP 的发展

ERP 出现后不久，计算机技术就遇到了 Internet/Intranet 和网络计算的热潮，使制造业的国际化倾向和制造信息技术应用不断深化。这些又将制造业管理信息系统的发展推到了一个新阶段。其中最引人注目的有以下几方面的发展。

（一）ERP 功能的扩展

1. 纳入 PDM（Product Data Management）功能

产品数据管理 PDM 把企业中的产品设计和制造全过程的各种信息、产品不同设计阶段的数据和文档组织在一个统一的环境中。随着计算机集成制造 CIMS 和并行工程的日益发展，PDM 愈显重要。CAD 和 ERP 厂商都将 PDM 作为自己的产品来发展。Baan 公司出台了自己的 PDM 产品，实现设计数据、产品构型、BOM、设计文档有效性控制等；Oracle 的 Manufacturing 1OG 中的工程数据管理是面向企业新产品开发和研制的，可以在研制和批生产混线的企业中应用，简化了系统在新产品投产时的准备工作量；SAP 的 R/3 中直接加入了与 PDM 相重叠的功能，增加了对设计数据的管理、设计文档的应用和管理，减少了 MRP II 庞大的数据管理和数据准备工作量。PDM 还能直接与 CAD 软件相连接。

2. MRP II、ERP 与 EDI

虽然 EDI 是许多 MRP II 已经具有的功能，但 ERP 的 EDI 功能又有进一步的扩展。

（1）ERP 与企业内部的 EDI 集成。ERP 把原来分散的 EDI 连通，是企业办公自动化的一个重大进步。

（2）企业间的 EDI。在销售和采购模块中用 EDI 实现与客户或供应商之间的电子订货和销售开单过程。

（3）增加了工作流功能。使用 EDI 以后就出现了电子文档（电子的计划文件、电子订单或工程更改文件）在要求的时间按照规定好的路线传递到指定人员处的问题，必须采用工作流管理进行控制。对工作流的管理使 ERP 的功能扩展到办公自动化和业务流程的控制之中。

（4）增加了数据仓库 DW 和联机分析处理 OLAP 功能。

（二）向 Internet、Web 上转移

由于 Intranet 已经或将成为许多大中型公司网络建设的选择，使得目前几乎所有的客户/服务器应用程序的开发厂商都已将 Web 浏览器的前端安装到他们的产品上去。专家们预言，"Web 浏览器将来会完全代替传统的客户机"。大的制造软件公司 Oracle、SAP 和 Baan 都在争先恐后地把它们的 MRP II/ERP 客户群服务器应用程序的客户机"Web 化"。采用的途径有三个：

（1）建立能使现有应用程序与 Internet 协议进行通信的桥连技术，使用户通过客户端的 Web 浏览器来访问 ERP。

（2）增加新的基于 Web 的应用程序。通过一个标准的 Web 浏览器远程进入 ERP 系统，完成输入订单、监督装运、检查付款、查看供货协议、监督库存、查验收据、审批支付状况、浏览产品目录等业务。

（3）改写原有的应用程序，使应用程序的代码完全适合 Internet 基于 Java 小程序的模块。

（三）新的模块化软件和专业化软件

新的"模块化"的概念与现行的"可选择模块的套件"是不同的。如 SAP 公司的模

块化具有以下特点：

（1）采用一种新的将第三方软件集成到 ERP 中去的方法，称为业务应用程序接口（Business Application Programming Interface，BAPI）。这是一个标准化的开放接口。有了 BAPI，用户可以通过浏览器、Exchange 电子邮件来使用 ERP 系统，并将这些软件模块与非 ERP 软件混合匹配使用。

（2）用户可以按需要单独更新某一个模块，而不必为了增强某一功能而对系统进行全面升级。也可用逐个模块更新的办法增强系统的功能，而不必更换整个系统。

专业化软件改变了向用户提供适于所有用户的通用产品的状况，而针对具体的用户市场对软件预先"剪裁"，推出针对特殊市场的软件产品。专业化软件不需要用户进行针对性的配置就可得到可用的菜单、模块和报表等，可以更快地启用，可得到更有针对性的服务。

ERP 软件的专业化使 ERP 已经走出制造业，在能源、电信和其他行业寻找更加广阔的市场。

（四）超越 ERP，向 ERP II 发展

1. 协同商务时代的到来

协同商务，被誉为下一代的电子商务系统，其基本思想最早是由 Gartner 在 1999 年提出的。Gartner 对信息技术在企业管理中的作用做了三个阶段的划分：第一阶段，信息技术主要在单个企业内部应用；第二阶段，E-Commerce 成为主流；第三阶段，带有"协同商务"鲜明标签的后 ERP 时代。Gartner 对协同商务的定义是：将具有共同商业利益的合作伙伴整合起来，通过对各个合作伙伴的竞争优势的整合，共同创造和获取最大的商业价值以及提供获利能力。

"协同"有两层含义：一层含义是企业内部资源的协同，包括各部门之间的业务协同、不同的业务指标和目标之间的协同以及各种资源约束的协同，如库存、生产、销售、财务间的协同，这些都需要一些工具来进行协调和统一；另一层含义是指企业内外资源的协同，即整个供应链的协同，如客户的需求、供应、生产、采购、交易间的协同。

2. ERP 的局限性

ERP 系统存在的问题体现在以下几个方面：

（1）ERP 系统无法动态地满足企业个性化管理的需求。随着管理理论和 IT 技术的不断创新、市场需求的不断变化，企业流程也必然随之而改变，ERP 还不能动态地满足企业流程变化的需要，必须经过艰难的二次开发和实施才能实现。

（2）ERP 的管理重心在企业内部。ERP 的管理虽然是面向供应链管理，但其重心仍在企业内部。企业的收益不仅取决于企业内部流程的加速运转和自动化，还取决于企业将这种效率传播给由它的供应商以及客户组成的整个供应链的能力。在现在激烈的买方市场竞争中，客户已经成为企业兴衰的关键。如何以客户为中心，提高客户的满意度和忠诚度，是 ERP 系统要改善的一个重要环节。

（3）ERP 对电子商务的支持不够。基于 Internet/Intranet、B/S 体系结构的 ERP 软件系统还处于初始阶段，对电子商务的支持也尚未成熟。尽管很多企业开展了电子商务业务，但是由于没有后台 ERP 系统的支持，使得从 EC 平台上获得的销售订单、市场信息不能及

时传递到后台 ERP 系统中；同样，由于没有 EC 系统与 ERP 系统的集成，前台的 EC 系统也不能读取 ERP 系统中的有关产品的价格、客户等信息，造成前后台信息的脱节，这会导致客户满意度的下降，甚至失去很多客户。

因此，金蝶公司认为 ERP 已是明日黄花，并于 2003 年 3 月推出了基于 ERP II 管理思想的 KINGDEE EAS（Enterprise Application Suite）。新中大公司更是态度鲜明，要终结 ERP，认为 ERP 没有站在大企业内外部结合的高度来考虑资源规划，并提出了联盟体资源计划（Union Resource Planning，URP）以取代 ERP。用友公司于 2003 年 5 月推出了实时企业（Real-Time-Enterprise，RTE）套件，赋予 ERP 更深的内涵。同年，由和佳软件公司接受的国家科技产业部确定的 863 计划"新一代 ERP（简称 NERP）"研发课题，提出了 NERP 的构想。

3. ERP II 产生的原因

（1）信息化过程的矛盾说。中国工程院院士、清华大学国家 CIMS 工程技术研究中心主任吴澄认为，在过去 20 多年中，大中型企业的信息化取得了不俗业绩，但随着中国经济的快速转型，大中型企业组织庞大、地域宽广、业务复杂、行业众多、信息系统庞杂，形成了很多信息孤岛，在信息化深化的进程中逐渐呈现出四个主要矛盾：①管理灵活性与固化系统之间的矛盾，导致系统适应性差、实施成功率低。②发展规模与信息化水平之间的矛盾，导致大企业小应用，管理不到位。③通用化与行业化之间的矛盾，导致管理不能纵向深入。④先进的商业模式与信息化能力之间的矛盾，导致管理和业务失控。

（2）ERP"消亡"说。ERP 系统往往跟不上计算机技术的发展，而使客户怀疑其先进性，如早期强调的客户机/服务器模式，已经被日益高涨的电子商务浪潮所淹没。①ERP 难以满足第三产业蓬勃发展的趋势。②ERP 难以满足对企业产品用户群的动态和相关对手信息的监视管理。③电子商务时代的来临也给传统的 ERP 系统带来新的课题。

（3）Gartner 公司咨询师的说法。ERP II 是由以下几个因素推动产生的：企业用户对传统 ERP 的神话产生质疑；被网络解放了的企业的崛起；协同商务的崛起。

4. ERP II 与 ERP 的关系

ERP II 是对 ERP 的一种扩展和提升，但其基础还是 ERP。从管理对象来看，ERP II 对企业间的计划、组织、领导和控制是从企业资源对象出发。ERP II 的管理模式仍然继承了 ERP 的管理模式，在供应链管理、客户关系管理、价值链管理方面继承了物料管理、销售管理、财务管理的管理任务、管理模型、管理算法和管理数据，主要的改变是每个企业的管理模式成为了封装的具体管理模式，而企业之间的管理模式成为重点的管理模式。因此，ERP II 的出现并不意味着 ERP 的消亡。

5. ERP II 的管理理念

ERP II 强调协同商务、应用集成。协同商务是指企业通过互联网能够与客户、供应商、合作伙伴进行电子商务运作，企业信息系统从企业内部资源计划的管理扩展到客户关系管理、供应链管理，并扩展到整个商务社区；应用集成则是实现企业各个应用系统间的紧密集成，不仅包括数据的集成和共享、业务流程的集成，而且实现 ERP II 与第三方企业应用软件的集成。

ERP II 采用开放的、组件化的体系架构，支持企业动态建模，企业可以构建个性化的应用系统，并可以根据管理模式、组织结构、业务流程的变化实现信息系统的自适应调整。

在 ERP 市场中竞争的软件商国际上主要有 SAP、Peoplesoft、Baan、Oracle 和 J. D. Edwards，国内的有用友、金蝶等。例如，Peoplesoft 致力于人力资源管理和客户/服务器技术，它主要瞄准服务领域，设计的软件能帮助企业处理无形成本。Baan 销售自己的制造软件给那些对 SAP 产品持谨慎态度的企业。它由许多小的软件商合股而成，因而提供更多种类的产品，并继续在 SAP 和 Oracle 竞争力不强的那些领域中开发自己的企业应用软件。J. D. Edwards 为企业管理和供应链管理提供 ERP 应用。其集成应用系统能让用户控制自己的前台办公室、人力资源和财务流程。J. D. Edwards 的 ERP 解决方案支持 XML 标准。由于 ERP 系统是企业信息化的核心和标志性系统，所以 ERP 软件产品是市场交易量和交易额最大的 IS 产品，市场竞争也最为激烈。

任务三　信息化绩效评价

一、信息化绩效评价概述

1. 信息化绩效评价含义

评价是按照预先制订的目标，以科学的评价指标体系为依据，运用科学的方法，按照一定的程序和制度对评价对象在一定时期内的过程表现及行为结果进行正确判断的过程。

信息化绩效评价是指采用一定的方法对信息化建设与应用的成绩和所产生的效果进行评价，对照统一的标准，建立特定的指标体系，运用数理统计、运筹学等方法，按照一定的程序，通过定性与定量的对比分析，对一定时期内信息化建设水平和信息化应用效果作出客观、公正和准确的综合评判的过程。

2. 信息化绩效评价的基本特征

（1）间接性。信息化的投资是复杂的，其收益往往是无形的、间接性的，很少能在财务报表中得到直接体现。

（2）长期性。信息化建设项目的实施对组织业务流程、组织机构、组织文化、劳动基本要素的影响及渗透是缓慢的、长期的。

（3）互补性。信息化建设项目的推进伴随着组织管理和业务的变革，信息化绩效是信息化与组织管理变革两方面互补作用的结果。

3. 信息化绩效评价的分类

（1）宏观层面的信息化绩效评价，即对一定区域或行业信息化绩效的评价。主要是政府根据企业信息化总体目标的要求，建立绩效评价的标准指标体系和数据的测度方法，统一测算和颁布不同行业不同规模信息化绩效的标准值，作为不同行业和不同规模企业进行 IT 绩效横向比较的依据，以判断企业在同行业、同规模、同区域的水平地位和主要差距，更有利于绩效评价制度的科学性。

（2）微观层面的信息化绩效评价，即对企业或其他社会组织的信息化绩效评价。又划分为以战略实施、管理控制和项目管理为基础的绩效评价。

二、信息化绩效评价的基本方法

1. 层次分析法（AHP）

层次分析法（Analytical Hierarchy Process，简称AHP）是将复杂的决策情境切分为数个小部分，再将这些部分组织成为一个树状的层次结构。然后，对每一个部分的相对重要性给予权数值，分析出各个部分优先权。对决策者而言，以层次结构去组织有关替代方案（alternative）的评选条件或标准（criteria）、权数（weight）和分析（analysis），非常有助于对事物的了解。此外，AHP可协助捕捉主观和客观的评估测度，检验评估的一致性，以及团队所建议的替代方案，减少团队决策之失误，如失焦、无计划、无参予等。AHP将整个问题细分为多个较不重要的评估，但还维持整体的决策。

AHP方法是由Thomas L. Saaty教授研究发展出来的，其适合多评选标准（Multi – Criteria）的复杂决策。目前市面上有许多软件工具可用，包括最著名的Expert Choice软件系统，以及网络上免费AHP软件或服务，可下载Java版本的AHP系统。

2. 模糊综合评价法

模糊综合评价法是一种基于模糊数学的综合评标方法。该综合评价法根据模糊数学的隶属度理论把定性评价转化为定量评价，即用模糊数学对受到多种因素制约的事物或对象做出一个总体的评价。它具有结果清晰、系统性强的特点，能较好地解决模糊的、难以量化的问题，适合各种非确定性问题的解决。

模糊集合理论（fuzzy sets）的概念于1965年由美国自动控制专家查德（L. A. Zadeh）教授提出，用以表达事物的不确定性。其基本原理是以AHP为基础，利用模糊集和隶属度函数等概念，应用模糊变换原理，从多个方面对事物隶属等级状况进行整体的评价。是一种以模糊推理为主的定性与定量相结合、精确与非精确相统一的分析评价方法。

模糊综合评价法评价步骤如下：

（1）确定模糊的评价因素集。
（2）确定评价等级集合。
（3）确定权重系数集合。
（4）填写评价因素判断表，统计专家评价结果。
（5）建立模糊关系矩阵。
（6）建立综合模糊评价模型。

案例 10-1

对科技成果项目的模糊综合评价

有甲、乙、丙三项科研成果,现要从中评选出优秀项目。三个科研成果的有关情况见下表。

指标 项目	科技水平	实现可能性	经济效益
甲	接近国际先进	70%	>100万
乙	国际先进	100%	>200万
丙	一般	100%	>20万

设评价指标集合:U = {科技水平,实现可能性,经济效益}
评语集合:V = {高,中,低}
评价指标权系数向量:A = (0.2, 0.3, 0.5)
专家评价结果表如下:

指标 项目	科技水平			实现可能性			经济效益		
	高	中	低	高	中	低	高	中	低
甲	0.7	0.2	0.1	0.1	0.2	0.7	0.3	0.6	0.1
乙	0.3	0.6	0.1	1	0	0	0.7	0.3	0
丙	0.1	0.4	0.5	1	0	0	0.1	0.3	0.6

由上表可得甲、乙、丙三个项目各自的评价矩阵 P、Q、R:

$$P = \begin{pmatrix} 0.7 & 0.2 & 0.1 \\ 0.1 & 0.2 & 0.7 \\ 0.3 & 0.6 & 0.1 \end{pmatrix} \quad Q = \begin{pmatrix} 0.3 & 0.6 & 0.1 \\ 1 & 0 & 0 \\ 0.7 & 0.3 & 0 \end{pmatrix} \quad R = \begin{pmatrix} 0.1 & 0.4 & 0.5 \\ 1 & 0 & 0 \\ 0.1 & 0.3 & 0.6 \end{pmatrix}$$

求得:

$B_1 = AP = (0.3, 0.5, 0.3)$
$B_2 = AQ = (0.5, 0.3, 0.1)$
$B_3 = AR = (0.3, 0.3, 0.5)$

归一化后得:

$B_1' = (0.27, 0.46, 0.27)$
$B_2' = (0.56, 0.33, 0.11)$
$B_3' = (0.27, 0.27, 0.46)$

所以,项目乙可推荐为优秀项目。

三、信息化绩效评价的意义

（1）提高信息化管理水平，推动信息化进程。
（2）促进信息化战略的制订和实施。
（3）规范信息化管理控制。

【小　　结】

企业管理信息化是指企业在生产、经营、管理各个环节、各个层次、各个领域采用计算机、通信和网络等现代信息技术，充分开发、广泛利用企业内外信息资源，逐步实现企业运营的全面自动化，不断提高生产、经营、管理、决策、服务的效率和水平，进而提高企业经济效益和企业竞争力的过程。具体到一个企业，企业管理信息化就是要实现企业生产过程和业务处理的计算机化、自动化，管理方式的网络化，决策支持的智能化和商务运营的电子化。

企业管理信息化以企业业务流程改进为基础，在一定的深度和广度上应用智能网络工具，对企业生产、经营、管理活动中的所有数据、信息和知识进行集成和管理，实现企业内外部信息的共享和有效利用，不断提高企业的经济效益和市场竞争能力。

【课后习题】

一、选择题

1. 信息化绩效评价的基本特征有（　　）。
   A. 间接性　　　　　B. 长期性　　　　C. 直接性　　　　D. 互补性
2. ERP系统的基本特点包括有（　　）。
   A. 标准化的数据定义　　　　　　　　B. 共同访问单一的数据集
   C. 系统柔性　　　　D. 开放的系统结构　　　　E. 跨越公司范围
3. 信息化绩效评价的基本方法有（　　）。
   A. 层次分析法　　　　　　　　　　　B. 模糊综合评价法
   C. ABC法　　　　　　　　　　　　　D. 经济分析法

二、简答题

1. 如何理解企业管理信息化的含义？
2. 模糊综合评价法评价步骤有哪些？

3. 如何理解信息化绩效评价的含义？
4. 试论述 ERP 的局限性。
5. 试比较 ERPII 与 ERP 之间的关系？

三、案例分析

案例1　沃尔玛："信息技术始于战略，而不是系统"

1991 年，沃尔玛年销售额突破 400 亿美元，成为全球大型零售企业之一。据 1994 年 5 月美国《财富》杂志公布的全美服务行业分类排行榜，沃尔玛 1993 年销售额高达 673.4 亿美元，比上一年增长 118 亿多美元，超过了 1992 年排名第一位的西尔斯（Sears），雄居全美零售业榜首。1995 年沃尔玛销售额持续增长，并创造了零售业的一项世界纪录，实现年销售额 936 亿美元，在《财富》杂志 1995 年美国最大企业排行榜上名列第四。此后一路高歌猛进，分别在 2006、2007、2008、2010 年 4 度跃居世界 500 强榜首。

（一）沃尔玛的信息化理念和战略

沃尔玛创始人山姆·沃尔顿早年服役于美国陆军情报部队，所以他特别重视信息的沟通和信息系统的建设。在公司开始进入规模化市场扩张及发展阶段后，沃尔玛公司率先在行业内使用各种先进技术的电子商务信息系统化管理模式。沃尔玛的信息化管理是贯穿于整个价值链，以先进的信息化技术为手段，以信息流为中心，带动物流和资金流的运动，通过整合全球供应链资源和全球用户资源，实现零库存、零营运资本与用户的零距离的目标。信息化管理不应仅是一个系统，而应被提高到战略的高度，不是将其投入到大量低价值的维护与运作事宜中。正如沃尔顿所坚持的："信息技术始于战略，而不是系统。"

将信息化提到战略高度正是沃尔玛迈向成功的重要原因之一。一方面，沃尔玛通过供应链信息化系统实现了全球统一采购及供货商自己管理上架商品，使得产品进价比竞争对手降低 10% 之多；另一方面，沃尔玛还通过卫星监控全国各地的销售网络，对商品进行及时的进货管理和库存分配。当凯玛特（美国第三大折扣零售连锁公司）也意识到信息化的重要性并效仿前者开始起步时，沃尔玛早已在全球 4000 个零售店配备了包括卫星监测系统、客户信息管理系统、配送中心管理系统、财务管理系统、人事管理系统等多种技术手段在内的信息化系统。

（二）沃尔玛公司信息化过程的一些关键事件

购买第一台计算机用于支持日常业务（1969）；

存货管理系统（1969）；

电子收款机（Point of Sells，POS）系统（1973）；

商店与总部之间相联结的卫星网络（1979），初期投入 1600 万及 60 万/年通信费占当年利润总额超过 55%，节省电话费 1000 万/年；

统一产品标识码（1980）；

与休斯公司合作的人造卫星发射升空（1983）；

与供应商建立电子数据交换（1985）；

通过 Retail Link 系统与供应商共享预测方法等（1991，1993），总投入成本是当年利润的 3 倍；

启动电子商务网（1996）；

第二次启动电子商务网（1999）；

店内的广告采用沃尔玛的视频网络（2000）；

在 Sam's Club 测试 RFID 系统（2001）；

实施人力资源管理系统（2001）；

实施高级销售规划系统部件和财务报告系统（2001）；

与供应商之间的数据交换采用因特网数据标准（2002）。

（三）沃尔玛的信息化亮点

1. 1 小时——全球商品全盘点

沃尔玛在全球的 4000 多家门店通过它的网络可在 1 小时之内对每种商品的库存、上架、销售量全部盘点一遍。

整个公司的计算机网络配置在 1977 年完成，可处理工资发放、顾客信息和订货—发货—送货，并达成了公司总部与各分店及配送中心之间的快速直接通信。1979 年，位于本顿威尔总部的第一个数据处理和通信中心建成，虽然面积只有 1500 平方米，但在整个公司实现了计算机网络化和 24 小时连续通信。

先进的电子通信系统也让沃尔玛占尽了先机。曾有一个说法是，沃尔玛的电子信息系统是全美最大的民用系统，甚至超过了电信业巨头美国电报电话公司。在沃尔玛本顿威尔总部的信息中心，1.2 万平方米的空间装满了电脑，仅服务器就有 200 多个。在公司的卫星通信室里看上一两分钟，就可以了解一天的销售情况，可以查到当天信用卡入账的总金额，可以查到任何区域或任何商店、任何商品的销售数量，并为每一商品保存长达 65 周的库存记录。

1981 年，沃尔玛开始试验利用商品条码和电子扫描器实现存货自动控制。在利用商品条码上，沃尔玛凭借自己的计算机网络通信系统又走在了其他零售商前面。采用商品条码可代替大量手工劳动，不仅缩短了顾客结账时间，更便于利用计算机跟踪商品从进货到库存、配货、送货、上架、售出的全过程。据沃尔玛方面说，在对商品的整个处置过程中总计节约了 60% 的人工。

20 世纪 80 年代，沃尔玛还开始利用电子数据交换系统（EDI）与供应商建立自动订货系统。到 1990 年，沃尔玛已与它的 5000 余家供应商中的 1800 家实现了电子数据交换，成为 EDI 技术的全美国最大用户。

2. 7 亿美元——"用卫星卖鸡蛋"

到 20 世纪 90 年代初，沃尔玛在电脑和卫星通信系统上就已经投资了 7 亿美元，而它不过是一家纯利润只有 2%～3% 的折扣百货零售公司。

1983 年，沃尔玛与休斯公司合作的人造卫星发射升空，这次卫星升空可谓零售业历史上独一无二的里程碑。

到 20 世纪 80 年代末期，沃尔玛配送中心的运行完全实现了自动化。每个配送中心约 10 万平方米面积。每种商品都有条码，由十几公里长的传送带传送商品，由激光扫描器和电脑追踪每件商品的储存位置及运送情况。到 90 年代，整个公司销售 8 万种商品，85% 由这些配送中心供应，而竞争对手只有 50%～65% 的商品集中配送。

沃尔玛的送货车队也可能是美国最大的，沃尔玛通常为每家分店的送货频率是每天一次，而凯马特平均 5 天一次。沃尔玛的 5000 辆运输卡车全部装备了卫星定位系统。

随着世界经济的不断发展和现代科技日新月异，社会生产方式和人们生活方式的巨大变化使消费需求进一步多样化、个性化，从而要求零售方式必须不断创新，以适应时代的变化，当代零售业态的发展呈现出了以下几种趋势：新的零售业态层出不穷、零售生命周期缩短、零售技术日益重要、各业态之间的竞争日趋激烈、经营向两极化方向发展、垂直营销系统进一步发展、无店铺销售迅速成长、零售界的全球化趋势。这些复杂多变的形式都要求企业的发展必须依靠强有力的信息系统战略，才能满足当今零售业销售的需求。而沃尔玛正是凭借着对零售业不同阶段的认识，使用不同的阶段的信息技术才能得以领先于其他竞争对手，从而铸造沃尔玛帝国的传奇。

案例2　联想信息化建设的几个理念

1. 透明鱼缸

企业大了，运营环节自然不断增多，下放到各环节关键岗位上的资源支配权也不断地增加，虽然有大量的纸面制度，但实际上还是要靠关键岗位上的人来把持和掌控，这就难以避免地会出现漏洞。如何在充分知情的情况下进行控制，这成为所有企业管理者所面临的一道难题。联想正是通过信息系统，用透明流程重构了联想的权力，使采购过程变得透明化，避免了既当裁判员又当运动员的情况。

职能部门做事，财务部运转资金，而所有的事和钱均需一一对应。这就使得联想本身成了一只透明的鱼缸。联想正是通过信息系统，用透明流程重构了联想的权力。在联想的流水线中，总经理和部门总经理的权力更多体现为监管范围的大小。简单地说，总裁杨元庆有权监察从采购到销售整个流程中联想上上下下8000人的行为——所有联想人在杨元庆那里都是这只透明鱼缸中的一只透明鱼；同理，所有采购人员在它的上级——供应经理那里都是透明鱼，除了"沐浴"在上级的目光中外，所有人的开支都要经过财务监管备案的"阳光"。对于部门经理，上级可以对他进行360度考评，即部门经理周围所有的人都可以对他评头论足，唯独部门经理看不到。在这样的系统体制下，哪里不透明，就意味着那里有问题，发现有不透明的鱼，就可以在第一时间把它捞出鱼缸。所有的透明化，大大简化了企业管理过程中的控制难度。

2. 别让"鲜果"烂在手里

众所周知，以CPU为代表的IT业产品核心部件几乎一直保持着每半年推出换代产品的速度发展，因此，IT产品的更新换代速度比常规行业产品要快得多。由此，联想把IT产品比作是刚刚采摘的"鲜果"，在生产运送到售卖的过程中，一不小心造成积压，就会烂在手里。

联想集团的信息化改造已经覆盖了企业的全部业务流程。通过梳理、重组业务流程，使业务信息准确、实时、集成化采集和记录，实现了业务过程的实时、全程监控。也就是说，在一个透明的数据平台上，联想可以看到每一颗"鲜果"的位置与状态，并可以加以合理控制。联想把平均交货时间从11天缩短到5.7天，应收账周转天数从28天降到14天，订单人均日处理量从13件增加到314件，订单周期由75小时缩减到58小时，结账天数由20天降到1天，加班人次从70人削减为7人，财务报表从30天缩至0.5天（此为2007年数据），大大减少了"鲜果"烂在库里的可能性。与此同时，联想内部加深了对企业管理流程的认识，使所有参与者了解每个流程环节的目的和价值，逐步实现企业管理模式的转变。从历程上看，联想的成长与联想信息化改造工程是一个双螺旋结构，信息化促进了联想的成长，联想的成长反过来也促进了信息化改造的深入。

3. 信息化需要"革命"

信息化是企业权利的重新分配。企业实施管理信息化必须是"一把手工程"。一把手在推动信息化过程中可以起到协调权限、消除对抗的作用。联想从1998年11月开始实施ERP，投入上千万的项目进行了4个月后却没有什么成效。在1999年4月18日联想的一次高层会议上，柳传志面对联想所有高层职员、各子公司的总经理发了火："联想花几千万上ERP不是做表面文章，必须做好，做不成，我会受很大影响，但我会把李勤（当时联想集团常务副总裁）给杀掉。"李勤立刻站起来表态："做不好，我下台，不过下台前我要先把杨元庆和郭为干掉。"柳传志下令：ERP做成了，项目组有奖，做不成，所有联想干部奖励都受影响，董事的年终奖扣罚20%。自此，联想的ERP项目进入了快速通道，2000年1月成功并行上线，2000年8月ERP完全投入正常使用，联想的信息化进程进入了新阶段。实际上，一把手并不需要真正亲自来解决信息化系统的技术问题，他在其中起到的作用是协调好各个层次权限的分配，并且消解信息化推进过程中企业内部必然产生的对抗情绪。

案例3　海尔：从"企业的信息化"到"信息化的企业"

1. "企业的信息化"：以用户为中心

早在2000年3月海尔公司就开始与SAP公司合作，首先进行企业自身的ERP改造，随后便着手搭建BBP采购平台。从平台的交易量来讲，海尔集团可以说是中国最大的一家电子商务公司。

在海尔，仓库不再是储存物资的水库，而是一条流动的河，河中流动的是按单来采购生产必须的物资，也就是按订单来进行采购、制造等活动，这样，从根本上消除了呆滞物资、消灭了库存，有力地保障了海尔产品的质量和交货期，实现三个JIT（just in time，即时），即JIT采购、JIT配送和JIT分拨物流的同步流程。

海尔集团首席执行官张瑞敏认为，现在不少企业的信息化有一个非常大的误区，还没有做到以用户为中心满足用户的需求，就要求做信息化，其实是做不到的。而海尔在做信息化流程时提出了"零库存下的即需即供"的信息化：我没有库存，但是用户要的话可以马上送到，用户不要就不会形成库存，实际上就是全流程的再造。而对于研发，今天研发的产品必须是六个月后用户的需要。

在企业外部，海尔CRM（客户关系管理）和BBP电子商务平台的应用架起了与全球用户资源网、全球供应链资源网沟通的桥梁，实现了与用户的零距离。在企业内部，计算机自动控制的各种先进物流设备不但降低了人工成本、提高了劳动效率，还直接提升了物流过程的精细化水平，达到质量零缺陷的目的。计算机管理系统搭建了海尔集团内部的信息高速公路，能将电子商务平台上获得的信息迅速转化为企业内部的信息，以信息代替库存，达到零营运资本的目的。根据统计数据，2008年中国家电企业库存周转天数是64天，海尔在2008年初库存周转天数是32天，经过流程再造，2008年底已经降到3天。

海尔的零库存到现在已做到了在生产线上生产的产品出来后不是放在仓库里去，而是哪个商场、哪个用户已经定了，所以生产线上生产的产品就是用户要的产品，而不是像很多企业为仓库采购、为仓库销售，海尔企业信息化从这里切入——以用户为中心。

2．"信息化的企业"：企业也是需求链的一环

海尔集团首席执行官张瑞敏认为："企业的信息化"相当于以企业为中心满足用户的需求，而"信息化的企业"相当于把企业放到全球用户需求的链条中去，企业只是这个链条中的一环，应该更快地在这个链条中进行运转。海尔要做的是怎样从制造型的企业转化为服务型的企业。

安德森在《长尾理论》里有两句话，非常好地诠释了这一点："在信息化时代，每个企业应该是低成本提供所有产品，高质量地帮助用户找到它。"张瑞敏认为，所谓的低成本提供所有的产品，就不是中国企业现在大规模制造，而应该是大规模定制。因为大规模制造一定可以做到低成本。而大规模定制时，虽然是大规模，但是要定制很多型号的产品，还要实现低成本，这对中国企业来讲是非常大的挑战。

为了实现向"信息化企业"的转型，海尔在流程和系统创新方面做了很多探索：应用重点转向客户需求的获取，与重要的合作伙伴实现动态的预测、订单、库存的高效协同；以用户、客户的需求，来驱动3大应用领域GTM（贸易管理平台）、PLM（产品生命周期管理）、SCM（供应链管理）的整合，实现端到端可视化。例如"人单酬"的系统，围绕销售代表如何满足用户需求，把销售目标、预测计划、订单、销售速度、产品盈利能力等都全部按人按单来进行索引，销售代表可以看到自己每天的业绩。这个业绩不再是过去的一个简单的销量、销额的数字，员工通过这个系统可以了解到哪些产品组合能更有利润，与客户的预测准确率是否提高，销售的速度是否符合周单周销。这个系统如同一个销售代表的平衡记分卡，能否提供客户、流程、财务指标、提高的价值以及个人最终获得的报酬等信息。

张瑞敏认为，现在用户面对的不是一个企业，而是全球很多企业，要高质量地帮助用户找到他需要的产品，要求企业的产品在全球非常有竞争力。海尔在这方面的具体探索的就是"虚实网结合"，所谓"虚网"就是互联网，所谓"实网"就是"最后一公里"，也就是鼠标加及时服务。用户在互联网上点鼠标之后，应该是第一时间送达，这就需要跟"最后一公里"的实网——物流网、营销网、服务网等结合。这些要和"虚网"——互联网结合起来，即用户点了鼠标后企业怎么样送达。现在国家在推进"家电下乡"，海尔在"家电下乡"所占份额最大，就是因为海尔建设了庞大的网络。另外，很多外国品牌和海尔是竞争对手，但是他们现在把农村的销售委托给海尔。

3．探索信息化时代的商业模式，推进组织重构

针对信息化时代的特征，海尔在商业模式创新上进行了有益的探索。所谓的商业模式就是一条：能不能创造客户价值。海尔所做的是怎样使大家的目标都集中到创造客户价值上，怎样能够协同起来。

在这方面，海尔所做第一步就是改变企业组织结构。按照职能管理原则，组织结构是金字塔型的，是一个正三角形：企业最高负责人在顶端，然后是一级级负责人下来，到最下边是员工。但是，员工面对的就是客户，客户所反映的问题员工要逐级反映上去，负责人再做决策传达下来，这里面除了内部的消耗外，还有一个很大的问题是不能够非常好地直面市场、快速做出决策。现在海尔就把这个三角形倒过来，变成"倒三角形"：客户在顶端，然后是一线经理、员工直面客户，最后一级级下来，企业最高负责人成了最下面的

了。这样，企业的最高负责人从原来的发号施令变成在最下端为一线经理提供资源。所有的部门在这当中都为一线经理对客户提供资源，从发号施令者变成提供资源者。

张瑞敏认为，一个企业可能很大，但是再大的企业就是三张表：损益表、资产负债表和现金流量表。海尔把损益表做到一个团队，在倒"三角形"最尖端的企业负责人个人损益表，是要关注这个企业在市场上的战略方向和战略目标，企业新的机会就是他损益表的任务。为了防止一线经理对客户承诺后还担心背后的资源没有共享，所有背后的这些人，比如说人力、财务等都有各自的损益表，这个损益表和这个团队对客户的承诺内部要形成一个契约。过去员工到企业里来干，企业根据员工的职务、能力、所做的工作给员工发工资或奖金；现在完全变成了员工到公司来干，拿到的是公司的资产，拿到的资产必须要增值。员工拿到资产后，企业事先划定做到多少是保本，挣到多少是公司利润，把企业利润留下后，再把所用的费用拿掉，剩下的由员工进行分成。

这样做了之后有三个好处：

（1）可以适应信息化时代快速多变的市场需求。

（2）解决内部博弈的问题，建立人单合一的文化。"人"就是员工，"单"不是狭义上的订单，而是有第一竞争力的市场目标。人单合一就是每个人都有自己的市场目标，要和市场目标协同起来变成双赢。员工可以给用户创造价值，也可以从这个价值中得到新的价值。

（3）对于管理会计进行新的探索。作为管理会计，说到底就是管理未来、规划未来的会计。一个企业对未来规划得很好，也就是说企业的战略很好，但是员工不能协同，不能直接反映到市场上也是白搭。如果把规划未来的管理会计变成每个人都来规划未来，并且让每个人规划未来时和自己的未来连在一起，这样管理会计一定会充满活力。

而在传统的 IT 基础架构领域，海尔也转向"买服务不买服务器"的模式，比如搭建企业内部的云，通过虚拟化平台，实现快速资源调配，获得动态发展和低成本运营的能力；通过 SLA 服务模式，逐步外包如数据中心、基础运营维护、应用运营维护等环节，从而能有更多的精力投入 SOA（面向服务的体系结构）、EAI（企业应用集成）的建设中。

问题讨论：

1. 试讨论沃尔玛的信息化理念和信息化亮点。
2. 试总结对联想信息化建设理念进行分析后的启示。
3. 通过对海尔从"企业的信息化"到"信息化的企业"案例的分析，谈谈自己的看法。

参 考 文 献

[1] 曾忠禄. 中小企业管理实务. 广州：广东经济出版社，2001.
[2] 许小明. 企业管理学. 上海：复旦大学出版社，2006.
[3] 伍爱. 现代企业管理学. 广州：暨南大学出版社，2005.
[4] 于雁翎，刘会福. 市场营销学. 广州：中山大学出版社，2012.
[5] 黄本新，刘会福. 汽车营销实务. 北京：北京交通大学出版社，2012.
[6] （美）海因茨·韦里克，哈罗德·孔茨. 管理学——全球化视角. 第12版. 北京：北京大学出版社，2008.
[7] （美）托马斯·S. 贝特曼等. 管理学：构建竞争优势. 第4版. 北京：北京大学出版社，2008.
[8] （美）菲利普·科特勒. 营销管理：分析、计划、执行和控制. 上海：上海人民出版，2008.
[9] （美）迈克尔·波特. 竞争战略. 北京：华夏出版社，2005.
[10] （美）埃尔伍德·斯潘塞·伯法. 生产管理基础. 北京：中国社会科学出版社，1982.
[11] 单凤儒. 管理学基础. 第3版. 北京：高等教育出版社，2008.
[12] 李启明. 现代企业管理. 北京：高等教育出版社. 1999.
[13] 邓荣霖. 现代企业制度概论. 北京：中国人民大学出版社. 1995.
[14] 郭国庆. 市场营销学通论. 北京：中国人民大学出版社. 2000.
[15] 陈荣秋，马士华. 生产与运作管理. 北京：高等教育出版社. 1999.
[16] 申元月. 生产运作管理. 济南：山东人民出版社. 2001.
[17] 单凤儒. 现代公关艺术. 北京：中国商业出版社，1994.
[18] 王凤彬，朱克强. 管理学教学案例精选. 上海：复旦大学出版社. 1998.
[19] 沈文，邓爱民. 国内外物流经典案例. 北京：人民交通出版社，2010.